JN271435

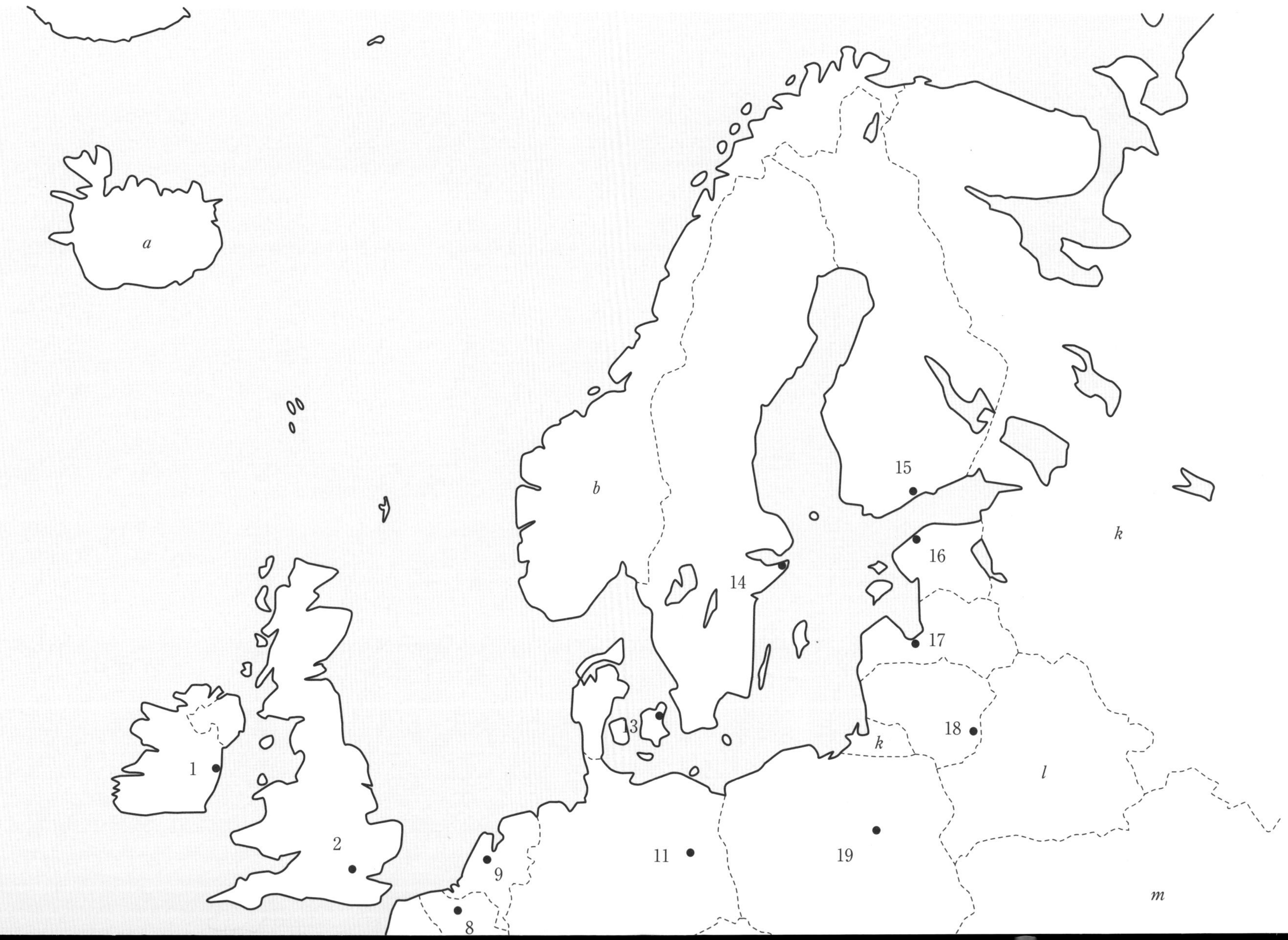

a
b
k
k
l
m
1
2
8
9
11
13
14
15
16
17
18
19

《2010年時点のEU加盟国と首都》
1. アイルランド(ダブリン) 2. イギリス(ロンドン) 3. ポルトガル(リスボン) 4. スペイン(マドリッド) 5. フランス(パリ) 6. イタリア(ローマ) 7. マルタ(ヴァレッタ) 8. ベルギー(ブリュッセル) 9. オランダ(アムステルダム) 10. ルクセンブルク(ルクセンブルク) 11. ドイツ(ベルリン) 12. チェコ(プラハ) 13. デンマーク(コペンハーゲン) 14. スウェーデン(ストックホルム) 15. フィンランド(ヘルシンキ) 16. エストニア(タリン) 17. ラトヴィア(リガ) 18. リトアニア(ヴィリニュス) 19. ポーランド(ワルシャワ) 20. オーストリア(ウィーン) 21. スロヴァキア(ブラチスラヴァ) 22. ハンガリー(ブダペスト) 23. スロヴェニア(リュブリャナ) 24. ルーマニア(ブカレスト) 25. ブルガリア(ソフィア) 26. ギリシャ(アテネ) 27. キプロス(ニコシア)

《2010年時点でEU未加盟の国々》
a. アイスランド b. ノルウェー c. スイス d. クロアチア e. ボスニア・ヘルツェゴヴィナ f. セルビア g. コソヴォ h. モンテネグロ i. マケドニア j. アルバニア k. ロシア l. ベラルーシ m. ウクライナ n. モルドヴァ o. トルコ p. アンドラ q. モナコ r. リヒテンシュタイン s. サンマリノ t. ヴァチカン

世界地誌シリーズ ③

EU

加賀美 雅弘 編

朝倉書店

編集者

加賀美雅弘（かがみまさひろ）　東京学芸大学教育学部

執筆者

（　）は担当章

荒又美陽（あらまたみよう）　恵泉女学園大学人間社会学部（6章）

飯嶋曜子（いいじまようこ）　獨協大学外国語学部（10章）

池　俊介（いけしゅんすけ）　早稲田大学教育・総合科学学術院（コラム7.2）

伊藤徹哉（いとうてつや）　立正大学地球環境科学部（4章）

大島規江（おおしまのりえ）　茨城大学教育学部（9章，コラム6.1）

小田宏信（おだひろのぶ）　成蹊大学経済学部（3章，コラム11.1）

加賀美雅弘（かがみまさひろ）　東京学芸大学教育学部（1，11章，コラム2.1，4.2，8.2，9.1）

呉羽正昭（くれはまさあき）　筑波大学大学院生命環境科学研究科（5章，コラム2.2，10.1）

小林浩二（こばやしこうじ）　岐阜大学名誉教授（8章）

竹中克行（たけなかかつゆき）　愛知県立大学外国語学部（7章）

手塚　章（てづかあきら）　前筑波大学大学院生命環境科学研究科（2章）

根田克彦（ねだかつひこ）　奈良教育大学教育学部（コラム3.2）

（50音順）

まえがき

　ヨーロッパという地域は，どのように理解することができるだろうか．これまでなされてきたヨーロッパに関する地域論をひもとくと，それが分野を越えて実に多彩であることに気づかされる．近代以降，世界の政治・経済・文化の中心であり続けてきたヨーロッパの先進性が描かれてきた一方で，20世紀になるとドイツの歴史家シュペングラーが『西洋の没落』(1918)を著し，近くはサイードが『オリエンタリズム』(1985)で語ったように，それまでのヨーロッパ中心主義的な視点に対する批判は多くの識者の関心を呼んでいる．この両極端ともいえるほどに多様な議論の対象になってきた地域がヨーロッパであり，そうした地域は世界広しといえどもほかにない．

　ひるがえって明治維新以来，ヨーロッパを強く志向してきた日本には，多くの情報や技術，知識を積極的に受け入れてきた経緯がある．ヨーロッパは世界で最も魅力ある地域のひとつとして理解され，ヨーロッパを知ることが高い文化や教養を身につけていることを意味するほどにまでなった．第二次世界大戦後，アメリカ合衆国との関係が強まりこそすれ，われわれにとってヨーロッパは依然として世界でも最も注目すべき地域であることに変わりはなく，多くの観光客が出かける場所にもなっている．

　このヨーロッパが今，ダイナミックな変化を遂げつつある．東西分断を経て誕生したEUを軸にしてヨーロッパ統合へのシナリオが動き出し，地域には新しい現象が現れている．きわめて多くの国家があり続ける一方で，国家の連合体としてのEUがヨーロッパの代表としての地位を固め，国際的にも強い発言力をもつまでに成長した．この世界に類のない国家連携によって，ヨーロッパはいくつもの国家が群雄割拠した時代から一つの組織された運命共同体へと大きく転換しつつあるといえよう．EUが今後のヨーロッパのゆくえを左右してゆくことは，もはや疑いのないところである．

　こうしたヨーロッパの動向を踏まえれば，ヨーロッパ理解のための視点の転換は当然であろう．これまでヨーロッパは，個々の国を知ることで理解されてきた．極言すれば，イギリスかフランス，ドイツを知ればヨーロッパ理解はこと足りえたのである．だが，今やヨーロッパの国々は単独ではありえず，相互に連携し，政治や経済の問題もEU加盟国全体で対応する体制にある．それゆえに言語や宗教が異なるさまざまな国と地域からなるEU理解するためには，地域的多様性や地域の個性を丹念に拾い上げたうえで，EUという地域を総合的に理解することが求められている．

　本書は，このEUという地域を地誌学的な視点と方法を駆使して読み解くためのテキストとしてまとめたものである．第1章においてEU地誌の大枠を概観し，第2章以降では，具体的なテーマにしたがってEU地誌にアプローチする．EUの地域理解には多様な話題が盛り込まれるべきであるが，本書では地理学が得意とする9テーマを選び，それぞれの専門研究者がこれを論じている．最後に第11章では，グローバル化が進む世界の動向を踏まえたEUの特性を浮き彫りにしながら地誌をまとめている．

　EUの地誌に関するテキストづくりは，日本国内においてこれまで必ずしも積極的ではなかった．本書の刊行によってEUへの関心がいっそう高まり，より多くの地誌が生まれることが期待される．最後に，朝倉書店編集部には，企画から刊行までたいへんにお世話になった．記してお礼を申し上げる．

2011年3月

加賀美　雅弘

目　　　次

1. **総論—統合に向かうヨーロッパの地域性** ………………………………………… *1*
   1.1　EUの形成と拡大　1
   1.2　EUによる地域統合　3
   1.3　EUの経済格差　3
   1.4　多様な文化地域からなるEU　6
   1.5　EUへの地誌学的アプローチ　7
   　　コラム　トルコのEU加盟は？　8

2. **自然環境と伝統的農業** ………………………………………………………… *9*
   2.1　多様な自然環境　9
   2.2　農業地域の形成と展開　13
   2.3　EU統合と農業地域の変化　19
   　　コラム　地中海地方の農業　22／アルプスの農業　23

3. **工業地域の形成と発展** ………………………………………………………… *24*
   3.1　産業化の始動と地域形成　24
   3.2　重工業地域の出現　26
   3.3　第二次世界大戦後の工業立地と工業地域　30
   3.4　産業構造再編とEU統合・拡大下の工業　32
   　　コラム　中小企業がおりなす工業地域—ジュラとサード・イタリー　38／ロンドンドックランズの再開発
   　　　　　と課題　39

4. **都市の形成と再生** ……………………………………………………………… *40*
   4.1　都市の成立と発展　40
   4.2　都市景観と都市構造　43
   4.3　都市の分布と都市間連携　45
   4.4　拡大EUでの都市再生　47
   　　コラム　ヨーロッパの都市はなぜ美しい？　51／欧州文化首都　52

5. **観光地域と観光客流動** ………………………………………………………… *53*
   5.1　国際観光地域としてのヨーロッパ　53
   5.2　観光の展開　54

    5.3　観光客流動の変容　　58
    5.4　EU統合と東欧の観光地化　　59
       コラム　ヴァカンスの誕生　62／国際観光客でにぎわう世界遺産　63

6. 移民と社会問題 ……………………………………………………………………… *64*
    6.1　ヨーロッパにおける移民　　64
    6.2　移民集団とヨーロッパ社会　　66
    6.3　都市のなかの移民　　70
    6.4　EU統合と移民　　72
       コラム　中東発ファースト・フード，世界を席巻　75／拡大する中国系コミュニティ　76

7. 地域主義と民族集団 ………………………………………………………………… *77*
    7.1　地域と民族　　77
    7.2　ナショナリズムによる国土顕彰　　80
    7.3　境界づけにあらわれる地域認識　　83
    7.4　地域資源の発見と防衛　　86
       コラム　地中海世界のリヴァイヴァル　91／哀愁（？）のポルトガル　92

8. 東ヨーロッパの農村の変化と特色 …………………………………………………… *93*
    8.1　トランスフォーメーションと地域間格差　　93
    8.2　東ヨーロッパにおける農村の特色　　94
    8.3　ブルガリアにおける農村の変化と特色　　95
    8.4　ベログラチク周辺農村の変化と特色　　99
    8.5　農村の発展策と課題　　103
       コラム　社会主義時代の遺産　105／ロマの人びとをめぐる環境　106

9. EU市民の暮らし ……………………………………………………………………… *107*
    9.1　ヨーロッパ諸国の基層文化　　107
    9.2　少子・高齢化する社会　　109
    9.3　教育重視の社会　　111
    9.4　充実した福祉社会　　113
    9.5　EU拡大と生活水準の展望—ほんとうの豊かさと求めて　　115
       コラム　飢饉を経験した国アイルランド　117／北欧流，夏の過ごし方！　118

10. 統合するヨーロッパと国境地域 ……………………………………………………… *119*
    10.1　ヨーロッパの地域統合政策　　119
    10.2　EU統合と国境地域　　123

  10.3 フランス・ドイツ・スイスの国境地域の動態 126
  10.4 越境的地域連携の形成と構造 128
   コラム 国境を越えた買い物ツアー 132／分断を乗り越えた連携の可能性—人びとをつなぐ橋，ゲルリッツ 133

11. 世界のなかのEU ·· *134*
  11.1 世界と結びつくEU 134
  11.2 グローバル化のなかのEU 135
  11.3 ローカル化が進むEU 137
  11.4 共通化をたどるEU 138
   コラム 欧州共通通貨ユーロの光と影 140

さらなる学習のための参考文献 *141*
付録 統計資料 *146*
索 引 *149*

1 総論—統合に向かうEUの地域性

EU（欧州連合）はヨーロッパ27か国からなる国家の連合体であり，今やヨーロッパを代表する地域になっている．EUの目標には地域の統合が掲げられており，国の枠組みを越えて一つの地域になることが最終ゴールとされている．しかし，その反面，EUがきわめて多様な地域からなっていることも事実であり，この多様性こそがEUの特性ともいえる．この章では，EU域内における文化の多様性を指摘するとともにEUが経済的に著しい格差をかかえている点にも目を向ける．EUの成り立ちや拡大の過程，さらにEUが進める地域統合のシナリオにおいても，こうした文化的多様性や地域間の格差が大きな課題と結びついているからである．

1.1 EUの形成と拡大

EUは2009年現在，面積431万7千km^2，人口4億9620万4千人，いまやヨーロッパの大半を占める地域になっている．さらに，18兆2773億3000万ドルに達するGNI（国民総所得）は，アメリカ合衆国の14兆2853億6900万ドル（いずれも2008年）をしのぐまでに成長しており，世界経済においてきわめて重要な地域になっている．EUは今後も拡大の方針を採っていることから，その規模はますます大きくなることが見込まれている．

EUは単なる国家の連合体にとどまっていない．国家間の連携を強化することによって，一つのまとまりある地域になろうとしている．そのために経済統合と政治統合が大きな目標になっており，さまざまな政策がとられている．国を隔てる国境が果たしてきた障壁としての役割を弱めながら，EUはその全域における地域統合を最終的なゴールに定めているのである．

このような世界に類のない緊密な国家連合がヨーロッパに生まれたのには，もちろん理由があった．EUを構成している国々は，それぞれ独自の歴史的背景と固有の文化をもち，言語や宗教，価値観などを異とする人々が互いに区別し合いながら形成されてきた．近代以降のヨーロッパの歴史をひもとけば，他者と区別することによって人々がまとめられ，国家が形成されてきた経緯と，そ
のなかで政治や経済の力を競って国家間の対立が起こってきたことがわかる．ヨーロッパは，地域の文化によって特徴づけられた国家間の葛藤が常にくすぶり，支配と従属の関係を繰り返してきたところであった．

実際，19世紀以降の産業化の過程で国家間の競争が激化したヨーロッパでは，国土と資源とめぐる対立が激化し，二度の大戦の舞台となった．戦火は全ヨーロッパに及び，多くの人命が失われ，国土は荒廃し経済は疲弊した．勝敗の区別なくヨーロッパ諸国は大きな打撃を受け，戦前まで保持していた世界的な影響力は，ヨーロッパを分断したアメリカ合衆国とソヴィエト連邦の二大勢力に譲らざるを得ない状況へと陥った．

EUが成立するもとになった国家連携の体制は，こうした第二次世界大戦後のヨーロッパの情勢を経て生み出されてきた．アメリカ合衆国からの援助により復興を開始した西ヨーロッパでは，まず1952年にECSC（欧州石炭鉄鋼共同体）が発足した．国家間の対立の原因となった特定の国による資源の独占をやめるため，フランスと西ドイツをはじめ，すでに関税同盟を結成していたベネルクス三国（オランダ，ベルギー，ルクセンブルク），そしてイタリアがこれに調印した．国家経済の原動力である製鉄業を支える石炭と鉄鉱石の共有をめざしたのは，第一次世界大戦後のベルサイユ体制の失敗を繰り返さないためであった．フランスのロレーヌ地方に産する良質の鉄鉱石と

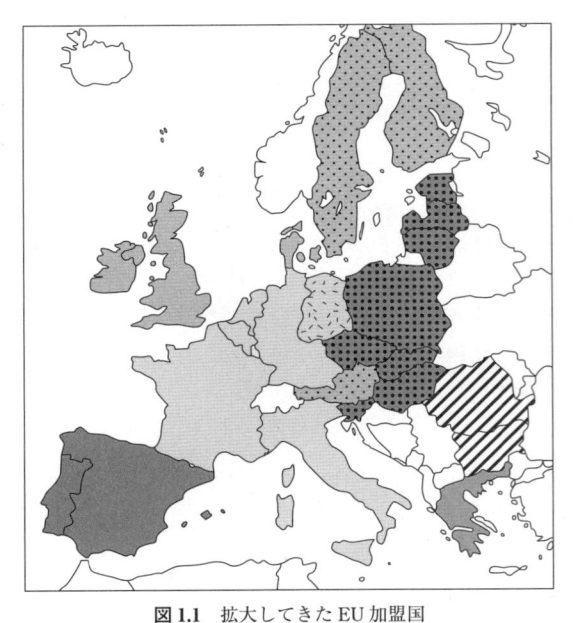

図1.1 拡大してきたEU加盟国
☐ EC成立時（1967年），▨ 1973年，▨ 1981年，▨ 1986年，▨ 1989年，▨ 1995年，▨ 2004年，▨ 2007年．

写真1.1 冷戦構造崩壊の象徴となったベルリンのブランデンブルク門（ドイツ，2010年）

ドイツのザール地方の炭田，ヨーロッパで最も重要な水路であるライン川の領有をめぐる争いにピリオドを打つために，資源を共有する理念が生まれた．さらに1958年には貿易の自由化を推進するEEC（欧州経済共同体）が成立する．こうして西ヨーロッパでは大戦後の国家間連携の動きが軌道に乗っていった．以後，ヨーロッパは国家連合体の枠組みのなかに置かれてゆく（図1.1）．

1967年にこれらの組織はEC（欧州共同体）へと発展する．1973年にはイギリス，アイルランドを迎え，さらに1981年にギリシャ，1986年にスペインやポルトガルを加えて拡大する．東西冷戦構造が長期化したことも当時のEC拡大にとって追い風となった．東西に分断されたヨーロッパの構造はしだいに固定化し，西側諸国におけるECを軸にした国家間の連携構造が深化するなかで，ソ連の影響下に置かれた東ヨーロッパ諸国とは明らかに異なる地域構造をなすことになった．

しかし，1989年に東ヨーロッパ諸国に起こった東欧革命は，大戦後のヨーロッパを特徴づけた東西分断を終わらせたと同時に，西ヨーロッパで発展してきたECが全ヨーロッパに視野を広げた組織へと転換する契機ともなった（写真1.1）．1992年2月に調印されたマーストリヒト条約が1993年11月に発効したことによりEUが発足．それまでのECによる国家間関係をさらに強め，加盟国間の人やモノ，資本や情報の流通を自由化させ，政治的にも経済的にもまとまりある地域になることが目標とされた．さらに，1995年に東西冷戦期に永世中立国をうたっていたオーストリアが加盟し，いわゆるEU15と呼ばれる西ヨーロッパ諸国の連携体制がほぼ完成した．

2004年，かつての社会主義国である東ヨーロッパ諸国へと領域が広がったところで，EUは全ヨーロッパ的組織への様相を強めることになる．EUが東西冷戦構造のなかで生まれたEECを母体とする組織であることを踏まえると，これらの国々のEU加盟はヨーロッパの戦後史の大きな転換点を意味するともいえよう．一つのヨーロッパが現実味を帯びた瞬間であった．しかしその反面，これを機にEUは後で述べるような大きな問題を抱えることになる．

2007年にルーマニアとブルガリアの加盟を経たEUでは現在，いわゆる西バルカン諸国（クロアチア，ボスニア・ヘルツェゴヴィナ，セルビア，モンテネグロ，コソヴォ，マケドニア，アルバニア）やトルコの加盟について議論が続けられており，将来はさらに拡大することが予想されている．EUがその領域を広げることにより，ヨーロッパはまさにEUによって組織立てられる地域になりつつある．

写真 1.2 シェンゲン協定調印の地におかれた記念碑（ルクセンブルク，2000 年）

1.2 EU による地域統合

EU は 1993 年に発足して以来，地域統合のシナリオを急速に進めてきた．とくに経済統合に力が入れられており，域内での国境を越えた物流が自由化され，国家化での関税が撤廃されているほか，1999 年には共通通貨ユーロが導入され，経済活動の統合が進められている．また EU 加盟国の出入国管理の一元化を進めるシェンゲン協定が 1985 年に調印され，これを実施する国の間では国境を越えた人の移動の自由化が実現している（写真 1.2）．2010 年現在，イギリス，アイルランド，ルーマニア，ブルガリア，キプロスを除く EU 加盟 22 カ国の間では，国境での検問が廃止されている．

このような地域統合を推進する EU の組織は，国家の連携とそれを包括する超国家的枠組みがきわめて注意深く設置されている．現在の EU の組織は，欧州理事会，閣僚理事会，欧州委員会，欧州議会，欧州司法裁判所，欧州中央銀行，欧州会計監査院によって構成されており，国家間の連携・協力を達成するために構築されている．EU の本部はベルギーの首都ブリュッセルに置かれ，最高議決機関である閣僚理事会（Council of the European Union）において司法や財務，農業などの専門分野ごとに各国の閣僚からなる組織が EU の心臓部をなしている．これに加えて，年に 2 回開催される欧州理事会（European Council，欧州サミットとも呼ばれる）において加盟 27 か国の元首により EU の最も大きな課題が議論され，新たな指針が決定されている．

閣僚理事会の下には欧州委員会（European Commission），欧州議会（European Parliament），欧州司法裁判所，欧州会計監査院が置かれている．欧州委員会は加盟各国から 1 名ずつ任命された計 27 名の委員によって構成されており，諸政策や非 EU 諸国との対外関係，サービス部門など多くの部局からなる行政執行機関である．欧州議会は，EU 市民による選挙により選出された議員からなる議決機関であり，本会議場をフランスのストラスブールに置いている．議会は EU において民意が反映される重要な場として設定されている．しかし，実際には選挙制度が国によって異なり，意思決定機関としての役割を十分に果たしていない．

このほか，欧州司法裁判所はルクセンブルクに置かれ，各加盟国から任命された 27 名の判事によって構成され，EU 域内の法的秩序の遵守を任務としている．また，ドイツのフランクフルトに置かれた欧州中央銀行は，1999 年に導入された共通通貨ユーロをめぐる金融政策を担当している．ルクセンブルクに設置されている欧州会計監査院は，EU の対外・安全保障政策などの監査が主な役割である．

このように EU には超国家的な機関が設置され，27 か国の連携をめざす政策決定がなされている．とくに 2009 年 12 月に発効したリスボン条約によってその枠組みを新たにしている．たとえば EU に国際法人格が付与することによって，EU 自体が他の主権国家と国際条約を結べるようになった．また，欧州理事会の常任議長と EU 外交・安全保障政策上級代表というポストが新設され，EU 対外活動庁が新たに設置された．いずれも国家における大統領，外務大臣，外務省に近い役割を演じることになり，あたかも一つの主権国家のような体裁をますます整えつつある．

1.3 EU の経済格差

EU は拡大とともにさまざまな地域を取り込んできた．その結果，経済水準が著しく異なる地域

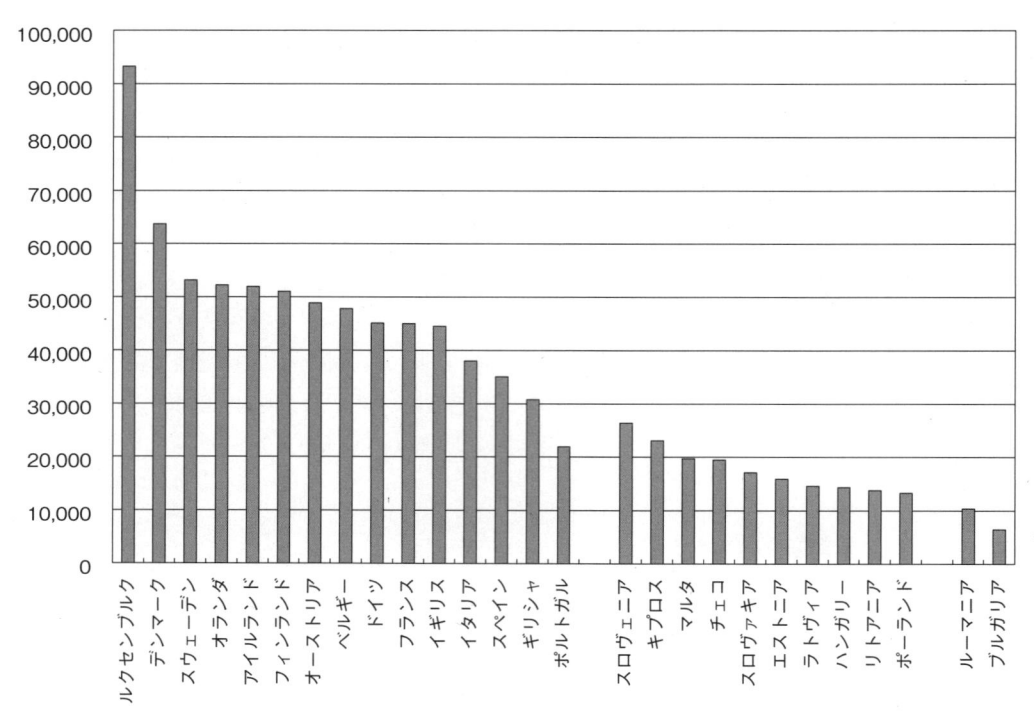

図 1.2 EU 加盟国間の経済格差（2008 年，単位：ユーロ）

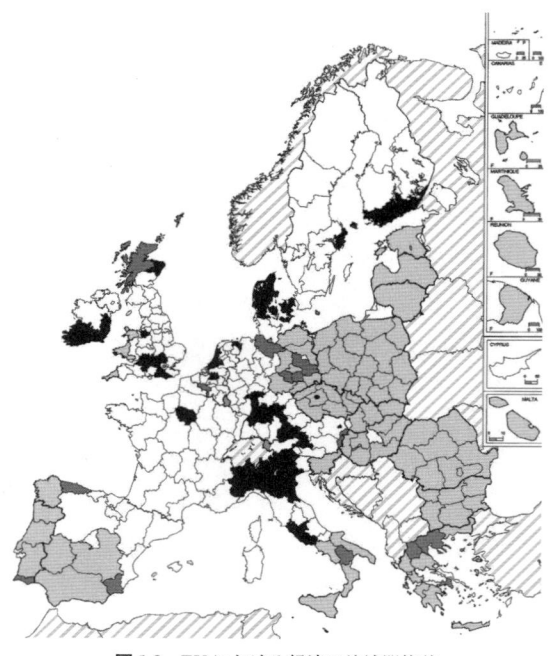

図 1.3 EU における経済の地域間格差
■ 125 以上，□ 82.2 〜 125，▨ 75 〜 82.2，▨ 75 以下，
▨ は非加盟国（2000 〜 02 年，平均値）

によって構成されるようになった．都市が集中し，高い人口密度と活発な経済活動を特徴とする地域では，住民の所得水準が高く，教育や福祉の充実，健康や安全の保障など高い生活水準が確保されている．その一方で，そうした水準が全般的に低い地域も EU 域内には存在している．

EU 加盟国ごとにみると，たとえば 1 人あたり GNI（国民総所得）はルクセンブルクを筆頭にしてデンマークやアイルランド，さらにイギリスやオランダなど北西ヨーロッパ諸国で高くなっている（図 1.2）．これに対して，ブルガリアやルーマニア，バルト三国など東ヨーロッパ諸国ではその水準はかなり低くなっている．

さらに小地域を単位にしてみてみると，地域間格差を仔細に確認することができる．図 1.3 は，EU の単位地域 NUTS-2 に基づく 1 人あたり GDP（国内総生産）の格差を示している．ルーマニアとブルガリアを除く 25 か国の平均を 100 とした相対値で表されている．125 以上の高い地区がイギリス南部やデンマーク，ドイツ南部，イタリア北部などの諸地域にある．一方，75 以下の水準の低い地域は，2004 年以降に EU に加盟した旧東ヨーロッパ諸国のほぼ全域と，ギリシャ，イタリア南部，イベリア半島南西部，イギリス北部などにみられる．

写真1.3 フランクフルト市内に立つユーロの標識
（ドイツ，2007年）

写真1.4 ハンガリー東部の経済停滞地域
（ハンガリー，1999年）

図1.4 EUにおける補助金交付地域
□集中交付地域，■徐々に減らす地域，□段階的に廃止する地域，■経済的に強く雇用もある地域（2004～06年）

このようなEU域内における経済の地域間格差は，空間的にみてかなり明瞭な中心・周辺構造によって理解することができる．すなわちイギリス南部からベネルクス三国を経てドイツ西部とフランス東部をたどりながらイタリア北部に達する地帯はブルーバナナ（青いバナナ，図4.5（p.46）参照）と呼ばれ，EU域内で最も経済水準が高くなっている．そして，ここから距離が離れるにしたがってその水準は低くなる傾向をたどり，周辺地域の性格を帯びるようになる．実際，1999年に導入が始まった共通通貨ユーロも，その流通は依然として経済先進諸国に限られている（写真1.3）．

こうした経済格差は，EU諸国の加盟の順番ともよく対応している．EUの母体となったEECがもともと北西ヨーロッパ諸国の間で誕生し，以後，そこを中心にして加盟国を増やしてきたが，それはまさしく中心地域で結成された国家連合が周辺地域への拡大を続けてきたものとみなすことができる．言い換えれば，加盟国を増やすたびにEUは経済水準の低い地域を取り込んできたのであり，結果としてEU域内の経済格差は広がる一方となった（写真1.4）．

EUがめざす地域統合は，経済水準が高く，地域間での経済格差が小さい国々の間で企画・実現されてきたものである．しかし，EU拡大とともに経済水準の低い地域が加わりながら，EUは統合のシナリオを継続しているために，結果として地域間の格差解消のための多額の補助金が経済水準の高い地域から低い地域へ流れ，労働力の移動がその逆の流動を生んでいる．図1.4はEUからの地域振興補助金の交付対象地域を示したものである．補助金が交付されるのは東ヨーロッパの新規加盟国をはじめ，南フランスやイベリア半島などであり，図1.4に示された経済水準の低い地域とよく対応しているのがわかる．

これらの補助金の主な財源は加盟諸国の分担金であり，しかも各国のGNIに応じた割合で定められているために，ドイツやフランス，イタリアなどの国々が財源の多くを担う結果になってい

る．つまり EU 域内において，経済水準の高い国々が低い国々を支える構造が顕在化してきている．近年では，こうした他国への多額の支援が経済的な負担になっているとの不満や反発がドイツやオランダなどの市民の間で高まっており，経済格差は EU のゆくえを占うきわめて重要な課題になっている．

なお，こうした格差の問題と連動して EU の組織自体の問題も指摘されている．現在の EU における政策決定においては，閣僚理事会では各国代表の持ち票数が，また欧州議会では議員数が，それぞれおおむね各国の人口によって割り振られている．そのため人口の多いドイツやフランス，イギリスなどの意思が強く反映され，スロヴェニアやスロヴァキア，バルト三国のような人口規模の小さな国とのコントラストは大きい．人口規模の大きな国に経済先進諸国が多いことから，大国主義的な動きを警戒する中小規模の国も少なくない．地域間の格差をいかに克服するかは EU 加盟国間の力関係とも連動しており，この問題は状況次第では EU の存続を揺るがす可能性すら秘めている．

1.4 多様な文化地域からなる EU

EU 域内に文化的に多様な地域がみられる点にも注意したい．地域的な統合を進める EU において，その多様性こそが EU の特徴にもなっている．

EU は，現在 23 の公用語をもつ．オーストリアやベルギーなど一部の国を除けば，国名と一致する名の言語が公用語になっている．しかし，アイルランドやキプロスなど複数の言語が公用語になっている国もある．スペインやルーマニア，ラトヴィアなどはそれぞれカタルーニャ人とバスク人，ハンガリー人，ロシア人など多くの少数民族集団をかかえている．むしろヨーロッパには文化的に均一な国家などないといってよいだろう．

また EU 域内では主にキリスト教が信仰されているが，地中海沿岸地域のカトリック，北西ヨーロッパのプロテスタント，東ヨーロッパの正教会など地域的にも多様である．そのほか多くの移民がイスラームを信仰しており，文化の多様性は増すばかりである．さらに国家の形態にも多様性がよく現れている．ヨーロッパの大半の国は共和国である．しかしその一方で，イギリスやデンマーク，オランダなど今なお王制をとっている国もある．またドイツやベルギーのように地方自治を尊重した連邦国家も存在している．

こうした多様性に満ちた空間としてのヨーロッパを，ここでは大きく 3 つの地域に区分してまとめておこう．

まず，古代ギリシャ・ローマの影響を受けた文化を共有する地中海沿岸地域があげられる．古代からヨーロッパの伝統を育んできた地中海沿岸地域に共通の文化的基盤は，コロッセウムや水道橋など古代ローマの史跡にその歴史をたどることができる．イタリア語やスペイン語などのラテン語派の言語を共有し，ローマ・カトリック教会の伝統が強く維持されている．ブドウやオリーブの栽培は，夏に高温乾燥となる地中海性気候において発達した地中海式農業の代表的な農産物である．

北西ヨーロッパはドイツ語や英語，スウェーデン語などのゲルマン語派とプロテスタントの信仰で特徴づけられる．比較的湿潤な海洋性気候のもとで三圃式農業を起源とする混合農業が発達し，麦やジャガイモなどの畑作と豚の飼育を組み合わせた集約的な農業が営まれている．また牧草の栽培と乳牛の飼育に専門化し，ミルクやバター，チーズの生産を専門的に行う酪農も発達している．

これに対して東ヨーロッパでは，ポーランド語，チェコ語，スロヴェニア語などスラヴ語派の言語がひろく用いられ，ルーマニアやブルガリア，ギリシャなど正教会が信仰されてきた．大陸性の気候下では北西ヨーロッパと同様，混合農業が行われてきたが生産性は低く，産業の発達は遅れた．大土地所有制や農奴制が近代にまで残り，自立農家の形成が遅れたこと，第二次世界大戦後に社会主義体制下に置かれ，農場の集団化が進められたため，長く生産性の低い農業で特徴づけられてきた．

しかし，ヨーロッパの地域区分はそれほど単純には成しえない．たとえば東ヨーロッパでは，ポーランドでカトリックが信仰され，ルーマニアで

はラテン語派の言語が使われるほか，ハンガリーやフィンランド，エストニアのようにアジア系の言語を用いる国もある．またスカンディナヴィア半島北部ではトナカイの遊牧がなされるなど，EU域内には多様な自然環境と伝統文化がみられる．

EUがこうした多様な地域からなっていることはアメリカ合衆国と大きく異なるところである．それは，EUには国や地域ごとに長く培われてきた文化があり，特定の言語や宗教によって国家が成り立ち，生活様式や価値観などの伝統文化が国の違いを顕在化させてきたという経緯に基づいている．ヨーロッパにみられる文化の地域的多様性は，EUを構成する多様な国家と密接に結びついているのである．

1.5 EUへの地誌学的アプローチ

国家の連合体であるEUは，これまでの国家の枠組みを越えた地域間の連携を強めながら，統合を進めている．これは，国境によってそれぞれの国に分けられてきたヨーロッパから，国境を越えて相互に結びついたヨーロッパへの転換を意味している．その一方で，これまで国家に内包され，国内の一部としてとらえられてきた諸地域が，EUという大きな枠組みのなかで自己主張に乗り出している事実もある．

このようなEUにおける地域の位置づけの変化は，EUを地誌学的に理解するうえで見逃すことができない．ヨーロッパはこれまで，ヨーロッパ全域を理解する一方で，個々の国を単位にした理解の方法が並行してなされてきた．しかし，EUによる地域統合が進むにつれて，EU全域とそれぞれの国家に加えて，国家を構成する諸地域の動向を明らかにすることもEUを理解するうえで重要であり，こうした異なる空間的スケールでの考察がEUの理解には不可欠になっている．

その一方で，EUの諸地域は，そこに生じているさまざまな空間的諸現象に着目することによって素描できる．そこで以下，本書では，地形や気候などの自然環境と対応する伝統的農業，多角化する工業地域の形成と発展，EUの都市を特徴づける構造とその再生の動向，近年めざましい観光地域の形成と発展，増加の一途をたどる移民と社会問題，地域統合と連動する地域主義および民族問題，EU拡大とともに大きく変わる旧社会主義諸国の動態，生活環境や社会福祉などEU市民の暮らし，統合するヨーロッパと国境地域，といったトピックをとりあげる．その際，できるだけ異なる空間スケールから地誌学的な検討をめざすことにする．また，世界のなかでのEUの位置づけを念頭に置きながら，EUの地域的特徴を描き出すことを試みる．

EU域内では人口が集中し，経済活動が活発に行われており，これに連動して地域は激しい変化を遂げている．また，人やモノ，カネや情報などの移動も活発になされており，地域間の関係も密接であり，かつ大きく変化を遂げつつある．このような時間的変化をたどることも，EUへの地誌的アプローチにおいては重要である．時間軸を念頭に置きながらEUの空間的特徴とその動態を論じるところから，EU地誌のありかたがみえてくるはずである．

［加賀美雅弘］

引用文献

加賀美雅弘・川手圭一・久邇良子（2010）：ヨーロッパ学への招待―地理・歴史・政治からみたヨーロッパ．学文社．

加賀美雅弘・木村 汎編（2007）：東ヨーロッパ・ロシア．朝倉書店．

坂田豊光（2004）：欧州通貨統合のゆくえ―ユーロは生き残れるか．中公新書．

庄司克宏（2007）：欧州連合―統治の論理とゆくえ．岩波新書．

ジョーダン＝ビチコフ，T. G.・ジョーダン，B. B. 著，山本正三・石井英也・三木一彦訳（2005）：ヨーロッパ―文化地域の形成と構造．二宮書店．

高橋 和・臼井陽一郎・浪岡新太郎（2006）：拡大EU辞典．小学館．

竹中克行・山辺規子・周藤芳幸編（2010）：地中海ヨーロッパ．朝倉書店．

羽場久美子・小森田秋夫・田中素香編（2006）：ヨーロッパの東方拡大．岩波書店．

村上直久編（2009）：EU情報辞典．大修館書店．

脇阪紀行（2006）：大欧州の時代―ブリュッセルからの報告．岩波新書．

コラム 1.1

トルコのEU加盟は？

2007年に27か国に膨れ上がったEUは，今後もクロアチアやマケドニアなど東南ヨーロッパ諸国に拡大することが見込まれている．EUの拡大は，単に面積や人口の増加をもたらすばかりでなく，巨大な市場の拡大，EUの国際的な発言力の増大にもつながる．そうしたなかで，トルコの加盟も話題になっている．

トルコは1963年に当時のEECの準加盟国になって以来，加盟に関する条件の検討がなされてきた．しかし，依然として加盟基準が満たされていないという理由から，交渉は難航している．ここでは，トルコが加盟交渉を進める上で障害となっている問題点をいくつかあげてみよう．

1） 人権問題　トルコでは永らく伝統的な刑法が実施され，拷問をはじめ，離婚への刑罰や女性に不利な刑罰が設定されていた．近年，これらの廃止や男女同権を盛り込んだ刑法の改善が進められているが，依然としてEUの水準には達していないとの声も少なくない．なお，国内に住む約1400万人ものクルド人に対してかつて行われた弾圧的な政策も批判の対象になっている．近年はEU加盟を視野に入れて，言語をはじめとする彼らの文化の推進や人権の尊重が強調されているが，EU加盟国からは今もなお改善の必要性が指摘されている．

2） アルメニア人虐殺問題　1915～23年にオスマン帝国によって，国内に住む約150万人ものアルメニア人が虐殺された事実に対して，フランス政府がトルコにその責任を負うよう求めている．フランス国内に多くのアルメニア人が住んでいるからであり，したがってこの主張は多分に世論を意識したものであり，これを理由にしてトルコ加盟の是非を論じるのが難しいことはフランスも承知済みである．しかし，この問題を取り上げることが，EU加盟諸国のトルコへの目線に少なからず影響していることもまた事実である．

3） キプロス問題　EU加盟国であるキプロスは総人口約87万人．その約80％を占めるギリシャ系が政権を持ち続ける一方，約11％のトルコ系住民が自身の権利を主張すべく，1983年にトルコの支援を受けて北キプロス・トルコ共和国の独立を宣言．ここにはトルコ軍が進駐している．ただし，これを承認する国家はなく，事実上，トルコがキプロスの内政に干渉している状況にある．EU加盟国であるキプロスを脅かす行為として，EUはトルコ軍の撤退と，キプロスへの干渉の停止を求めているが，トルコは依然としてトルコ系住民の支援を継続している．

このほか，トルコの加盟の是非をめぐってさまざまな見解が出されている．たとえばトルコの人口規模が話題にのぼる．2008年現在，トルコの人口は約7482万人，EU最大の人口を抱えるドイツが8217万人である．しかし，ドイツの自然増加率が－2.0‰で人口が減少傾向にあるのに対して，トルコの自然増加率が11.4‰（2008年）となっている．トルコがEUに加盟すると，自然増加率をみる限り，将来はトルコがドイツを抜いてEU最大の人口を擁する国になることが予想され，話題になっている．国別の人口がなぜ問題なのか．それは，EUでは最高議決機関である閣僚理事会において，加盟国ごとに人口規模に応じた持ち票が配分されているからである．現在，人口規模が大きなドイツ，フランス，イタリア，イギリスが29票をもち，最小規模のマルタが3票といった具合である．また欧州議会においても，人口規模に応じて議席の配分数が定められている．つまりトルコがEU最大規模の人口をもつことは，強い発言力をもつことを意味している．もちろん，このことを正面きって取り上げる国はない．しかし，トルコの加盟がEUの性格を大きく変える可能性をもつ点に，加盟諸国が戸惑いを感じているのは確かなのである．

[加賀美雅弘]

写真 1.5 オーストリア国民議会選挙でイスラームを否定する極右政党のポスター（ウィーン，2006年）右側に「イスラームよりもわが故郷を」とある．党はこの選挙で大きく躍進した．

2 自然環境と伝統的農業

　EUの領域は，陸地と海が複雑に入り組み，多くの半島や島がみられるという特徴をもっている．このことが，自然環境の地域的な多様性を生みだし，農業の地域的な多彩さをもたらしている．本章では，こうした多様性にみられる主要な地域差を，地形や気候，伝統的農業などを中心に述べることにしたい．

2.1 多様な自然環境

2.1.1 地　形

　ヨーロッパは，通常，ウラル山脈を底辺とし，大西洋に長く突きだした三角形に例えられる．これを地形からみると，三角形のすべての辺が山脈列で構成され，その内部は広大な低地をなしている．北側にはスカンディナヴィア山脈からスコットランドの高地へと続く山脈列があり，南側ではカフカス山脈からアルプス山脈，ピレネー山脈へと連なる高い壁がみられる．これらの山脈列にはさまれて，東ヨーロッパ平原・北ドイツ平原・パリ盆地やロンドン盆地など，内部の低地は西に行くほど規模が小さくなる（図2.1）．

　地図帳で実際の地形をみれば，上で述べた単純なパターンには，もちろん多くの修正が必要である．一般に，EUを中心とする西ヨーロッパは，アルプス以南とアルプス以北に二分されることが多い．ここでいうアルプスは，狭義のアルプス山脈だけを意味するのではなく，カルパチア山脈からアルプス山脈，ピレネー山脈へと続く上述の「高い壁」を意味している．これらの山脈列を境にして，南側と北側では地形環境が大きく異なっている．これに気候や植生，産業，文化などの違いが相まって，2つのヨーロッパは，従来しばしば比較地誌の材料にされてきた．

a．アルプス以南のヨーロッパ

　アルプス以南のヨーロッパは，おもにバルカン半島・イタリア半島・イベリア半島の3半島から構成され，地中海に接している．そこでは新期造山帯に属する高峻な山脈列が，たがいに結びついて複雑な編み目を構成している．その結果，広大な平野はみられず，山脈に囲まれたハンガリー盆地やロンバルディア平原などが，まとまった面積をもつだけである．山地にしても，深い谷で刻まれており，チベットやパミールのように広い高原状の地形がみられない．グルノーブルは，アルプ

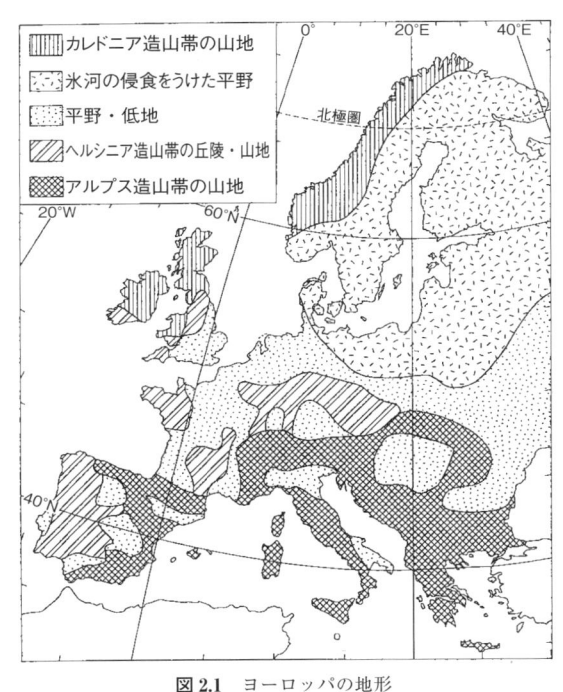

図2.1　ヨーロッパの地形
Derruau, M. (1971)：*L'Europe*, Hachette をもとに作成．

ス山脈の内部にある都市として知られるが，氷河が刻んだ深い谷に位置しており，海抜高度も200mを少し超えるだけである．

複雑な地形と海岸線をもつ南ヨーロッパでは，古くから海上交通が発達し，東方の文明をイタリア半島やイベリア半島へ伝える役割をはたした．地中海では干満の差がほとんどみられず，荒天時の危険も大西洋ほどでなかったため，船舶を用いた交流に適していたといえる．

他方，北ヨーロッパとの交流には，アルプスの高い壁が大きな障壁であった．山脈列が途切れるのは，南フランスの回廊地帯や，北イタリアからハンガリー盆地に抜ける峠道など，数が限られていた．それゆえ，これらのルートは，民族移動や物資の交易などで，歴史的に重要な役割を演じてきた．また，12～13世紀以降になると，スイスを経由して，北イタリアとドイツを結ぶルートが整備され，海抜2千mを超える峠道が活発に利用されるようになった．現在では，これらのルート沿いに鉄道や高速道路用のトンネルが建設され，南北交通の大動脈をなしている．

b. アルプス以北のヨーロッパ

これに対して，アルプス以北のヨーロッパは，東から西へと続く長大な平野によって特徴づけることができる．EUの範囲でいうと，北ドイツ平原からオランダ，フランドル平野，パリ盆地，アキテーヌ盆地にかけて，途中に大きな地形的障壁はみられない．これらの平野群からなる回廊地帯は，古くから大規模な民族移動や軍事作戦に主要な舞台を提供してきた．バルト海や北海をはさんで，これらの平野群にフィンランドやスウェーデン南部，イギリス南東部の平野を付け加えることもできる．南ヨーロッパが地中海を中心として一つの世界を形成したように，歴史的にみれば，これらの平野群も全体として，一つの北ヨーロッパ世界を形成していたからである．

ちなみに，上記の平野群では，かつて氷床（氷河）におおわれていたかどうかで，地形や土壌の性質に大きな違いがみられる．氷河におおわれていた地域では，その侵食作用による湖が点在する氷食平野や，氷河堆積物によるモレーン（堆石）などといった地形が広がっている．これらは一般的に農耕には適さない土地とみなされ，農業開発の流れに取り残された．他方で，北ドイツ平原の南端部には，氷河堆積物に由来する風成のレス土壌地域が連なるように分布しており，農耕に適した土壌として，古くから稠密な農村人口の定着をうながした．

これらの平野群に接して，古い地質時代に属する丘陵や低位山地がみられる．東からいうと，エルツ山脈やハルツ山地，アルデンヌ高原，ヴォージュ山脈，サントラル高地などである．これらの地域は，平野部に比較すると気候が冷涼であり，土壌もやせていた．そのため，初期の農耕時代には，人類の居住や開発があまり進まなかった．中世以降，これら地域への入植や進出が活発化したのは，おもに鉄や銀，銅，鉛などの鉱産資源開発を背景としていた．

アルプス以北のヨーロッパのうち，北辺の山脈列にあたるスカンディナヴィア山脈とスコットランドの高地は，カレドニア造山運動で形成された地質構造をもつため，両者を合わせてカレドニア山系と呼ばれている．また，西ヨーロッパの北端から南西方向に向かって，大西洋沿いに延びているため，大西洋山脈と呼ぶこともある．

2.1.2 気　候

EUの気候は，全体として温和な性格により特徴づけられる．南のキプロスやマルタなどにしても，北緯35度付近に位置しており，遠く離れた海外領土を別にすると，湿潤熱帯や乾燥砂漠はみられない．また，メキシコ湾流や北大西洋海流などの暖流と，その影響を内陸にもたらす偏西風のために，北緯45～55度の緯度帯でも，比較的温暖な気候にめぐまれている．とくに冬季の温和さは，ほぼ同じ緯度に位置する樺太（サハリン）の酷寒と対照的である．

他方，EUの内部には，それぞれ性格の異なる3種類の気候地域がみられ，植生や農業などの地域差と結びついている．気候的な地域分化は，大きくみると乾期の有無や時期によって特徴づけられており，夏季に著しく乾燥する地中海沿岸の地域，一年中，常に湿潤な大西洋沿岸の地域，冬季

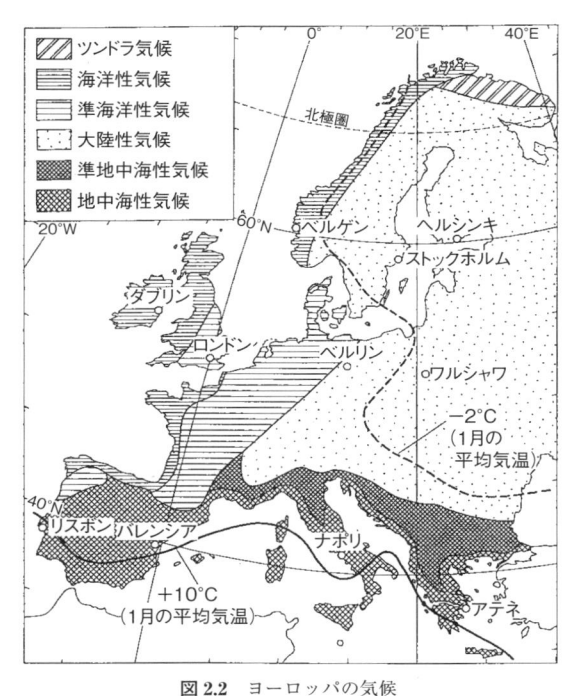

図2.2 ヨーロッパの気候
Derruau, M. (1971): *L'Europe*, Hachette をもとに作成.

に大陸高気圧の影響で乾燥する内陸側の地域に分けることができる（図2.2）.

a. 地中海性気候

これらのうち，乾燥する夏と温和な冬によって特徴づけられる地中海性気候の地域は，ほかの2地域よりも明瞭な境界線で囲まれている．とはいえ，上述の2つの特徴が弱まる準地中海性気候の地域もみられる．たとえば，ポー川流域のロンバルディア平原では，冬に気温が低下し，また夏もかなりの降水がみられるなど，純粋な地中海性気候とは違って，むしろ大陸性気候に近づくような性格を有している．同じことは，セルビアからブルガリアにかけて，バルカン半島の内陸部についてもいえる．

地中海性気候の最も際立った特徴といえる夏の乾燥は，中緯度（亜熱帯）高圧帯の北上に起因している．冬のあいだ地中海の上空にとどまり，雨をもたらす寒帯前線が，しだいに北上して，夏にはアルプス山脈以北へと遠ざかる．このため，6月から8月にかけて，地中海地域は高気圧におおわれ，雲ひとつない快晴が続くことになる．とくに，リスボンからバレンシア，ナポリ，アテネなどを結ぶ線の南側では，寒帯前線がいち早く遠ざかるため，春や秋にも降水量が少なく，4月から11月までの長い期間，太陽に恵まれた好天を期待することができる．これに比べると，リスボン・アテネ線の北側では，好天の連続する期間が短くなり，春や秋の降水量が多くなる．

夏に乾燥するとはいえ，一年を通してみれば，アルプス以南の地中海地域とアルプス以北のヨーロッパで，降水量に大きな差はみられない．しかし，降水日が季節的にかぎられ，また年による変動が著しいという地中海性気候の特徴は，乾燥（とくに夏の乾燥）に適応した地中海地域独特の植生をもたらした．なかでも，オリーブ樹は地中海性気候の指標植物とみなされてきた．図2.8 (p.17) に描かれたオリーブの栽培限界と，地中海性気候の境界を較べると，多少のずれはあるが，ほとんど重なっていることが確認できる．

b. 海洋性気候

地中海性気候に比べると，海洋性気候と大陸性気候の境界はあいまいである．両者を区分する明瞭な境界はみあたらず，むしろ連続的に移行するとみなすことができる．

海洋性の気候は，ポルトガルをのぞくと，大西洋沿岸のほとんどに広がっている．一年を通して湿潤で，冬も比較的温和な海洋性気候の特徴は，大西洋から遠ざかるにつれて薄れていく．最寒月の平均気温は，緯度による以上に，大西洋からの距離に応じて低下する傾向がみられる．ダブリン（5.3℃），ロンドン（4.4℃），ベルリン（0.8℃），ワルシャワ（-2.4℃）と並べると，最も北にあるダブリンの冬が最も温和である．ちなみに，北緯60°近くに位置する都市を比べてみても，ノルウェーのベルゲン（1.3℃），ストックホルム（-2.4℃），ヘルシンキ（-6.0℃）と，外洋からの距離に応じて最寒月の気温が低下する．海洋性気候とはいえ，バルト海の存在が大きな影響を与えていないことがわかる．

夏の冷涼さも海洋性気候の特徴であり，冬の温和さと相まって，気温の年較差を小さなものにしている．大西洋につきだしたブルターニュ半島のブレストでは，気温の年較差が約10℃であり，

東京や大阪の半分以下である．ロンドンやパリをみても，年較差はせいぜい 13～15℃にすぎない．さらに，天候が変わりやすく，雨が多いことも海洋性気候の特徴といえる．大西洋に浮かぶフェロー諸島では，降雨日が年間 270 日以上に達する．海洋性気候と地中海性気候は，この点で，きわめて対照的な性格を示している．

c. 大陸性気候

大陸性気候の特徴は，現象的にみると海洋性気候の正反対である．冬は厳しい寒さに襲われ，気温の年較差は 20℃前後，あるいはそれ以上に達する．このような性格は，冬季に発達する大陸の高気圧がもたらしたものである．高気圧におおわれることで，湿った海洋性の大気が内陸まで入りにくくなる．しかし，他方で，大陸上における高気圧の発達は，寒冷な冬がもたらす結果ともいえる．冬季にいち早く進行する大陸内部の冷却が，高気圧の発達をうながすためである．

EU は大陸の縁辺に位置するため，大陸性気候といっても，いわば相対的で周辺的な性格を有している．さらに西へ進み，ロシアの奥深くに進むほど，大陸性気候の特徴は著しいものとなる．最寒月の平均気温をみても，ワルシャワの −2.4℃に対して，モスクワ（−7.5℃），オムスク（−16.9℃），イルクーツク（−18.2℃）と，東に進むほど冬の寒さが厳しくなる．

寒冷で乾燥する冬に対して，大陸性気候の夏は気温と降水量に恵まれている．少なくとも，中央ヨーロッパから東ヨーロッパにかけての地域では，夏季の気温が 15～20℃に達し，降水量も月 50～100 mm 程度を期待できる．こうした条件のもとで穀物の栽培は十分に可能であり，土壌に恵まれれば高い収量を得ることができた．

2.1.3 植生と土壌

植生と土壌にみられる地域差も，上で述べた地形や気候の地域性を反映している．山がちな地中海沿岸地域は，もともと厚い葉と樹皮をもった常緑広葉樹林におおわれていたと思われる．常緑カシや月桂樹などが，地中海の風土を反映した植物であり，コルクガシの厚い樹皮やオリーブの堅い葉は，夏の乾燥に対する適応のよい例である．

しかし，古くから文明が発達した地中海世界では森林破壊の進行もすみやかで，現在では，多くの山地斜面がまばらな植生や丈の低いヤブにおおわれている．これらのうち，石灰岩質の地域にみられるヤブ地は，ガリーグという呼び名で知られている．また，変成岩や深成岩などからなる地域では，より鬱蒼としたヤブが茂り，フランス語でマキ（イタリア語ではマッキア，スペイン語ではマトラル）と呼ばれている．

土壌の面では，テラロッサ（「赤い土」を意味するイタリア語）が，地中海沿岸地域の多くを特徴づけている．とくに，土壌侵食で表層の腐食が失われた土地に顕著で，耕作に適さない場合が多くみられる．

これに対して，海洋性気候や準海洋性気候の地域では，かつて落葉カシ（英語ではオーク）やブナ，ニレなどを主とする落葉広葉樹林が広く平地や丘陵をおおっていた．落葉が生みだす豊かな腐食層は肥沃な褐色森林土をもたらしたため，古代と中世には，これらの土地を舞台に大規模な開墾活動が展開された．その結果，現在では，平地の大部分は農地として利用されている．イギリスやフランスなどの平野に残存している森林は，狩猟などを目的として王族や貴族たちに保護されてきたものが多い．

大陸性気候が大半を占める EU の東部では，植生と土壌がほぼ緯度に対応して地域分化している．すなわち，北からいうと，スカンディナヴィア半島の北端を占めるツンドラ植生とツンドラ土の地域，スカンディナヴィア半島の大部分を占める針葉樹林（タイガ）とポドソル土の地域，針葉樹と落葉広葉樹が混在する混合林の地域，乾燥したステップ性の疎林や草原と黒色土（チェルノゼム）の地域である．さらに南側には，準地中海性・地中海性気候の地域がみられる．

これらのうち，北はスウェーデン南部やバルト三国から，南はポーランドやドイツ東部，チェコにいたるまで，広大な面積を占める混合林地域では，寒冷期の名残りも相まって，多くの地域がポドソル土に占められてきた．強い酸性をともなうポドソル土の地域では，かつて小麦を栽培するこ

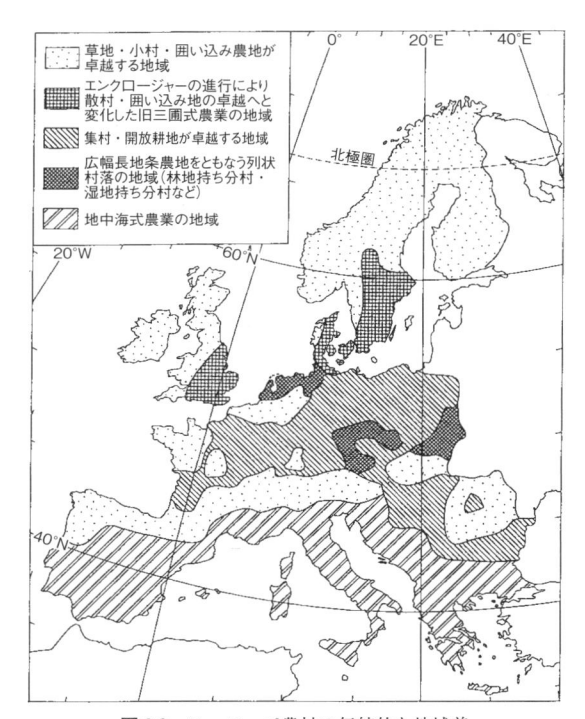

図2.3　ヨーロッパ農村の伝統的な地域差
Lebeau, R. (1979): *Les grands types de structures agraires dans le monde*. Masson をもとに作成.

とが難しく，もっぱらライ麦とジャガイモを中心作物としてきた．しかし，化学肥料の投与などによって，これらの地域でも土壌の改良が大きく進展している．

黒色土（チェルノゼム）については，ウクライナやロシアが有名であるが，EUの内部にも，ポーランド南部やドナウ川の周辺に，黒色土の地域がみられる．これらの地域は土地の肥沃さで知られ，適度な降水量さえ確保できれば，小麦や砂糖ダイコン・ヒマワリなどの栽培で，高い収量を実現することができる．

農業に適した土壌では，ほかにレス土壌がよく知られている．EUのレス土壌地域は，大陸性気候の地域から準海洋性気候の地域にかけて，ほぼ北緯45～55度の地帯にそって断続的に分布している．風で運ばれた細かな氷河堆積物からなるレス土壌は，原始的な農具でも容易に耕作ができ，一定の肥沃さをそなえていたため，初期の農耕民にとっては最高の土壌であった．現在でも，イングランドの南東部からパリ盆地，ベルギー南部，ドイツの丘陵地域など，かつて氷河におおわれていた地域の周辺には，高い土地生産性（単位面積あたり収量）をほこる穀物生産地域が広がっている．

2.2　農業地域の形成と展開

2.2.1　農業の地域性

近代化以前のヨーロッパの農業は，何よりもまず地域の自然環境（とりわけ気候）と結びついていた．伝統的農村の地域差を示した図2.3は，気候の地域差を描いた図2.2とよく対応している．

a.　地中海沿岸地域

夏季に乾燥する地中海性気候のもとで，地中海の沿岸地域では，環境条件に適応した地中海式農業がいとなまれた．山がちで大河川に乏しいという地形環境も，夏の水不足を際立たせた．河川の流域全体が地中海性気候の地域に含まれるため，夏季には流量が著しく低下して，農業用に取水できないからである．伝統的な地中海式農業の特徴は，かつて一般的であった天水農業のもとで，夏に水を得られないという条件に起因している．

地中海沿岸地域の農業は，伝統的に小麦・オリーブ・ブドウの3大作物と羊の移牧（トランスヒューマンス）によって特徴づけられてきた．これらはいずれも夏の乾燥に適応した農業形態といえる．

耕地の利用は，小麦作（冬穀物）と休閑を組み合わせる二圃式農業で，乾燥する夏季には作物がみられなかった．また，オリーブとブドウは乾燥に強く，天水農業のもとでも栽培することができた．さらに，移牧という形態も，草が生えず放牧できない夏季の低地をさけて，山地の放牧場へ家畜を移動させる必要から生まれたものである．

その結果，図2.4が示しているように，伝統的な地中海式農業では，穀物栽培と家畜飼養との結びつきが三圃式農業にくらべて希薄であった．すなわち，農業システムが村の範囲内で完結せず，また要素間の結びつきが弱いという特徴がみられた．また，オリーブやブドウなどの樹木作が重要な役割をはたしていたことも，アルプス以北の農業地域と大きく異なっていた．

しかし，灌漑農業が普及するにともなって，こ

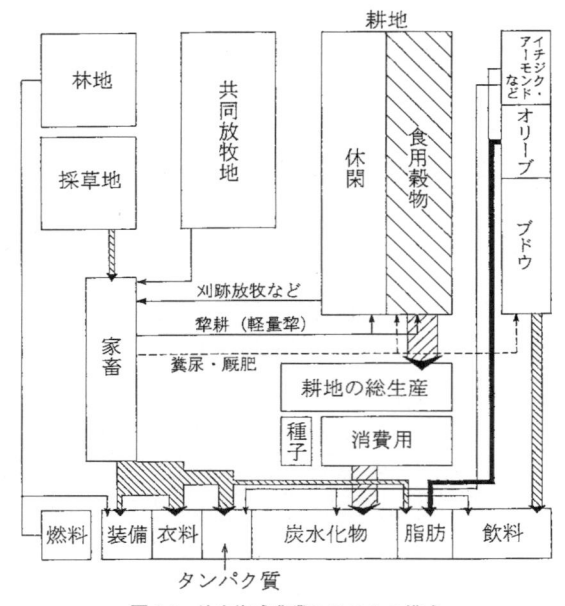

図 2.4 地中海式農業システムの模式
Smith, C.T. (1978): *An Historical Geography of Western Europe before 1800*, 2nd ed., Longman.

うした伝統的な性格は大きく変化している．かつて南ヨーロッパを特徴づけていた移牧は，20世紀末以降，イタリア・南フランス・スペインなどで姿を消してしまった．また，夏に南ヨーロッパを旅行すると，スプリンクラーなどで灌漑されたトウモロコシ畑やヒマワリ畑がめだつようになった．伝統的な樹木作には含まれないオレンジやレモンの栽培が，スペインのバレンシア地方などで急拡大したのも，灌漑用水が利用できるようになった19世紀末からのことである．

b. 大西洋沿岸地域

スカンディナヴィア半島からスコットランドやアイルランド，フランス北西部，スペイン北西部にかけての地帯は，地続きではないものの，伝統的な農業に類似の性格がみられる地域である．景観的には，数戸からなる小村形態の集落が卓越し，放牧地（とくに共同放牧地）が村域の大部分を占めていた．また，耕地の利用も，かつては毎年耕作されるインフィールド（内畑）と，放牧地との切替畑であるアウトフィールド（外畑）の組み合わせによって特徴づけられてきた．後者の場合，放牧地（草地）として利用される（長い）期間と，穀物畑として利用される（短い）期間が交互に繰り返されることから，穀草式農業という表現が用いられることもある．

土地利用の面で，放牧地や牧草地などの草地が大きな割合を占めるという性格は，現在でも，これらの地域に共通している．ヨーロッパ各国の土地利用別内訳をみても，アイルランドやイギリスなどといった大西洋に面した国々では，草地の割合が相対的に高いことが確認できる．

しかし，草地が卓越するといっても，現在の土地利用システムでは，かつて重要であった共同放牧地の役割は大きく低下している．かつて共同放牧地（アウトフィールド）として利用された土地は，その後，個々の農家に分割され，個別に囲い込まれていった．フランス北西部のボカージュ景観は，こうした過程をへて形成されたもので，農地の1区画ごとを鬱蒼と繁茂した生垣（ボカージュ）が取りまいている．

c. 内陸地域

牧草地に適した大西洋沿岸の湿潤な気候とは異なり，内陸地域では穀物の成熟に好適な暑い夏が存在した．とくに周氷河性のレス土壌や石灰岩層起源の風化土壌など，軽くて透水性の良い土壌は，穀物栽培に良好な土地を提供した．これらの地域では，中世の中頃（11世紀～13世紀）に新しい農業システムが導入され，農業生産が著しい伸びを示すとともに，村落共同体の再編成が進行した．このようにして形成されたのが三圃式農業（あるいはオープンフィールド農業）であり，19世紀にいたるまでヨーロッパの内陸地域で基本的に受け継がれてきた．

三圃式農業の特徴は，それまで異なった空間に分かれていた耕作と家畜の放牧を，拡大した耕地域のなかで共存させたことである．従来，村落域のなかで大きな割合を占めていた林地や放牧地は耕地化され，その結果，村落域に占める耕地の割合は大幅に拡大した．他方，このような変更は，拡大した耕地域をいくつかの区画（耕圃）に分割して，耕作地と休閑放牧地に割り振るという共同体的な3年輪作システムの導入をともなっていた．そうすることで，耕地域のなかに放牧地を確保したわけである．それゆえ，地中海式農業とは

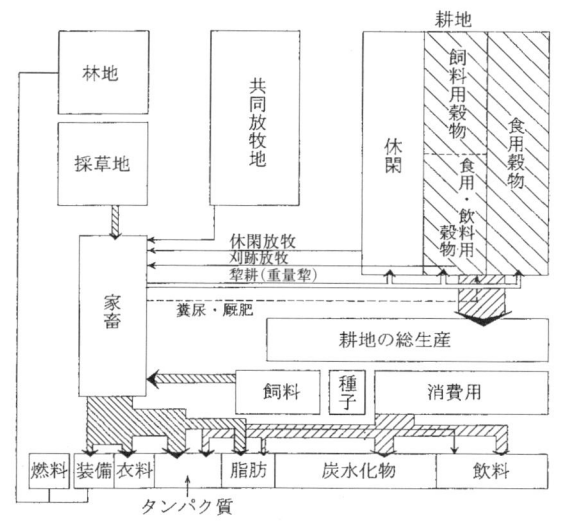

図 2.5 三圃式農業システムの模式
Smith, C.T. (1978): *An Historical Geography of Western Europe before 1800*, 2nd ed., Longman.

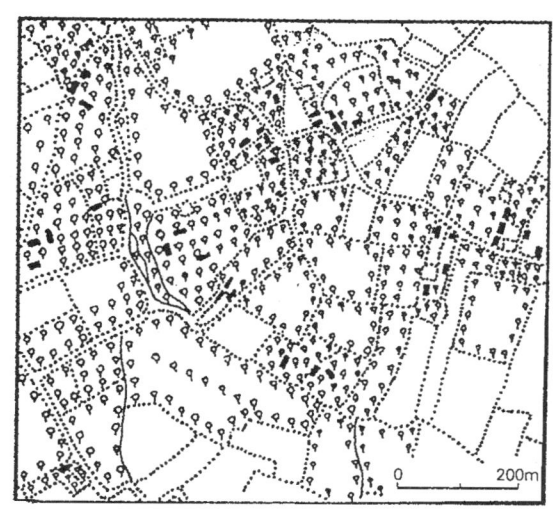

図 2.6 ボカージュ景観の地域
18世紀のノルマンディー地方の例．■ 家屋，樹木列，農地囲い（生け垣，土手，石垣など）．
手塚 章・三木一彦訳 (2005)：フランス文化の歴史地理学，二宮書店 [Planhol, X.de (1994): *Géographie historique de la France*, Fayard].

対照的に，三圃式農業では穀物栽培と家畜飼養が緊密に結びついていた（図 2.5）．

三圃式農業の導入は，農業生産量（とりわけ農業生産の主目的である穀物生産量）の大幅な増大をもたらした．そのため，これをさして「中世の農業革命」というほどである．生産力の伸びは地域人口の増大を引き起こし，経済水準の上昇をもたらした．他方で，3年輪作システムの確立は，地割りと景観に大きな変化を生みだした．各農家の経営耕地が多数の分散「ひも」状耕地からなるという特徴的な農地構造は，それぞれの区画（耕圃）に，各自の圃場を確保するという農民の必要性に起因していた．この種の農地景観は，共同体的な三圃式農業が放棄されたのちも，内陸地域では広く残存していたが，耕地整理事業の進展にともなって急速に消滅しつつある．

2.2.2 伝統的な農村景観

伝統期における農地の形態については，フランスの歴史家マルク・ブロックによる以下の3区分が有名である．

① 開放不規則耕地
② 囲い込み地
③ 開放長形耕地

これらの用語は，直接的には耕地の形態を意味したが，ブロックによる分類の趣旨は，それらの耕地形態と結びついた農業システムを区分しようとしたものであった．前項の記述と対応させるならば，地中海沿岸の農業システムに対応するのが開放不規則耕地，大西洋沿岸の農業システムに対応するのが囲い込み地，内陸の三圃式農業に対応するのが開放長形耕地ということになる．これらのうち，以下では，非常に特徴的な形態を有する囲い込み地と開放長形耕地について述べることにしたい．

図 2.6 は，ボカージュ景観で特徴づけられるフランス北西部（ノルマンディー地方）の状況を示したものである．一つ一つの畑や放牧地が土手や生け垣などに囲まれ，かなり丈の高い樹木列をともなう場合が多い．また，農地の区画はブロック状で，大小さまざまであるが，平均すると1 ha程度であろう．両側を土手にはさまれた道は曲がりくねっており，網の目のように伸びている状況がわかる．また，集落の形態は散村的であり，孤立した農家や，せいぜい2〜5戸の小村がみられる程度である．

注意すべきは，この図が過去（18世紀）の状況を示していることである．フランス北西部を旅行すると，現在でも，樹木列に囲まれたボカージュ

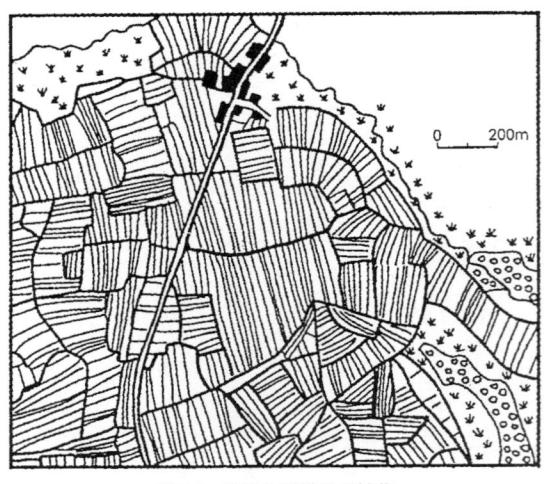

図 2.7　開放長形耕地の村落
アルザス地方の例．■ 集落，＋＋＋ 採草地，━━ 道路，林地，
▦ 開放長形（ひも状）耕地．
手塚　章・三木一彦訳（2005）：フランス文化の歴史地理学，
二宮書店［Planhol, X.de（1994）：*Géographie historique de la France*, Fayard］．

景観を目にすることができる．しかし，それは耕地整理事業や基盤整備事業をへて，合理化された囲い込み地の景観であることが多い．たとえば，囲い込まれた農地の1区画は，かつての数倍から十数倍の面積へと拡大している．新旧の地図を比較してみれば，土手や生け垣の密度が著しく低下していることがわかる．また，農道にしても，曲がりくねった細い道から，トラクターなどが通行できる整備された道へと変化している．フランス北西部の場合，このような変化は，農業の機械化や近代化が進んだ20世紀の中頃に急速に進行したものであった．

他方，開放長形耕地の景観は，内陸の平地農村を長らく特徴づけてきた．図2.7が示しているように，そこでの農地形状はきわめて特異である．一つ一つの区画は，いずれも狭くて細長い「ひも」状の区画をなしている．標準的には幅20m程度，長さが200m程度で，縦と横の長さが10倍も違うものが多い．さらに，それらの狭長地条がいくつも並行して，一つのブロック（耕区）をなしている．こうした農地形態は三圃式農業と結びついており，細長い耕地の形状や耕区のまとまりは，共同体的な農作業の必要性と対応していた．

したがって，共同体的な三圃式農業が衰退し，個人主義的な農業システムへ移行するにつれて，この種の開放長形耕地はしだいに姿を消していった．とくに，トラクターなどの農業機械が普及すると，農作業を1日で行える耕地の面積が大幅に拡大した．それにつれて耕地整理事業や基盤整備事業で設定される1区画の面積規模が拡大し，現在では，10～20haの大型区画もめずらしくない．内陸の農村地域を旅行して，図2.7のような開放長形耕地の景観を目にすることはまれである．現在みられるのは，開放ブロック状耕地の景観であって，1区画の面積はかつての数倍から十数倍に達することが多い．

従来，塊村（不規則な集村）形態をとっていた集落も，共同体的農業が衰退し規模拡大が進行するにつれて，塊村の外側で孤立的な農場をいとなむ農家が増えている．現在では，農家数が減少するにともなって，かつての塊村が廃屋化したり，都市に比較的近ければ都市住民のセカンドハウスとして利用される例が多い．

2.2.3　特色ある食文化の形成
a.　穀物と食用油

近代化以前のヨーロッパでは，農業が主として自給農業の段階にとどまっており，多くの農村地域で基本食料の生産を第一目標としていた．穀物を中心に，農産物のほとんどは地元で消費されたといえる．

こうした状況のもとで，食生活の内容は，地域の自然環境を色こく反映した．グローバルにみると，ヨーロッパは麦を主食とする文化圏として特徴づけることができる．しかし，パン用穀物の種類をみると，栽培限界や土壌特性などを反映して，寒冷な地域におけるライ麦（黒パン）と，より温和な地域での小麦（白パン）という地域分化が認められた．また，小麦のなかでも，パン用の軟質小麦を中心とする地域と，パスタ用の硬質小麦を主とする地域という特徴がみられた（図2.8）．

これに対して，穀物生産では自給できないという恵まれない地域も存在した．このような地域では，穀物以外の作物に主食を求めることが必要であった．その代表的な例として，ジャガイモや栗をあげることができる．いずれも，単位面積あた

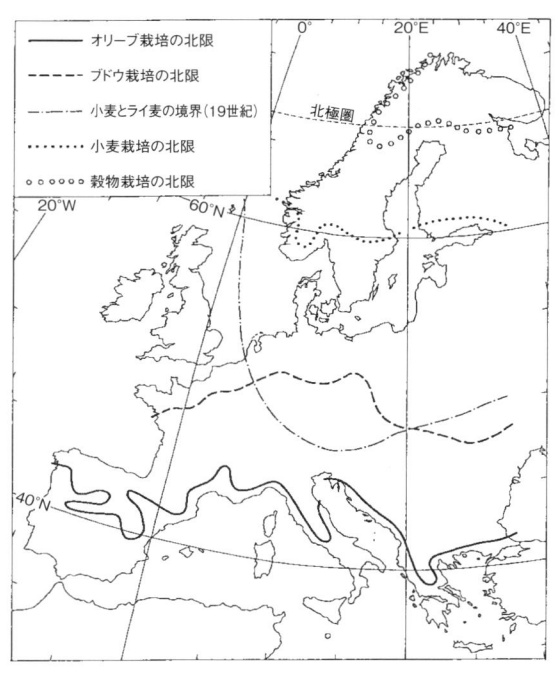

図2.8 小麦・ブドウ・オリーブの栽培限界

りのカロリー生産量が，小麦やライ麦より優れていた．これらのうち，低温で栽培できるジャガイモは，ヨーロッパ北部で重要な食料源であった．他方，やせた土地に強い栗の木は，地中海沿岸の山地や，冬が比較的温和な大西洋沿岸の山地に適していた．

調理用の油脂についても，かなり明瞭な地域分化がみられる．グローバルな観点では，ヨーロッパは動物性油脂（乳脂肪であるバターや豚脂のラードなど）によって特徴づけることができる．しかし，植物性脂肪であるオリーブ油は，古くから地中海沿岸地域を特徴づけてきた．動物性油脂についても，バター地域（酪農がさかんな大西洋岸や山間地域）とラード地域（穀物生産を中心とする内陸部）という対比が，伝統的にみられる．こうした地域分化は，大まかにいえば，気候の3地域と対応していた．

b. ワインとビール

主食作物に較べると，アルコール性飲料は古くから遠隔地交易の対象であった．とくにブドウの醸造酒であるワインは，宗教的な儀礼や祝祭，客人のもてなしで重要な役割をはたしたため，商業的な性格をもつ上質ワイン産地が古くから形成された．とはいえ，住民が一般的に消費するアルコール性飲料は，地域の自然環境と結びついて，かなり明瞭な地域差がみられた．

アルコール性飲料をワイン・ビール・蒸留酒に3分類し，種類ごとのアルコール消費量（純アルコール換算）を比較すると，現在でも，卓越する種類によってヨーロッパを大きく3分割することができる．すなわち，地中海沿岸の諸国やフランス，ルーマニアなどは，ワインから摂取されるアルコール量が第1位を占める．これに対して，イギリスやドイツ，オランダ，北欧などでは，ビールが卓越している．ポーランドからロシアにかけては，蒸留酒（ウォッカなど）の世界という具合である．

ただし，アルコール性飲料の消費行動は，時代とともに変化するし，国内での地域差もきわめて大きい．たとえば，近世のヨーロッパでは，地中海周辺のワイン地域を除くと，残りはビール地域であった．その後，19世紀を通じて，ビール地域に蒸留酒が浸透し，20世紀初頭には大部分の国で蒸留酒が第1位を占めるようになった．これらの国が再びビール国に復帰したのは，ようやく1960年代から70年代のことで，政府による健康キャンペーンや重税策の結果であったという（Grigg, 2004）．ちなみに，ドイツをはじめとする中央ヨーロッパの国々では，現在も，蒸留酒の消費がかなりの量に達している．

国内での地域差は，フランスのように自然環境が多様な国でとくに著しい（図2.9）．地中海沿岸地域・大西洋沿岸地域・内陸地域というヨーロッパの基本3タイプが，そこで境を接しているからである．

2.2.4 地域農業の近代化

ここまでの記述（農業システムや農村景観に関する説明）は，時代的にいうとヨーロッパ近世（16～18世紀）の状況を主として反映していた．これに対して，フランス革命後のヨーロッパ，すなわち近代ヨーロッパの農村では，農業生産のシステムや農村景観が，社会経済条件の変化や技術進歩にともなって，大きな変化をとげた．とくに，20世紀の後半には，農業近代化の影響がヨーロ

2.2 農業地域の形成と展開　　17

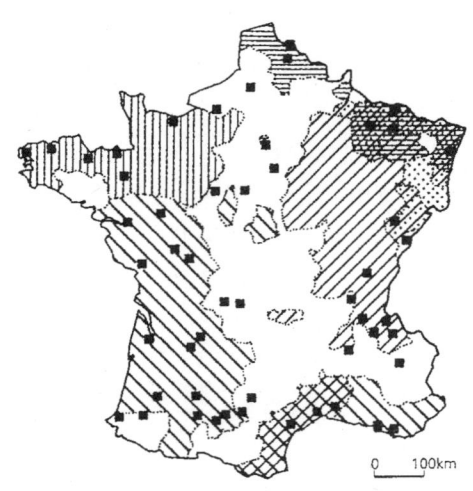

図 2.9 フランスにおける蒸留酒の産地と種類 1825 年頃の様子．▥ ワインの蒸留酒，▨ マール（ブドウの搾りかす）の蒸留酒，▦ リンゴ・洋ナシの蒸留酒，▤ 穀物・ジャガイモの蒸留酒，▥ サクランボ・プラムの蒸留酒，■ リキュール酒の製造所．手塚　章・三木一彦訳（2005）：フランス文化の歴史地理学．二宮書店［Planhol, X.de（1994）: *Géographie historique de la France*, Fayard］．

ッパ各地に浸透し，EU の主要国を中心に地域農業の姿が大きく変貌した．以下では，19 世紀以降におけるヨーロッパ農業の変化を，いくつかの基本動向にしぼって指摘することにしたい．

a. 専門化

ここでいう専門化とは，農家ごとの生産部門が単純化する傾向を意味している．近代化以前の農村は，自給的な色彩が強いために，さまざまな生産部門を組み合わせた多角経営が一般的であった．農産物の販売や流通が広まった 19 世紀においても，従来の多角的な農業経営を引き継いで，穀物栽培と家畜飼育を組み合わせる農家が大半を占めた．たとえば，19 世紀後半から 20 世紀の前半にかけて，ヨーロッパの内陸地域を特徴づけてきた混合農業は，かつての自給的な三圃式農業が商業的農業へと発展したものである．

実際，20 世紀の中頃においても，パリ盆地の農村では，大部分の農家が牛を飼育し，小麦を栽培していた（手塚, 1993）．農業経営のなかで，どちらの部門も重要な収入源をなしており，まさに混合農業を営んでいたといえる．ところが，その後の 30 年あまりで，牛を飼育している農家の割合は急激に低下してしまった．パリの東方に位置するブリー地方（ブリーチーズの原産地）が，例外的な動向を示すだけである．

フランス全体でみても，20 世紀の半ば頃にいたるまで，フランス農業の 3 大部門といえる牛・小麦・ワイン用ブドウを組み合わせた農家経営が，依然として大多数を占めていたのである．自然環境がブドウ栽培に適さない北フランスをのぞくと，多くの農家が自家消費用あるいは販売用に，ワイン用ブドウを生産していたし，北フランスのノルマンディー地方やブルターニュ地方では，シードル（醸造酒）やカルヴァドス（蒸留酒）用のリンゴが，多くの農家で栽培されていた．

このような多角経営農家が，20 世紀の後半以降，専門化の進行とともにヨーロッパの各地で急速に減少した．代わりに出現したのが，穀物栽培に特化した小麦生産農家であり，乳牛の飼育と飼料作物（トウモロコシ）栽培に特化した酪農農家，ブドウ栽培とワイン醸造に特化したワイン生産農家などである．

b. 地域分化

上で述べた専門化は農家レベルの変化であるが，同じような性格をもつ生産部門の単純化が，地域レベルでも進行した．パリ周辺の農村では，農業経営が小麦や大麦などの穀物生産に特化したために，大げさにいえば，牛の空白地域が出現した．同じようなことは，地中海沿岸のワイン生産地域でもみられる．乳牛や肉牛などの分布を市町村レベルの細かな地区別に表現してみると，牛の集中地域と空白地域がはっきり地図上に現れる．その結果，酪農地域や肉牛地域，小麦生産地域，ワイン生産地域など，地域レベルの専門化をともなう地域分化が生じたわけである．

そのようにして生まれた農業地域の空間パターンは，しばしば伝統的な農村の地域差と重なりあっている．湿潤な大西洋沿岸地域や山間地域は，現在，放牧地と飼料畑が広がる酪農地域であり，かつて地中海式農業が営まれていた南ヨーロッパの農村には，ブドウ畑や果樹園が果てしなく広がる園芸農業地帯が多くみられる．また，広大な麦畑が連続する穀物生産地域は，多くの場合，かつての三圃式（オープンフィールド）農業地域に対

応している．

しかし，対応しているのは分布だけであって，そこで行われている農業の性格は，かつてと現在で大きく異なっている．かつての農業は，自然環境の差に応じて主食作物が地域的に異なったり（小麦・ライ麦・ジャガイモ・ソバなど），農業生産システムに地域差がみられた（三圃式農業・地中海式農業・穀草式農業）ものの，その特質は自給的畑作農業であるという点で共通していた．農業生産の最大の目的は，常に主食作物（小麦やライ麦など）の栽培であり，けっしてワイン生産や牛乳生産ではなかった．ところが，現代の農業地域では，しばしばワイン生産や牛乳生産など，主食作物以外の農産物が主要なターゲットである．このように，19世紀から20世紀にかけて進展した農業の近代化は，その結果として，特定の作物や生産部門に著しく特化（専門化）した農業地域の形成をもたらした．

c. 規模拡大と集約化

農業近代化のもう一つの側面は，農業生産が特定の農家に集中する傾向である．これは小規模な農家の脱落と，大規模農家への土地集中というかたちで，先進地域を中心に着実に進展し，農家数の大幅な減少をもたらした．

その背景には，経済的に自立可能な面積規模が技術水準の上昇にともなって増大したという事情がある．近世ヨーロッパの自給的畑作農業では，自立可能な経営規模が土地条件に応じて10～20ha程度とみなされてきた．しかし，現代の商業的穀物農業では，100haの耕地でも十分な農業所得を確保することは困難で，200～300haへの規模拡大がめざされている．

国による違いはあるが，どの国をみても農家の平均面積規模は，20世紀後半を通じて着実に増大してきた．農地の開墾が難しい西ヨーロッパの農村では，ある農家の規模が拡大することは，他の農家の耕地が減ること（すなわち，農家数が減少すること）を意味している．それゆえ必然的に，規模拡大というプロセスは少数農家への土地集中をともなうことになり，規模拡大のかわりに集中化という表現も用いられる．

集約化は，専門化や集中化とは区別される農業近代化の別の側面を示している．農業生産の集約度は，通常，単位面積（1ha）あたりの農地から得られる収穫量や，そこに投入される農業資材（化学肥料や農業機械）の金額によって測定される．その増加は集約化を意味し，減少は粗放化を示すというわけである．

近代の西ヨーロッパにおいて，農業の集約度は着実に上昇してきた．小麦生産を例にとると，近世には1haあたり1～2トンの収穫量しかなかったものが，現在では，地域によって6～7トンもの収穫量が得られている．乳牛1頭あたりの搾乳量も，品種改良や飼料の改善によって2～3倍の増加がみられる．

2.3 EU統合と農業地域の変化

ヨーロッパにおいて，農業の占める経済的な比重はわずかなものである．しかし，現在なお，農業がヨーロッパで重要な産業活動であることは疑問の余地がない．この30年来，共通農業政策をいかに改革するかは，常にEUの懸案事項であった．

皮肉なことに，農業問題がこのように深刻化した原因は，第二次世界大戦後のEU共通農業政策が大きな成功をおさめたことに求められる．さらに長期的には，20世紀を通じて加速度的に進行してきた農業近代化のつけが，近年になって一気に表面化したともいえる．

2.3.1 共通農業政策の展開

EUの成立は，西ヨーロッパの農業に大きな影響を与えてきた．EEC（ヨーロッパ経済共同体）が発足した当初から，共通農業政策の策定と実行はEUの最重要課題とみなされた．EECの設立を定めたローマ条約においても，以下の5項目が共通農業政策の基本理念として指摘されている（第39条）．

① 技術進歩による生産性の向上
② 農業所得の向上
③ 市場の安定
④ 域内自給率の向上
⑤ 消費者価格の安定

もっとも，これらは理念的な目標であり，それを達成するための具体的な指針は加盟国間の協議を待たねばならなかった．1958年7月にイタリア北部の町ストレザで開催された会議で，そのための基本方向が定められた．すなわち，①域内市場の統合（共通価格；農産物の自由流通），②共同体財源による運営，③域内農産物の保護（農産物価格の支持）という3原則がこれであり，その後，これらの原則に則って，細部の調整が行われた．

EUの農産物価格支持システムは，公定価格を下まわることがないように，供給過剰局面になると公的機関が市場に介入し，農産物を無制限に買い支えることを原則にしていた．これは第二次世界大戦後の食料不足を背景として，供給の確保と農民の生産意欲を刺激することに重点が置かれたためである．食料供給の多くを外国に依存している状況のもとでは，公定価格と国際価格の差額分を輸入課徴金とすることで，大きな財政負担をともなわずに価格支持システムが運営できるはずであった．

たしかに，上述の5項目に関するかぎり，共通農業政策は大成功ともいえる成果をおさめた．フランスを例にとると，1950年代初めに1haあたり1.5トン程度であった小麦の収量が，現在では7トン近くに増加しているし，乳牛1頭あたりの搾乳量も2kℓであったものが6kℓへと3倍増している．また，こうした生産性向上の結果，農産物の生産量も急増を示した．EECが結成されたのち，約30年間でヨーロッパの農業生産量は，多くの部門で2倍を上まわる伸びを示し，域内での完全自給を達成するにいたった．

しかし，あらゆる成功には代償がつきものである．その代表的な現象が，EUにおいては農産物の過剰生産と，それにともなう財政負担の増大，さらには農薬・肥料などによる深刻な環境汚染であった．これらの問題がしだいに表面化するにつれて，従来の農業近代化路線（大量生産型農業）に対する批判が，1980年代以降，行政の側でも一般世論の側でも，ますます強調されるようになった．

過剰生産については，1980年代からさまざまな部門で抑制策が実施されてきた．牛乳・小麦・油料種子（ナタネやヒマワリなど）・ビートをはじめ，数多くの農産物が，現在では，実質的に割当生産制度のもとに置かれている．その意味で，共通農業政策の価格支持メカニズムは，今日まったく変質したともいえる．他方，農薬や肥料の大量投与による環境汚染は，1970年代頃から環境保護論者によって強く批判されてきたが，1990年代には，その主張がEUの農業政策にも反映されるようになった．近年における共通農業政策の改革は，環境重視の方向を明確に示している．

2.3.2 農業地域の変化：フランスの事例

フランスは，EUで最大の農業大国である．主要な農業部門の多くで，フランスはヨーロッパを代表する産地を抱えている．ボース平野を含むパリ盆地は，EU最大の穀物生産地域であり，ブルターニュ地方を中心とするフランス北西部は，EU最大の酪農地域である．また，地中海に面するラングドック地方は，その生産量からいえばEU最大のワイン産地といえる．

それだけに，20世紀後半における農業環境の変化は，これらの大規模産地に大きな影響を与えてきた．以下では，近年における共通農業政策の改革がこれらの産地に与えた影響を，酪農地域と穀物地域について述べることにする．

a. 酪農地域

日本と異なり，フランスの酪農業はバター生産とチーズ生産が中心である．フランス北西部の酪農地域も，バター加工用の原料乳生産が主体であり，全国生産量の約7割を生産している．

EUの農業で，深刻な過剰生産にまっさきに直面したのが，この酪農部門であった．EU全域でみたバターや粉乳の自給率は，1980年代初めに100%を大きく上回るようになった．「バターの山」といわれた在庫の累積は，EU当局に巨額の財政負担をせまり，共通農業政策の矛盾を赤裸々に示したといえる．

その結果として，EUでは，1984年以降，牛乳出荷量の割当制度を実施している．この制度のもとでは，牛乳の生産量が国ごとに固定され，それ

それの酪農家に対して一定の分量が割り当てられた．従来の自由競争に終止符が打たれたわけで，それ以降，フランス北西部の酪農地域では，従来と異なる新しい動きをみることができる．

それは，前項で述べた農業近代化のすべての側面（専門化・地域分化・集中化・集約化）におよんでいる．まず，専門化や集中化の流れに歯止めがかかった．割当制度のもとでは，酪農を中止した農家の割当量を吸収する以外に規模拡大は望めない．しかし，政策的な配慮から，離脱農家の乳量再割当は中規模農家が優先されたため，大規模酪農家は専業経営のままで規模を拡大し続けることが難しい．そこで，酪農以外の部門を導入する農家が出現している．また，同様のことは地域レベルでもみられ，牛乳生産量に占めるフランス北西部の比率は，1984年以降，わずかではあるが減少しつつある．

このように，大量生産用のバターや脱脂粉乳が主要な製品であった酪農地域では，高い付加価値をもつ乳製品の開発や，酪農以外の新部門の導入など，産地の方向転換を模索している．

b. 穀物農業地域

酪農部門のつぎに改革のターゲットとされたのは，穀物と油料種子（ナタネ・ヒマワリなど）を栽培する一般畑作部門であった．一般畑作部門を対象とする共通農業政策の改革は1992年に採択され，ただちに適用された．その内容は多岐にわたるが，主要なポイントは以下の3点に要約できる．

① 一般畑作部門にかかわる小麦・大麦などの支持価格の引き下げ．
② 代償措置として，栽培面積に応じた直接的な財政援助の実施．
③ 代償措置を受ける前提として，一定比率の休耕の義務づけ．

これらのうち，②と③は，従来の共通農業政策の原則から踏み出して，いわばアメリカ的な生産調整の手法へと，大きく方向転換したことを意味していた．

パリ盆地の農村は，フランスを代表する穀物地域で，上述の一般畑作部門に専門化している農家が多い．そのため，1992年の改革は，他の農業地域以上にパリ盆地の農村を直撃することになった．休耕の比率は，一般畑作物の国際需給や国際価格の動向に応じて調整される．たとえば，改革直後の1993年には，それが15％に設定された．その結果，パリ盆地のなかでも穀物地域で知られるボース平野では，土地の15％が休耕地という状況が出現したわけである．

三圃式農業の時代には，農地の約3分の1が休耕地であった．しかし，その後の農業近代化を通じて，先進的な穀物地域では休耕地がほぼ完全に駆逐されてしまった．1993年に適用された15％という休耕比率は，いわば6〜7年の輪作で1年だけ休耕するという想定に立脚している．これに対して，改革以前のボース平野では，基本的に3年輪作のシステムが存在していた．1年目にトウモロコシやナタネなどの作物，2年目に小麦，3年目には小麦あるいは大麦というものである．これが改革の実施にともなって崩壊したわけで，見かけ上は休耕をともなう輪作という粗放化傾向が現れたといえる．

20世紀後半のEU農業の歩みは，基本的にいえば，専門化・集中化・集約化などのキーワードで表現できる農業近代化が加速度的に進展した歩みであった．しかし，上で述べてきたように，過剰生産や環境破壊などといった問題に直面することで，EUの農業は大きな方向転換をせまられている．20世紀の末から始まった共通農業政策の改革は，そのような方向転換をめざしたEU農業の模索を反映している．　　　　　　［手塚　章］

引用文献

Grigg, D. (2004)：Wine, spirits and beer. *Geography*, **89**：99-110.
手塚　章 (1993)：第二次世界大戦後におけるパリ周辺地域の農業変化．地学雑誌，**102**：314-326.

コラム 2.1

地中海地方の農業

地中海地方に典型的な農業として，地中海式農業はよく知られている．夏の高温と乾燥に強いオリーブやブドウ，かんきつ類の栽培と，比較的湿潤な冬に栽培する小麦などを特色とする農業である．古来，地中海沿岸の地方では，こうした夏と冬の気候の特徴にあわせて栽培する作物を選び，それらをうまく組み合わせた農業が行われてきた．

しかし，実際にこの地方を訪れると，こうした伝統的な農業を見つけるのは意外にも容易ではない．たとえばフランス南部のコートダジュールの海岸近くの農地をゆくと，ここには小麦の畑も果樹もほとんど見当たらない．そこにひろがっているのは，丘陵の斜面を覆いつくす一面のビニールハウスである．近づいてなかをのぞいてみると，アイリスやバラ，カーネーションなどの花が栽培されている．どれもていねいに手入れがされている．

コートダジュールといえば，ニースやカンヌ，モナコといった名だたる海岸保養地が並ぶヨーロッパ屈指の観光地域である．ホテルやカジノ，公園や街路は一年中美しい花で飾られ，多くの観光客を魅了している．映画祭やF1レースなど国際的なイベントも目白押しで，地中海沿岸の観光地化はますます発展の傾向にある．花の需要が増えるのは当然であろう．またニースで開かれるカーニバルにも，花は欠かせない．花で飾られた車から女性がミモザの花を投げてくれる，じつに華やかな祭りで，観光名所としても知られ，花のカーニバルの異名すらある．

このようないわば大消費地を間近に控えて，地中海に面した近隣の地域では市場を強く志向した花卉の栽培が行われている．これら保養地・観光地ばかりではない．北イタリアから南フランス，スペイン東部にかけての地域は，新しい産業地域（サンベルト）として脚光を浴びている．環境を重視し，新しい工場やオフィス，住宅地が建設されるなか，多くの花が求められており，その需要は増加の一途をたどっている．

こうした市場志向の農業が，じつは今日の地中海沿岸地方においてきわめて顕著になっている．花に限らず，ブドウやオリーブなど地中海地方に典型的な作物も，トスカーナやピエモンテなど特定の地方では農家が専門的に栽培している．パルマのプロシュート，パルメザンチーズなど，いわゆる市場作物に特化した農産物加工業も発達している．

いずれの農業も1960年代以降，イタリアをはじめとする地中海地方において，各地で農業の改善事業が進められ，自立農家の育成と他地域との競争に耐えうる農業の育成をめざした結果，形成されてきたものである．作物だけみれば地中海地域の特有のものではあるが，もはやかつての小麦やその他の作物と組み合わせた伝統的な地中海式農業ではなく，より多くの収益を求めた付加価値の高い作物の栽培がなされている．

今や伝統的な地中海式農業は，イタリア半島のアペニン山脈やシチリア島，スペイン内陸部のメセタ高原，バルカン半島の山間地などの地域に限られている．いずれも，零細な小麦の栽培とヤギの飼育など規模の小さな農家が分布する経済的な停滞地域であり，住民の高齢化と人口流出が大きな課題となっている地域である．　　　　　［加賀美雅弘］

写真 2.1 コートダジュール近郊にひろがるビニールハウス（フランス，2000年）
遠方の斜面に花卉栽培のビニールハウスが並んでいる．

写真 2.2 ローヌ川河口付近にひろがる水田（フランス，2000年）
灌漑により，夏の乾燥期に良質の米の生産が実現された．

コラム 2.2

アルプスの農業

　アルプスの農業は，山岳環境という条件と密接に関連しながら存続してきた．とくに標高や傾斜，それらと関連する気候条件，水環境などによって耕作や採草，放牧の可能な土地は制限されてきた．また，地中海式農業と混合農業という，ヨーロッパを南北に分ける農業様式の境界に位置するアルプスでは，それぞれの文化的差異から多大な影響を受けてきた．すなわち，イタリアやフランス，スイスの西部では，羊や山羊といった小家畜の飼育が卓越し，畑作がみられ，また谷底部ではワインやブドウの生産も存在する．一方，スイスの西部からオーストリア，バイエルンにかけては牛の飼育が多くみられ，また畑作が少ないといった性格がある．

　以下では，オーストリア・アルプスにおける農業について述べる．谷底の平坦地では人間による洪水のコントロールが可能になるまでは，畑作地として利用されることは非常に少なく，集落立地もあまりみられなかった．それゆえ，日当たりが良く比較的緩傾斜な山腹の森林伐採跡地を採草地やわずかな耕地として（写真2.3），また森林限界を越えた天然の草地を放牧地として利用し，もっぱら乳牛，羊，山羊を飼育することで生計を営んでいた．放牧地は夏の間に利用され，おおまかにオーストリアではアルム，スイスではアルプと呼ばれる．しかし20世紀に入ると，平野部に比べて生産性の悪いアルムや急斜面の採草地の利用は減少し，家畜飼育も衰退傾向にある．一方，谷底部，とくに都市に近接する地域では，野菜や穀物栽培が盛んになっている．

　20世紀半ば以降，オーストリア・アルプスにおいて観光化の進行が顕著になると，著名な山岳リゾートやスキーリゾートの近隣地域では，多くの農家がペンションの経営を開始した（写真2.4）．また，1970年頃から「農家での休暇」ブームのもと，アルプスという山岳景観とともにそこでの夏季の文化景観も多くの人びとを惹きつけるようになった．その結果，農業に代わり観光産業が重要になっている．山地斜面のアルムや採草地による「淡い緑」，その周囲にあるトウヒなどの森林による「濃い緑」，海抜高度が高い岩石地や氷河の「白，灰」といった色彩が織りなす，アルプスの風景は観光客を和ませる重要な資源である．こうした景観を維持することは観光産業の持続的発展，災害防止などにとって重要であるため，EUをはじめオーストリア政府から山地農家に対する手厚い助成がある．さらに，近年ではアルプスに伝統に残る伝統的な文化（農家景観，食文化など）や，化学肥料や農薬をあまり使用しない安全な食材の供給地としても注目を集めている．

［呉羽正昭］

写真 2.3　イン谷（チロル州）の斜面景観（オーストリア，2010年）

写真 2.4　インスブルック北部の山岳景観とペンション（オーストリア，2010年）

参考文献
池永正人 (2002)：チロルのアルム農業と山岳観光の共生．風間書房．
Veit, H. (2002)：*Die Alpen : Geoökologie und Landschaftsentwicklung*. Ulmer.

3　工業地域の形成と発展

　世界の他の先進諸国と同様，西ヨーロッパ諸国を中心にヨーロッパでもサービス経済化が進行している．しかし，EU の諸地域がいかに形成され，それがいかなる変容を経験しつつあるのかということについて考える際にも，EU がどのような空間構造を呈していて，それがいかなる変容を呈しつつあるのかについて考える際にも，工業地理に対する理解が不可欠である．本章では，初期機械化の波，重工業化の波，フォード的大量生産の波，といった世界の工業化の大きな波のなかで，EU の代表的な工業地域がいかにして成立し，全体としての空間構造を作り上げてきたのか，また，それらが今日，いかなる再編の途上にあるのか考えてみよう．

3.1　産業化の始動と地域形成

3.1.1　ヨーロッパ諸国の経済的離陸とその地域的前提

　よく知られた経済発展段階論に，ロストウの段階論がある．ロストウの議論は，近代的経済成長の決定的瞬間を「離陸」と表現している．離陸とは，投資が増大して，主導産業部門の出現が他産業の発展を誘発するようになった状態をいう．彼のモデルに従えば，伝統的社会は，離陸準備期，離陸期，成熟期を経て，高度大量消費社会へといたる（図 3.1）．

　経済的離陸は，全世界のなかでイギリスで最も早く生じ，18 世紀末期から 19 世紀初頭にかけてであり，19 世紀半ばには成熟の状況に達していた．続いて，フランスが 19 世紀半ばに離陸し，ドイツの離陸はアメリカ合衆国よりも遅れること，1870 年前後であった．近代国家の形成に遅れをとったドイツは，プロイセン王国を中心とする関税同盟が成立して，市場規模が拡大したことが離陸の重要な条件であった．

　経済的離陸に先立つ 16～18 世紀に，ヨーロッパ各地で各種織物を中心とした手工業生産が展開していた．好例として，現在のフランスとベルギーにまたがるフランドル地方の毛織物工業がある．同地方の場合，イギリスからの羊毛供給という前提のうえに，中世から毛織物業を中心とする都市工業が栄えていた．ところが，14 世紀に，英仏間の百年戦争によって技能労働者がイングランドへの流出して危機を迎えた．こうした危機を乗り越えるべく，人口豊富ながらも砂質の土壌ゆえ農業生産性の低い農村部での繊維生産が，ヘント（ガン），アラスなどの都市商人によって組織された問屋制家内工業の形態をとって発達した．

　いわゆる産業革命の時代に先行して成り立っていた農村の工業化は，プロト工業化と呼ばれている．プロト工業化の特徴として，①穀物生産に不利な地域で広域市場に向けた手工業生産が行われていること，②都市商人の手を経て製品が流通する問屋制家内工業であること，③人口増加に基づく賃金水準の低い労働力の存在，④付近では商業的農業が発展していること，などが挙げられる（斎藤，1985）．

3.1.2　ヨークシャー毛織物工業の発展

　イギリス，イングランドのペニン山脈を軸とし

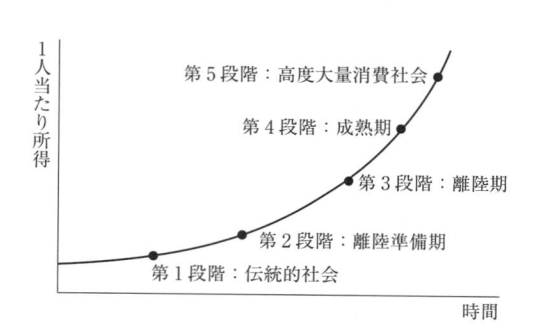

図 3.1　ロストウの発展段階論
Sheppard, P.（2004）: *Economic Activity and Change*, Hodder Education をもとに作成．

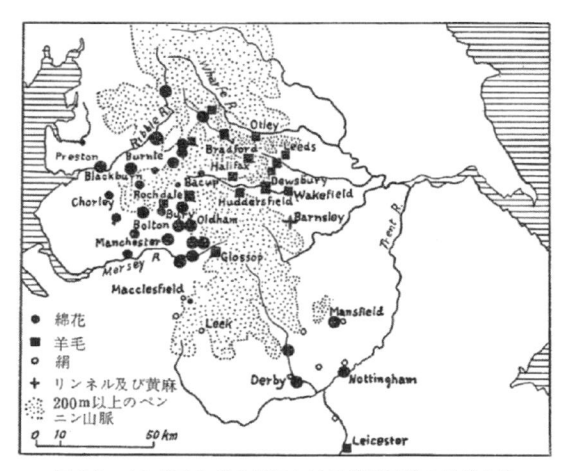

図3.2　イングランド北部における繊維工業の地域分化
藪内芳彦訳（1957）：一般工業地理学．朝倉書店．［Otremba, E. (1953): *Allgemeine Agrar- und Industriegeographie*.］

て，東麓側をヨークシャー地方，西麓側をランカシャー地方という．かつて，前者は羊毛工業，後者は綿工業により特徴づけられていた（図3.2）．

イギリスでも農村工業化は進行した．イギリスはもともと毛織物の原料の羊毛の輸出を行ってきたが，フランドル地方から職人が移住したことで，織物技術が伝えられ，14世紀には毛織物生産が増大，15世紀には輸出国になった．イングランド西部（グロスターシャー，ウィルトシャー，ウスターシャー），東部（ノーフォーク，サフォーク，エセックス）と並んで，北部のヨークシャーは，毛織物の主たる生産地の一つであった．ヨークシャー地方のなかでもその西部のウェストライディング（ただし，この行政地域は1974年に廃止）に羊毛工業の集中は著しかった．

ウェストライディングへの集中は，本地域で産出される羊毛が良質であったこと，リーズなどの新興都市の問屋や染色・整理業などと結合しえたことに加え，サースクの説に従えば，村落共同体の性格の反映と考えられる（Thirsk, 1961）．すなわち，荘園制度の伝統をもつ開放耕地制の農業集落では，共同作業が多いなど共同体の結束が強固で，農業労働も集約的で，農民にとっては家内工業を手がける余地はなかった．これに対して，ウェストライディングのような牧羊主体の地域では，共同体の結束も強くはなく，農業労働も相対的にみて粗放的で，農村工業が入り込みやすい状況にあったのである．

『ロビンソン漂流記』の作者として知られるダニエル・デフォウの『大英帝国周遊紀行』には，18世紀初頭のウェストライディングの工業村落の情景がヴィヴィッドに描写されている．大塚久雄がそれを紹介するところによれば，同地域の集落景観は次のような特徴をもつ（大塚，1964, pp.107-110）．

① 土地が小区画に分かれておりその区画の中央に母屋があり，それに付属して，マニュファクトリー（作業小屋）が置かれている．
② 敷地内には張物枠があって，そこに毛織物が張ってある．
③ 家々の間には小住宅があって，そこには工場で働く労働者が居住している．
④ マニュファクトリー内では明確な分業がなされている．

このような情景描写に基づく限り，当時のヨークシャー羊毛工業は，家内工業とも，工場制工業ともいいうるような状況であったと考えられる．

3.1.3　ランカシャー綿工業における「産業革命」

時期的に先行してはじまった毛織物工業に対して，綿工業の歴史は比較的新しい．毛織物も確かにイギリスにとって重要な輸出品であったが，毛織物の需要は気候温暖な地域では芳しくなかった．そこで，イギリスはインドなどから原料綿を調達することによって，従来輸入に依存していた綿織物の輸入代替を試みるようになった．綿製品の生産性向上の努力が，いわゆる産業革命へとつながっていく．

イギリスにおける綿工業発展の核心となったのが，ペニン山脈の山稜線をはさんでウェストライディングの西に位置するランカシャー地方であった．ランカシャーでも毛織物工業のある程度の発達をみていたが，紡績や織布の技術的蓄積によりすぐれたウェストライディングではなく，ランカシャーで綿工業の発展がなされたのは，自然条件に帰せられるところも大きい．すなわち，グレートブリテン島付近の卓越風（偏西風）の影響から，ペニン山脈の東麓と西麓では降水量および湿度に違いがある．綿糸は乾燥しすぎると糸切れしやす

3.1　産業化の始動と地域形成

く，綿の加工は乾燥した東麓側よりもある程度湿潤な西麓側が好まれたというのが第一点である．そのほか，付近の水が硬水ではなく軟水であったということも，洗浄水に軟水が好まれる綿製品にとっては適合していた．

産業革命期の技術革新のなかで，まず，あげられるものは，1733年に考案されたジョン・ケイの飛び杼であり，織機分野での技術革新である．これは，当初，毛織物に用いられるために考案されたものであったが，むしろ綿織物に利用された．

飛び杼の発明は織布の生産性の向上をもたらし，綿糸の供給不足を招いた．そこで，紡績機分野での技術革新がもたらされた．まず，1764年にジェニー紡績機が，ジェームズ・ハーグリーブスにより発明された．これは，一度に8つの紡錘にまきとることで生産性向上をもたらしたが，家内工業でおもに用いられたものであった．続いて，1771年のアークライトの水力紡績機が登場した．大型であるため，専用工場が必要であり，工場制工業をもたらす要因になった．また，両者の長所をかけ合わせたのが，1779年，クロンプトンにより発明されたミュール紡績機であった．

これら一連の紡績機の改良によって，綿糸の供給が拡大すると，今度は織機の生産性向上が求められるようになり，ここに登場したのがカートライトの力織機である．1885年に発明された力織機は，当初の水力利用から蒸気機関利用へと変わり，生産効率の飛躍的向上をもたらした．

3.1.4　産業の局地化と地域内分業

問屋制家内工業，工場制手工業の段階から，「産業革命」を経て機械制大工業へのドラスチックな転換がなされたというのが，従来の教科書的な理解である．

では，産業革命によって，ランカシャー綿工業は突如として機械制大工業に変貌を遂げたのであろうか．安部悦生（1997）の指摘する以下のことを考えれば，そうでもなさそうである．

まず，アークライトの水力紡績機は，たしかに機械制の工業のはしりであったが，あくまで農村での水力立地を前提にしたものであり，労働力不足のため実際には大規模化が困難であった．しか

も，太い縦糸製造には適していたが，細い番手は作れなかった．一方，ミュール紡績機を用いた工場は，細い番手は作れたが熟練工が必要であって蒸気機関の利用によって都市に集中するまでは大規模化が容易なものではなかった．他方，織布部門での力織機の普及も遅々として進まなかった．

結局，少なくともランカシャー綿工業に関する限り，小生産者による生産が主体であって，都市のミュール型紡績工場における男子熟練工による紡績と，それを取り巻く農村部における女性労働力による織布という分業によって，その発展は支えられ，多様な製品の製造を可能としていた．

経済学者アルフレッド・マーシャルは，『経済学原理』や『産業と商業』などの著作において，産業地域（industrial district）や製造業都市（manufacturing town）という用語を用いて，19世紀のヨーロッパにおける産業の局地化を説明していた．そこでは，イギリスのヨークシャー地方，ランカシャー地方をはじめ，ドイツのラインラント地方，オーバーライン地方，スイスのジュラ地方といった産業地域，シェフィールド，バーミンガム，ゾーリンゲンといった製造業都市が例示されている．マーシャルによると，アメリカ型の少数の大工場に統合された生産システムとは異なり，地域内ないし都市内の中小規模の生産者の分業・協業によって生産をなしていくところに，ヨーロッパ型の生産システムの特徴があった．一工場内における分業を強調する機械制大工場という用語をもってしては，地域内の分業に立脚した当時のヨーロッパ工業の特徴が捉えにくくなってしまうのである．

3.2　重工業地域の出現

3.2.1　複合的な技術革新がもたらした重工業化

19世紀半ばから本格化した蒸気機関の利用，そして鉄鋼生産によって，ヨーロッパの工業は新たな段階に達した．

まず，製鉄法についていえば，ダービー1世が，従来の木炭を用いた製鉄法に代わるコークス製鉄法を1709年に発明したことが新しい時代への準備段階になった．西ミッドランド地域の町，コー

ルブルックデールが最初の近代製鉄の町として栄えた．この製鉄所はダービー家に受け継がれ，後に蒸気機関を用いた送風炉を実現した．蒸気機関に関しては，1769年にジェームズ・ワットによって安定性にすぐれた方式が発明されていた．

銑鉄より鋼鉄を生み出す製鋼法に関して，1856年には，ベッセマーによって転炉製鋼法が生み出され，ベッセマー転炉を用いた製鋼所はベッセマー自ら，シェフィールドに建設した．ベッセマーの製鋼法はリンを多く含有したヨーロッパ産の鉄鉱石には必ずしもふさわしいものではなかったが，1878年には製鋼過程でリンを除去するトーマス転炉が発明され，急速に鋼鉄生産が普及することになった．

信頼性に優れた鋼鉄は，橋梁やレールなどに用いられるようになり，鉄道の安全性と高速性に大きく貢献した．鉄道は，石炭や鉄鉱石，鉄鋼の輸送とともに，自らが石炭や鉄の重要な需要者として，産業化の前進に大きく貢献した．そして，蒸気機関の応用と鋼鉄の利用は鉱山技術をも前進させ，石炭や鉄鉱石のより大規模な産出が可能になった．

3.2.2 地下資源を基礎にした鉱工業地域形成

このように，蒸気機関，鉄道，製鉄，鉱山におけるさまざまな技術革新が複合的に結びついて，ヨーロッパの産業化を促進し，とくに石炭資源に恵まれた地域に重工業の集積がなされていった．イギリスの場合には，ミッドランド炭田およびバーミンガム鉄山を擁したミッドランド地方で重工業化が著しかった．ザール地方のフェルクリンゲン製鉄所に象徴されるように，1870年代にはドイツにも本格的な高炉製鉄所が出現していた．

図3.3は，1870年代に成立していた工業地域の分布を示している．工業地域の中軸をなすのは基本的には，石炭などの資源に恵まれた地域である．ウェーバーの工業立地論を想起するまでもなく，製鉄業のような加工することによって原料重量よりも製品重量の方が大幅に減じる工業（重量減損型工業）では，輸送費を節約する必要から原料地付近への工場立地が求められたのである．

同図をみると，ミッドランド炭田やヨークシャー炭田を含むイングランドの中北部から，北フランス炭田，ベルギー炭田，ドイツのルール炭田・ザクセン炭田を経て，ポーランドのシレジア（シロンスク）炭田にいたるまで，ほぼ列状をなして主要炭田が分布していることがわかる．これらの炭田は見かけ上は別々の炭田でであるが，実際には地殻変動のなかで生じた，ひと続きの石炭層である．その石炭層が地表近くに達している部分が，各炭田だということができる．

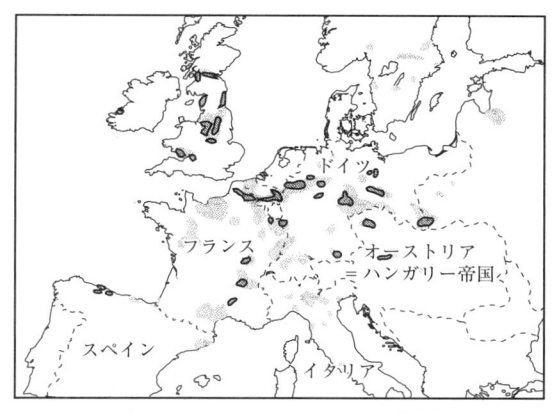

図3.3 1875年のヨーロッパの工業地域
●炭田，工業化した地域．
Pollard, S. (1981): *Peaceful Conquest: The Industrialization of Europe, 1760-1970*. Oxford Univ Press をもとに作成．

この帯状の地帯から離れて，ドイツのザール炭田などが19世紀後半の重工業化に重要な役割を果たした炭田である．そしてこれに隣接するフランスのロレーヌ地方には，炭田に加えて独仏の両国にとって屈指の鉄山があった．

以下，ドイツのルール，ロレーヌの両地域を事例にして，重工業地域形成の実際をみてみたい．

3.2.3 ルール工業地域の形成

ノルトライン・ヴェストファーレン州のルール地域は，ライン川とルール川の合流点の河港都市デュースブルクから，オーバーハウゼン，ミュルハイム，エッセン，ボッフム，ドルトムントへと東方へと伸びる一帯である．デュースブルク，エッセン，ボッフム，ドルトムントの各都市はヘルヴェーク（Hellweg；明るい道）と呼ばれ，中世以来，東西の回廊をなしてきた．

図3.4にみるように，本地域には，リッペ川，エムシャー川，ルール川の主要3河川がライン川

へと西流するが，石炭採掘が当初はじまったのはルール川の沿岸である．これは，ルール地方の石炭層が，微小な褶曲をともないながらも，全般的にみて南部において地表付近に位置して，北部では深い部分に位置しているためである．しかも，ルール川に面して，石炭層の露出する急崖部があり，当初は急涯部より横坑を掘ることで比較的容易に産炭が可能であった．そこで掘られた石炭はルール川の水運でミュルハイムを経て，移出・輸出がなされた．

その後，ケルンからデュースブルク，ドルトムントを経て，ハム方面へといたるケルン・ミンデン鉄道の開通（1847年），また，それよりも南側をミュルハイム，エッセンの市街地付近を経由して東西を結ぶベルギー・メルキッシュ鉄道の開通，エムシャー川の運河化は，炭坑群の北方移動をもたらした．北方ほど石炭層は深い位置にあるが，蒸気機関を活用した排水技術や換気技術の確立は，深い竪坑による産炭作業を可能にした．1800年に158炭坑で年産23万トンであったものが，1875年までには，259炭坑で年産1670万トンにまで生産が拡大していた．

製鉄業に関しては，18世紀半ばに木炭を用いた製鉄が始められていたが，コークス法による製鉄が行われるのは，1848年になってからであった．のちに巨大企業に発展するクルップ製鉄所も，1811年にエッセンにおいて鋳鉄生産をはじめたばかりであった．しかし，普仏戦争に前後して1860年代から，企業数，生産量とも急速に拡大し，炭坑，コークス工場，製鉄・製鋼所，労働者住宅からなる工業都市群の景観が顕著なものになった．

この時期にルール地域において鉄鋼業が顕著に発展した理由としてつぎのようなことが考えられる．第1には，炭坑の北方移動をともなった大規模な産炭作業によって，コークスの製造に適した石炭も得られるようになったこと，第2には，普仏戦争の結果としてドイツがロレーヌ地方の鉄鉱石を獲得できたこと，第3には，ロレーヌのミネット鉱（リンを高い割合で含有した鉄鉱石）を用いても製鋼過程でリンを除去できるトーマス製鋼法がイギリスより導入されたためである．

ルール工業地域は，その後，外国籍人口を含む大量の移民労働力を迎え入れ，ヨーロッパ屈指の工業地域かつ大都市域に発展した．

3.2.4 ロレーヌ工業地域の形成

ロレーヌ地域は，フランス北東部，アルザス地方の西側に位置する地域である．中心都市は，ナンシーとメスである．地域の北部で，ベルギー，ルクセンブルク，ドイツの3国と国境を接する．もっとも，国境線は，フランスとドイツの長い紛争の歴史のなかで，しばしば引き直されてきた．

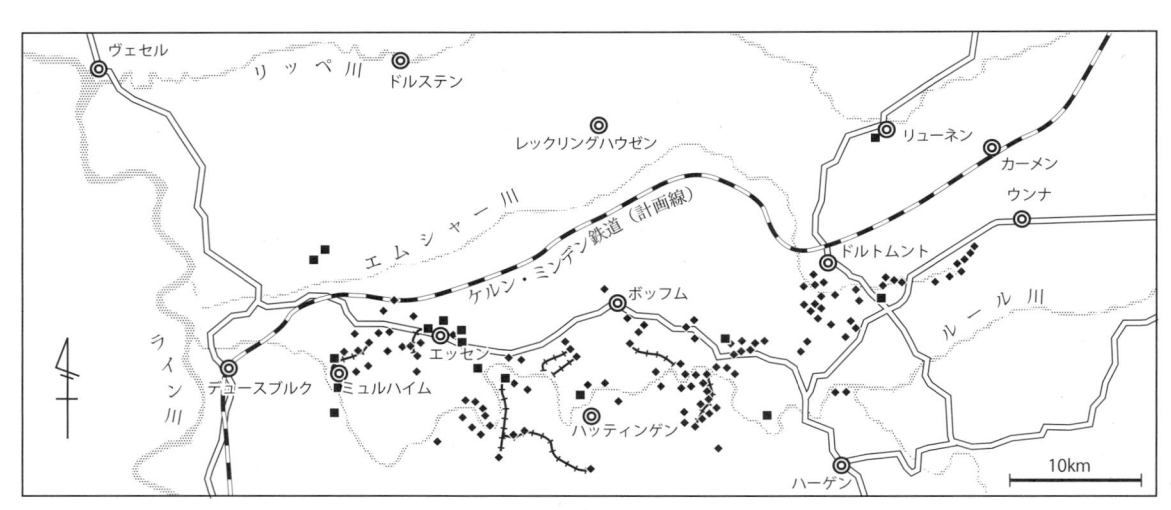

図3.4　1840年のルール地域
◎ 主要中心集落，◆ 炭鉱，■ 製鉄所，┿┿┿ 専用軌道．Diercke Atlas などをもとに作成．

本地域の工業化がとくに進行したのは，1871年の普仏戦争以降，1919年のヴェルサイユ条約までの間，北東部がドイツに占有されていた時期である．両国の抗争の歴史は，本地域の資源をめぐっての争いという側面が小さくない．

パリ盆地を中心に層序をなすケスタ地形のうち，東部に位置するモーゼル丘陵中に鉄鉱床が存在し，北東部にあるロレーヌ炭田とともに本地域の工業化の基盤をなした．そして，大洋とも大河川からも離れた内陸に位置しながらも，マース川，モーゼル川，マルヌ・ライン運河（1848年完成）などの水運に恵まれたのも重要な条件であった．

鉄山の採掘の歴史は古く，1700年にまでさかのぼる．19世紀の前半までの鉄山の多くは，ケスタ崖を横に掘り進むタイプのものであったが，のちに，ケスタ平原上から竪坑で地下の鉄鉱床に達するタイプの鉄山が主流になった．ルール炭田の場合と同様，蒸気機関などの動力の革新が鉱山技術を前進させたためである．本格的な鉄山開発と鉄鋼業の勃興は，19世紀の半ばをすぎてからである．トマス製鋼法の導入はその発展に拍車をかけた．前述したように，ロレーヌの鉄鉱石はリン分を高い割合で含んだミネット鉱であったためである．製鉄業は，ケスタ崖が浸食作用によって開析された谷部に発展した（図3.5）．

20世紀の前半までに成立した多くの鉄鋼業地域は，炭田を指向するものであった．これは，鉄鉱石よりも石炭の重量減損度が高かったためである．しかし，本地域の場合は典型的な鉄山立地であった．これは，一つには，鉄鉱石中の鉄の含有率が低いということ，すなわち，鉄鉱石の重量減損度の高さに帰せられると同時に，工業化の進展時に，ザール炭田のすべてとロレーヌ鉄山の多くがドイツに領有されていたため，フランス側の開発主体は，限られた鉄山付近に製鉄所を置かざるを得なかったという側面もある．

やがて，本地域の鉄鋼業は1960年代初頭に全盛期を迎え，鋼鉄生産が国内生産量の60%にもおよぶ年間1300万トンを記録した．

3.2.5 自動車工業の成立と工業地域

上でみてきた繊維工業などにおける機械化を産

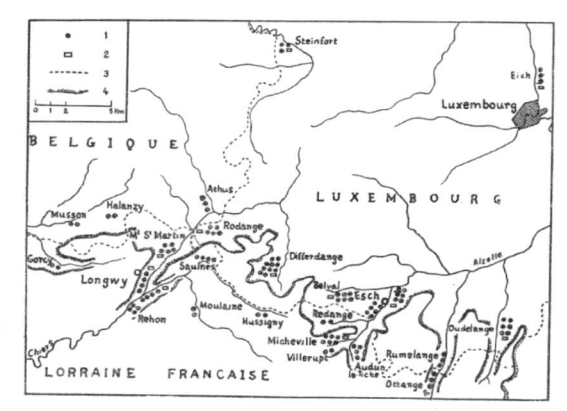

図3.5 ロレーヌ地域北部における鉄鋼業の分布
1950年代．凡例は，1：溶鉱炉，2：鉄鋼所，3：国境，4：鉄鉱層の露頭．
藪内芳彦訳（1957）：一般工業地理学，朝倉書店．[Otremba, E. (1953) *Allgemeine Agrar- und Industriegeographie.*]

業化の第1の波，鉄鋼業を基軸とした産業化を第2の波とするならば，石油を利用した内燃機関とこれを動力とした自動車の発明によって第3の波の基礎がつくられた．

世界初のガソリン自動車は1870年代のオーストリア人によるものとされているが，商業的な生産が着手されたのは，19世紀末期のドイツ南西部においてである．カールスルーエで生まれたカール・ベンツはマンハイムで起業（1883年），ゴットリープ・ダイムラーはヴィルヘルム・マイバッハとともに，シュツットガルトで起業した（1890年）．この間，両社とも1890年代には自動車の商業生産を開始していたが，これに遅れること，マインツの東部，リュッセルスハイムのオペル社によって1899年に自動車製造が開始された．

フランスでは，プジョーが現在のフランシュ・コンテ地域北部のモンベリアル郊外で自動車生産に着手して1894年に発売したのをはじまりとする．1899年にはルイ・ルノーがパリ市に隣接するセーヌ河岸の町ブーローヌ・ビヤンクールに，ルノー兄弟社を設立した．イタリアでも，1899年にトリノにおいて，フィアット社が成立していた．

イギリスでは，スターレーの創始したコヴェントリーのローバー自転車が，1904年より自動車生産に参入した．また，同年，マンチェスターのロイスの電気器具工場が1905年に自動車試作を実現した．ハーバート・オースチンは現在のバーミ

ンガム市内にオースチン・モーター・カンパニーを設立した．

このように，世紀の変わり目にはヨーロッパで自動車工業が成立していたのであるが，これを揺籃したのは，ドイツのヘッセン州からバーデン・ヴュルテンベルク州にかけての地域，北イタリア，パリ，イギリスのミッドランド西部やマンチェスターなどであった．これらの地域では，技術的な蓄積や，資本の存在など，さまざまな機械工業を育む条件が整っていたといえるであろう．

ヨーロッパの自動車工業は，その後，アメリカ合衆国のフォード社からの影響を濃厚に受けることになった．1919年にパリ市内に発足したシトロエン自動車工場では，武器の大量生産の方法を応用した流れ作業による自動車製造が行われるようになった．ドイツでも，ナチス政権の国民車計画によって1938年にはStadt des KdF-Wagens（現ヴォルフスブルク市）に自動車工場が完成するが，第二次世界大戦中はもっぱら軍用車の生産が行われていた．

3.3 第二次世界大戦後の工業立地と工業地域

3.3.1 戦後経済復興と共同市場

第二次世界大戦は，敗戦国側のドイツ，イタリアのみならず，戦勝国側のフランスやイギリスにも甚大な被害をもたらした．こうした状況に対して，1947年よりアメリカ合衆国から西ヨーロッパ諸国に対する復興援助が講じられた．この計画は，当時の国務長官ジョージ・マーシャルの名から，マーシャル・プランと呼ばれる．これは東西冷戦構造下における反共政策としての位置づけもなされるが，アメリカ合衆国の工業製品に対する市場確保としての意義もあった．マーシャル・プランによる援助額は，イギリス，フランス，ドイツ（西側占領地区，のちの西ドイツ），イタリア，オランダ，ベルギーの順に多かった．

産業復興にはある程度の市場規模が欠かせず，相互の市場を開放する必要があった．とくに西ヨーロッパ諸国のなかでも人口規模の小さいオランダ，ベルギー，ルクセンブルクでその必要性が高く，1948年にベネルクス関税同盟が発足した．

また，1951年には，シューマン・プランに基づいてECSC（欧州石炭鉄鋼共同体）が発足する．原加盟国は，仏独伊およびベネルクス3国の6カ国であった．ECSCは，石炭や鉄鋼生産の共同管理と単一市場の形成に設立の直接の目的があったが，独仏間の資源をめぐる対決の歩みを鑑みて，西ヨーロッパの政治的安定をもたらすことが大きなねらいであった．とくに，西ドイツの経済復興を目の当たりにしたフランスは，ルール地方の石炭を西ドイツのみが使用して工業大国になっていくことを恐れていた．今日のEUへと繋がる歩みはここからはじまったのであった．続いて，1957年には，EECが発足し，農産物，工業製品分野での共同市場形成の取り組みがはじまった．

一方，東ヨーロッパの社会主義諸国は，マーシャル・プランに対抗すべくCOMECON（経済相互援助会議）を結成した．1960年代初頭までには「社会主義的国際分業の基本原則」が固まり，各国の経済計画の相互調整を通じて国際分業を発展させ，生産性の向上という経済効果を達成することが確認された．ソ連やポーランドからのエネルギー供給，チェコスロバキアからの機械類の供給を基調としつつ，表3.1に示すように，機械類のなかでも詳細にわたって各国ごとに生産品目が定められた．また，バクー油田などから東ヨーロッパ諸国へのドルジバ・パイプラインの建設も，この頃に進められた．

3.3.2 臨海工業立地の進展

ヨーロッパの戦後の経済発展は，鉄鋼業はじめ基礎素材産業の成長に支えられていた．いかに生産性にすぐれた製鉄所をECSCの枠組みのなかで実現していくのかということが一つの重要な課題であった．このため，輸入原料に依存した鉄鋼コンビナートが各国の臨海部に建設されていった．鉄鋼コンビナートとは，製銑，製鋼，圧延といった主工程を一貫して行い，またそれらの工程の副産物を別の工業製品に活用するというような諸工程の複合体である．鉄鋼コンビナートのさきがけの一つをなしたのはオランダのアムステルダム郊外のアイモイデンで，第一次世界大戦後に計

表3.1 東ヨーロッパ諸国における機械類の国際分業体制（1950年代後半）

	生 産 品 目
東ドイツ	動力，冶金，電気，運搬の各設備，工作機械，自動車，トラクター，農業機械，船舶，ディーゼル，工具，精密機械，光学機械
チェコスロヴァキア	工作機械，鍛造プレス設備，圧延設備，動力設備，ディーゼル，製糖工場設備，軽工業用設備
ハンガリー	ディーゼル，運搬用機器，農業機械，工具，弱電機器
ポーランド	船舶，運送機器，自動車，トラクター，農業機械，一部の工業用設備
ブルガリア	農業機械，電気機具，運搬用機器，船舶
ルーマニア	採油および石油精製設備，運搬用機器，トラクター，農業機械

経済企画庁（1959）：年次世界経済報告（昭和34年）をもとに作成．

画が浮上し，1920年代から順次操業を開始した．
　その後，1950年代前半にオーストリアのリンツ製鉄所，ドナヴィッツ製鉄所で純酸素上吹き転炉（両製鉄所の頭文字をとってLD転炉という）が実現することで，LD転炉を活用した新たな時代が到来した．北フランスのダンケルクには1957年にユジノールグループの銑鋼一貫製鉄所が立地を決定し，1963年に操業を開始した．また，イタリアでは，IRI（産業復興公社）が出資して，1964年にターラント製鉄所が稼働した．IRIは1930年代の世界恐慌時に，経済建て直しのための公社として発足したものであるが，戦後にも引き継がれ，マーシャル・プランの援助受け入れにあたり，銑鋼一貫製鉄所構想を提案した（本木，2007）．
　ダンケルクやターラントでの成功がきっかけとなって，南フランスのフォス湾（マルセイユ港の一部）やベルギーのシドマールに鉄鋼コンビナートが建設された．ベルギーの従来の製鉄所は，石炭資源を有するワロン地方に立地していたが，ヘント・テルヌーゼン運河に面したシドマール製鉄所はフランドル地方初の製鉄所となった（ブラッセンブロエック著，和田訳，1984）．
　一方，石油化学工業も1950年代以降，急速な発達をみて，ダンケルク，ルアーブル，マルセイユ，ロッテルダム，ブレーメンなどの各都市の郊外の臨海部，シチリア島東部，サルディニア島南部などで大規模な製油所が建設された．ヨーロッパの石油化学工業は，日本の石油化学コンビナートとは異なり，一拠点で完結せずにパイプラインによるエチレン供給によって比較的広域にまたがって分業が構築されている場合が多い．

3.3.3　経済計画の進捗と工業立地政策

　社会主義諸国の計画経済に対し，西ヨーロッパ諸国においても，戦前・戦中期における統制経済の延長のうえに，中期経済計画が策定されるようになった．そのなかで，産業立地や地域経済に対する積極的な政府介入がみられるようになった．
　産業立地の分散政策自体の起源は，これよりも古い．イギリスでは1934年以降，分散政策が打ち出され，湖水地方（北西イングランド）やダラム地方（北東イングランド）が開発地域（Development Area）に指定された．フランスでも，国防上の配慮から地方への工業立地の分散策が講じられていた．フランス国土のなかでドイツから遠隔の地であるという理由からトゥールーズに軍需工業の導入がなされたのもこの時期である．
　戦後は，ケインズ主義的な経済政策とも結びついて，また，「成長の極」理論も取り入れ，より体系的な取り組みがなされるようになった．
　イタリアでは戦後復興の過程で，トリノ，ジェノバ，ミラノを結ぶ「黄金の三角地帯」での工業発展が卓越し，国内の地域経済発展の南北格差が生じた．このため，バノーニ計画（経済発展10ヵ年計画，1955～64年）において，高速道路などの社会資本整備と，政府主導の工業開発を両輪とする南部開発計画が位置づけられ，これによって，ターラントなどを成長の極とする南部開発が進展した．
　また，フランスにおいてもイル・ド・フランスへの工業立地の集中がめざましく，積極的な工業の地方分散策が講じられた．とくに，1960年代初頭にはイル・ド・フランスからの工場の域外移転

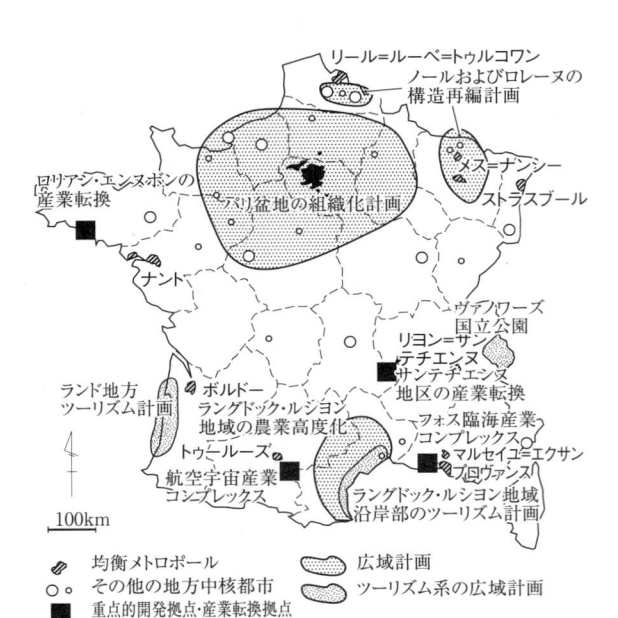

図 3.6 1960年代フランスの国土計画
DATAR-CAES 資料をもとに作成.

の数はピークに達した．その後，1960年代においては，成長の極の考え方を取り入れた均衡メトロポール計画によって，国立科学研究センター (CNRS) などの研究開発機能の地方中核都市への分散が進められた．マルセイユ郊外のフォスの港湾開発，トゥールーズにおける航空宇宙産業の育成もこのときに本格的に位置づけられたものである（図 3.6）．のちに，コートダジュール地方のニース付近にも研究開発機能の集積がみられるようになり，フランスの地中海沿岸地域は「フランスのサンベルト」と呼ばれるようになった．いうまでもなく，アメリカ合衆国のマニュファクチャリングベルトとサンベルトの対比になぞらえたものであるが，北東部の伝統的重工業地帯に対して，南部においてハイテク産業を含む新たな工業発展がなされたからである．小田（2009）のシフトシェア分析の結果によれば，フランス北東部の諸地域では差異効果がおしなべて負の値を示し，南西部においては正の差異効果を示している（図 3.7）．なお，シフトシェア分析というのは，一定期間における地域の雇用増減を，①全国規模での雇用増減に比例する雇用増減に起因する雇用増減（比例効果），②業種構成に起因する雇用増減（構成効果），③その地域に固有の原因に基づく雇用増減（差異効果），の3つに峻別して理解する分析である．

一方，イギリスでは「開発地域」の指定をより広域化し，ウェールズやスコットランドなど周辺地域へも工業立地を誘導した．フランスなどでもそうであるが，賃金水準の低い周辺地域に電子部品工業や自動車部品工業の分工場が進出することによって既存の工業地域との間での企業内地域間分業が成立した．

3.4 産業構造再編と EU 統合・拡大下の工業

3.4.1 中軸工業地帯の形成

上述してきたように各時代に特有の工業化の原動力によって，ヨーロッパの諸工業地域が形成されてきた．その結果もたらされたのは，図 3.8 のような工業分布である．この分布を一言で表現するならば，円弧状もしくは三日月型に鉱工業の付加価値額の高い地域が分布しているということになろう．すなわち，以下のような区域である．

・リバプール，マンチェスターなどのイングランド北部からミッドランド地方を経て，イングランド南東部にかけてのイギリスの主軸．
・フランスとベルギーにまたがるフランドル地方．
・オランダのラントシュタット（アムステルダム，ロッテルダム，ユトレヒトを結んだ大都市域）．
・ドイツのライン・ルール（デュッセルドルフおよびルール地方），フランクフルトなどのヘッセン州，シュツットガルトなどのバーデン・ヴュルテンベルク州．
・フランスのロレーヌ地域，アルザス地域，フランシュ・コンテ地域．
・スイスのバーゼルおよびチューリッヒを中心とする地域．
・イタリアのトリノ，ミラノを中心とする地域．

まさにこの地帯は，ヨーロッパのメガロポリスというのにふさわしい巨帯都市域を形成しているが，長い工業発展あっての都市化地域である．このような中軸工業地帯を，フランスの地理学者ロジェ・ブリュネは「ブルーバナナ」と命名した

(a) 構成効果　　　　　　　　　　　　(b) 差異効果

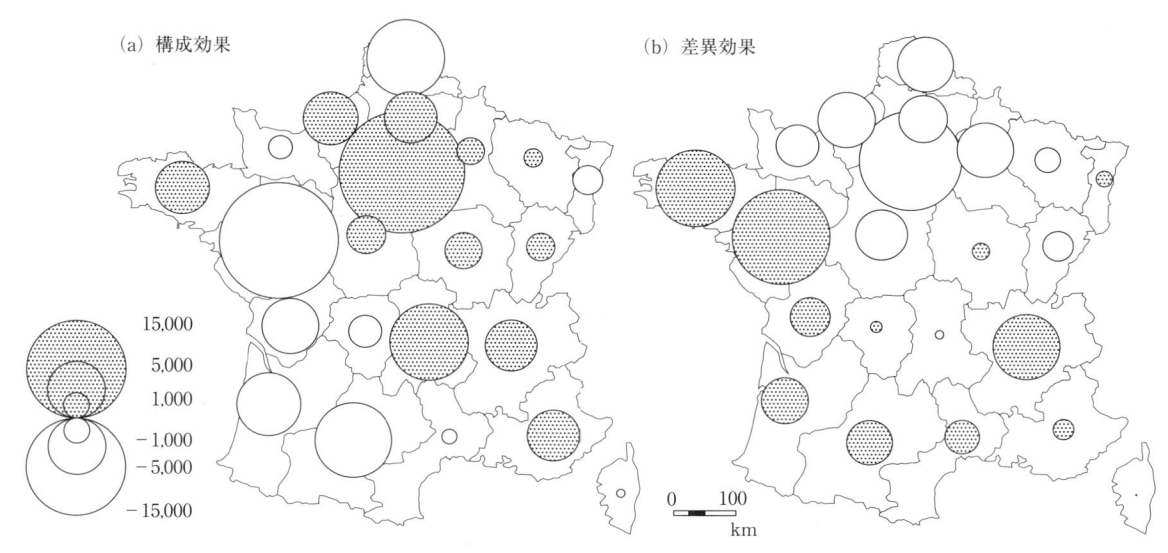

15,000
5,000
1,000
−1,000
−5,000
−15,000

0　100
km

図3.7　フランスの地域別シフトシェア分析に基づく構成効果と差異効果
小田宏信（2009）：フランス北東部の地域産業動態：シフトシェア分析を用いて．成蹊大学経済学部論集，39-2：145-154．

(Brunet, 1989)．これは，その空間的形状とEU旗の色に由来する名称である（図4.5, p.46参照）．

ブルーバナナの概念は，発案者の本来の意図とは無関係にさまざまな反響をもたらした．まずは，その中軸部に位置するドイツ国民に好意的に受け止められたということは想像に難くないが，後述するようにフランス北東部のノール地域やロレーヌ地域，ベルギーのワロン地方など，産業衰退に直面する地域にとっての地域開発戦略として重要な意味をもっていた．そして，ブルーバナナからの工業化の波及効果をいかに旧東欧方面に導くか，また，実際に導かれているかといったことは，EU全体の空間戦略のための概念としても，また，現状分析枠組みとしても有用である（図3.9）．

しかし，その概念は，フランス発祥の概念であるにも関わらず，フランス国民に広く愛されているというわけでもなさそうである．パリの存在がネグレクトされてしまうからである．フランス北東部に地盤を有する社会党系の人びとには利益につながってくるが，パリを中心とする保守層にとっては，パリが位置していない戦略地図など，許されていいものではないのである．

こうした反感をかわすことが目的であったのか，ブリュネ自身が別の概念を提起している（Brunet, 2002）．それは，リングという概念である．これは，ロンドン，ラントシュタット（オランダの大都市圏域），ケルン，フランクフルト，シュツットガルト，チューリッヒ，バーゼル，パリ，そしてロンドンを結ぶ楕円の形状の発展軸である．ブリュネはリングを中核とするヨーロッパの中心・周辺構造を指摘し，真の意味でのEU統合を実現するためには新たな発展軸を構築する必要があることを論じた．

ブルーバナナに対抗する発展軸の一つが，イタリア北部からフランス南部を経てバルセロナに至る一帯で，「ユーロサンベルト」と呼ばれることもある．しかし，この地帯区分が，戦略的な意義以上に，交通流動などの点で現状としてどこまで実質的な一体性を帯びているのか，もしくは等質地域区分として有効であるのかということは慎重に考える必要がある．

3.4.2　欧州のハイテク中心

ブリュネのリングによく似た捉え方に，ペンタゴンという概念がある．これは，1999年にポツダムで開催された欧州空間計画担当相会議のレポートで使用されている用語で，ロンドン，パリ，ミラノ，ミュンヘン，ハンブルクの5都市を結んだEUの中核地域を意味する．同レポートによれば，ペンタゴンは面積比ではEU全体の20%にすぎないが，人口比で40%，GDP比で50%ほどにな

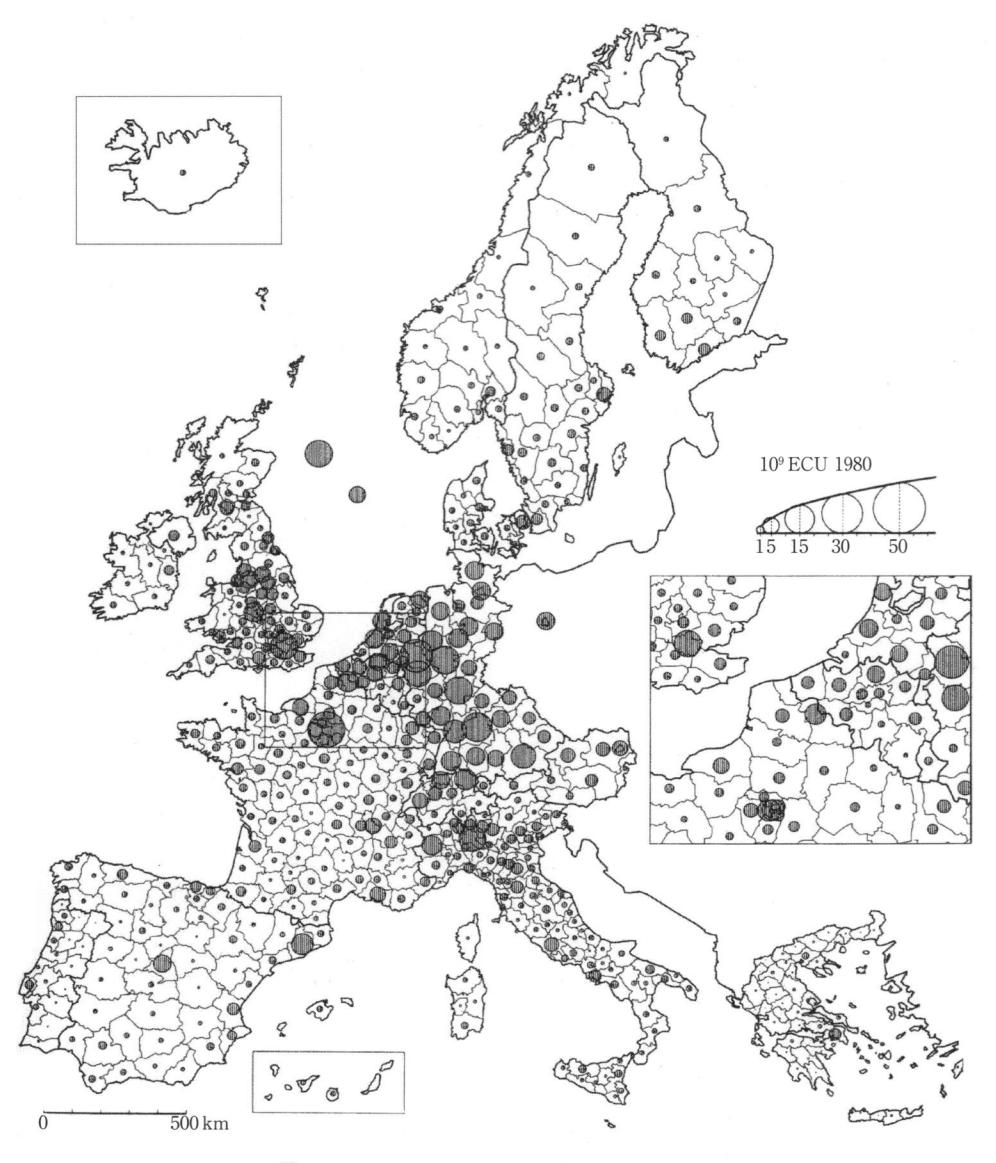

図 3.8 西ヨーロッパにおける工業付加価値額の分布
Sortia,J.-R., Vandermotten,Ch. et Vandalaer (1986): *Atlas Economique de l'Europe*. Universite Libre de Bruxelles.

るという．

　ヨーロッパの各地には，テクノポールやサイエンスパークと銘打った開発拠点がある．テクノポールはフランスのトゥールーズで生まれた概念である．同市郊外のビジネスパークで国立研究機関と民間の事業所との共同研究などが成立したことから，産学官の連携という一つの地域発展モデルが浮上してきた．そうしたヨーロッパ由来のモデルのうえに，アメリカ合衆国からの産業クラスター計画が重なって，知識創造型の地域戦略が欧州においても広くみられるようになった．とはいえ，有力な高度技術拠点は，周辺的な地域よりは上記のペンタゴン内に多く分布している．その代表的な拠点として，ロンドン西郊のM4コリドールとパリ南郊地域をあげることができる．

　M4コリドールとは，ロンドンからブリストル方面に西へと伸びる高速M4線を軸に広がる先端技術産業の集積地である．スラウ，レディング，スウィンドン，ブリストル，オックスフォード，グロスター，ベージングストーク，バースなどの

都市群が含まれている．

この地帯には多国籍企業のイギリスにおける開発拠点や各種研究開発型の企業が多数立地している．本地域のハイテク化の遠因は第二次世界大戦時の軍需工場の疎開にあり，戦後の冷戦期にも政府の軍事研究施設や民間の軍需部品工場が立地したという．これに加えて，ヒースロー空港や高速道路によって各地にアクセスしやすいということが重要な立地条件となった．

一方，パリ南部の科学都市（la Cité scientifique Paris sud）は，西はイヴリーヌ県のサンカンタンアンイブリーヌ・ニュータウン付近から東はエッソンヌ県のエヴリー・ニュータウン付近にかけて87コミューンにまたがり，東西50km，南北12kmの地帯に広がるハイテク産業の集積地域である．業種構成としては，電機・電子工業を中心に航空宇宙産業，バイオ産業などがめだった存在である．付近には，1960年代来，パリから移転してきた数多くの国立研究機関が位置している．1980年代には科学都市協会が設立されるとともに，国立研究機関から民間企業への技術移転プログラムが推進されて以降，一躍，ハイテク産業の一大集積地として注目を集めるようになった．

これらのハイテク産業集積は，「ユーロ・シリコンヴァレー」とでもいいうるものであるが，このほかにもドイツのノルトライン・ヴェストファーレン州（ルール地域やケルン市など）やバーデン・ヴュルテンベルク州の一帯も重要な技術拠点として指摘できる．前者は，産炭業や鉄鋼業からの産業転換のうえ，化学工業をはじめとする研究開発拠点に変貌を遂げてきている．また，後者の地域はメカニクス系の産業の技術拠点であり，シュツットガルト市を中心に技術革新指向の中小企業の一大集積を形成している．

3.4.3 衰退産業地域の再生─フランス北東部の事例

ブルーバナナもしくはリングと呼称される領域のなかには長期間の産業衰退に直面した地域も少なくない．フランスを例にとれば，ノール・パ・ド・カレ地域やロレーヌ地域など，19世紀後半から20世紀後半にかけて繁栄した産炭・鉄鋼業地域が典型的な衰退産業地域である．こうした地域では，石炭や鉄鉱石の輸入依存，生産効率の高い臨海製鉄所への鉄鋼生産のシフト，そして石炭鉄鋼共同体による政策決定によって，1960年代より生産の段階的縮小が進められてきた．ノール県とパドカレ県にまたがるノール炭田の完全閉山は1991年，ロレーヌ鉄山の完全閉山は1993年，ロレーヌ炭田の完全閉山は2010年のことであった．DATARの調査によると，1985年の時点ですでにフランス全土に約2万haの産業遊休地が発生し，そのうちの約1万haがノール・パ・ド・カレ地域内に位置し，2300haがロレーヌ地域に位置していた．

フランスによる産業転換政策は，1960年代には開始され，自動車産業をはじめとする代替産業の導入が進められてきた．1980年代半ばからは，EU共通政策という財政的な後ろ盾も強化されて，産業転換政策は新たな段階を迎えた．1984年に「転換の極（pôle de conversion）」計画が定められ，1989年には，「北東アーチの都市PACT（国土整備協調プログラム）」が開始された（図3.9）．フランスの第10次経済社会発展計画（1989～92年）は，「EC統合市場への適応」をめざして，国土整備の重要案件の一つに，「ブルーバナナと通称されるイギリス東南部からイタリア北部へいたる弧状の発展軸への近接性を活用した地域開発」を掲げた．EU統合にともない，フランス北東アーチ軸は，衰退産業からの産業転換をはかるという以上に，EUの中軸として戦略的な位置づけに変化してきたのである（小田，2001）．

産業転換政策の成否は困難であるが，端的にいえば，地域の置かれた位置条件によって明暗が分かれているというところであろう．ノール地域では，ランス付近からヴァランシンヌ付近までの旧産炭地域が今日までにフランスを代表する自動車産業集積地へと変貌をとげている．また，前述した均衡メトロポール政策によって，リールの東郊には，リール科学技術大学を中心とする研究学園都市ヴィルヌーブダスクが形づくられ，イノヴェーティヴな企業育成が図られてきた．そして，中心都市リールでは，パリ，ロンドン，ブリュッセ

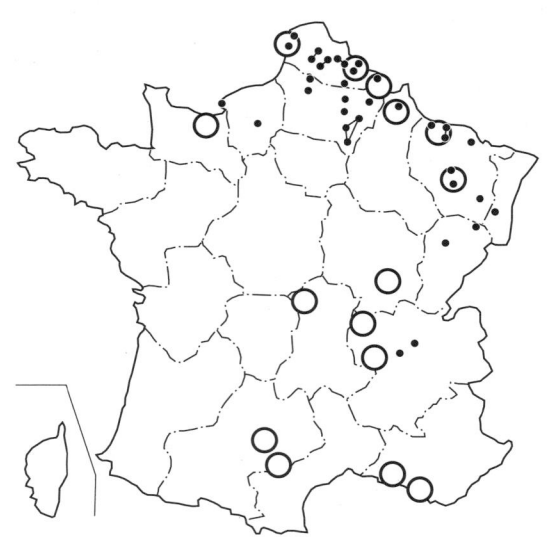

図 3.9 フランスにおける「転換の極」および「北東アーチの都市 PACT」指定地域の分布
1986 年．小田宏信（2001）：フランスにおける衰退産業地域の再生―ノール・パドカレ地域の事例研究―．人文地理学研究 **25**：273-301．

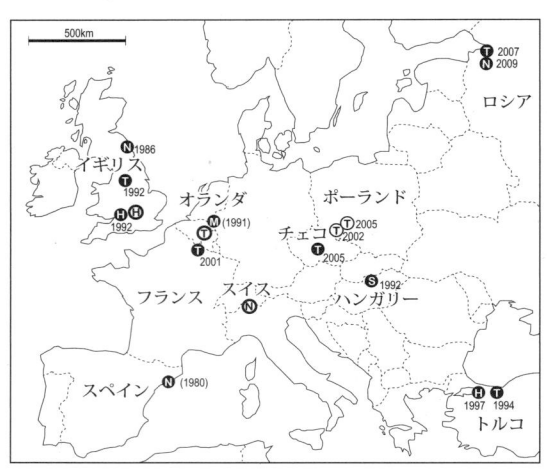

図 3.10 ヨーロッパにおける日本の自動車メーカーの主要生産拠点と地域統括会社の分布
2010 年．H：本田技研工業，M：三菱自動車工業，N：日産自動車，S：スズキ自動車，T：トヨタ自動車，●：四輪車組立会社，○：部品組立会社，◎：欧州地域統括会社．数値は操業開始年，カッコ内の数値は資本参加年を示す．各社公表の資料をもとに作成．

ルの間に位置する条件を生かしてリール大都市圏の都市機能や流通機能の拡充がはかられた．

他方で，ロレーヌ地域でも，鉄山・炭坑跡地に工業団地が数多く整備され，低賃金労働力を活用した自動車工業や電気・電子機器工業の導入が進められた．また，ヨーロッパの中軸部に接する地の利を生かして物流拠点も導入されている．ただし，隣国の雇用機会に恵まれた地点では，労働力が国境を越えて吸引されてしまい，代替産業が育ちにくいという状況も看取できる．また，フランスの国内において相対的に低賃金という点で本地域に成立していた労働集約的業種は，東ヨーロッパへの EU の拡大によって競争下に置かれて，その存在が危ぶまれるという事実もある．技術革新指向への転換をはかろうにも，ノール地域ほどには技術集積の点で恵まれていないのが現状である．また，中心都市メスやナンシーも至近にストラスブールが控えていることもあって，リールのようなユーロシティ戦略への方向性を打ち出せずにいる（小田，2003）．

3.4.4　EU を舞台にした企業行動―日系自動車工業の事例

EU 統合，とりわけ，ヨーロッパ共通通貨ユーロの誕生は，「一つの市場であること」をより鮮明にし，非ヨーロッパ系企業の EU 域内への直接投資を刺激した．以下では，日本の自動車メーカーを事例に立地行動をみてみよう（図 3.10）．

ポルトガルなどでの合弁事業を除けば，日本の自動車メーカーがヨーロッパにおいて四輪車の現地生産に着手したのは，アメリカ合衆国におけるそれよりもやや遅れ，1980 年代のイギリスにおいてである．ヨーロッパのなかでもイギリスが選ばれたのは，英語圏であることに加え，イギリスの自動車メーカーが競争力を失いつつあった状況下でイギリス政府の意向に沿ったものであった（友澤，1999）．日本メーカーからすれば，アメリカ合衆国に比べてヨーロッパ市場では小型車市場の苦戦が予想されたものの，強い競争力をもつメーカーのあるフランスやドイツなどを避ければ，市場参入の余地が見込まれたのである．日産自動車（タインアンドウィア州サンダーランド）は 1986 年，トヨタ自動車（ダービー州バーナストン）および本田技研（ウィルトシャー州スウィンドン）が，1992 年よりイギリスでの現地生産を開始した．日産は炭坑が斜陽化しつつあった地域で政府の立地誘導に沿って立地，トヨタ自動車はイギリス自動車工業の発祥の地で部品サプライヤーに恵まれ

たミッドランド地方西部への立地，本田技研はM4および提携先のローバーとの既存工場とのアクセスへの立地というかたちをとった．

その後の日本企業のヨーロッパ進出は，イギリスよりも大陸部が中心となった．イギリスがユーロ通貨圏に加わらなかったことが要因の一つでもあった．以下，最も積極的な立地展開をはかったトヨタ自動車の事例をみてみよう．

トヨタ自動車では，1994年のトルコでの現地生産の開始に続き，フランス，ノール・パ・ド・カレ地域ヴァランシエンヌ郊外の欧州第2工場が2001年に操業を開始し，同社の欧州戦略車ヤリスの生産拠点となった．ヴァランシエンヌへの立地要因として，①英仏海峡トンネルを経てイギリスからの部品供給が見込めたこと，②フランス北部では自動車部品工業の集積がすでに確立しており現地での部品供給も見込めること，③炭坑の閉鎖によって失業者が多く発生しており雇用確保が容易であったこと，④全ヨーロッパ市場へのアクセシビリティの良さ，などが挙げられる．さらに，トヨタ自動車は，EU拡大にともなって東ヨーロッパの市場を射程にいれるべく完成車工場のチェコへの展開をはかり，また部品コストの削減のために，エンジンおよびトランスミッションの工場をポーランドの産炭地域シレジア（シロンスク）地方に配置した．続いて，EU域外ではあるが，急成長するロシア市場を狙ってサンクトペテルブルグへと進出が進められた．

トヨタ自動車の，イギリス，フランス，チェコの3つの完成車工場では車種別の分業が行われている．すなわち，各地域で高い割合をもつ市場セグメントに合わせて，イギリス工場ではアベンシス等の中型車（セグメントD），フランス工場では当初の欧州戦略車のヤリス（セグメントB），チェコ工場ではさらに廉価なアイゴ（セグメントD）という作り分けを行っているのである．また，トヨタ自動車は，ベルギーのブリュッセルで欧州統括機能を拡充する一方，フランスのニース近郊のソフィアアンチポリスにデザイン専門の現地法人ED2社を設立し，欧州市場に適合したデザイン開発を進めている．

トヨタの立地行動をみるかぎりにおいて，各地点の立地条件，EU域内の市場特性を鑑みて現地法人の設立を進めてきており，立地展開の高度な戦略性をみてとることができる．そして，このような立地展開はEU地域政策の方向性とも高い程度で合致していることも注目に値しよう．とはいえ，多国籍企業の活動がヨーロッパに肯定的な影響のみを与えるとは限らず，グローバル規模のM&A，戦略的提携関係，そして企業間競争は，EU経済，そして各地の地域経済に絶えざる不確定要素としてのしかかっているといえるだろう．

［小田宏信］

引用文献

安部悦生（1997）：イギリス綿工業の離陸—ファースト・スターターの条件．明治大学社会科学研究所紀要，**35**(2)：275-294．

小田宏信（2001）：フランスにおける衰退産業地域の再生—ノール・パドカレ地域の事例研究．人文地理学研究 **25**：273-301．

小田宏信（2003）：ロレーヌ地域における産業転換過程—鉄鋼業地域を中心に．人文地理学研究，**27**：131-154．

小田宏信（2009）：フランス北東部の地域産業動態：シフトシェア分析を用いて．成蹊大学経済学部論集，**39**(2)：145-154．

大塚久雄（1966）：社会科学の方法—ヴェーバーとマルクス．岩波新書．

斎藤 修（1985）：プロト工業化の時代．日本評論社．

友澤和夫（1999）：工業空間の形成と構造．大明堂．

ブラッセンブロエック，W. 著，和田明子訳（1984）：シドマール製鉄所：ベルギー鉄鋼業における最新工場．お茶の水地理，**25**：11-23．

本木弘悌（2007）：製鉄所のまち ターラント．地理，**52**(11)：90-91．

Brunet, R. (1989)：Les villes《europeénnes》: *Rapport pour la DATAR*. RECLUS.

Brunet, R. (2002)：Lignes de force de l'espace Européen. *Mappemonde*, **66**：14-19.

Thirsk, J. (1961)：Industries in the Countryside. In F. J. Fisher ed.：*Essays in the Economic and Social Histroy of Tudor and Stuart England*. Cambridge University Press：70-88.

> コラム 3.1

中小企業がおりなす工業地域―ジュラとサード・イタリー

　東京銀座で時計商を営んでいた服部金太郎は，19世紀から20世紀への世紀の変わり目に，自ら時計製造を手がけるべく，時計工業視察にスイスとアメリカ合衆国を訪れた際，金太郎を驚かせたのは，両国における時計づくりの仕方の違いであった．アメリカの時計工業では，互換性部品を用いて，わずか2社での一貫生産による少品種大量生産が行われていたのに対して，スイスでは，数百という小生産者の分業によってさまざまな時計づくりが行われていたのである．経済学者アルフレッド・マーシャルも『産業と商業』などの著書で強い関心を示したように，当時のヨーロッパにおけるモノづくりは，アメリカのそれとは対極をなしていた．そして今日も相対的にみれば，後者よりも前者で中小企業のネットワークによるモノづくりが特徴的である．今日なお，そのような性格が濃厚に認められる地域として，ジュラ地域やサード・イタリーがあげられるだろう．

　スイスで時計工業が盛んなのはフランス語圏のジュラ地域，バーゼルからジュネーブにかけての地域である．その集積は国境を越えて，フランスのブザンソンやベルフォール方面へも広がりをみせる．スイス国内に関してのみ言及すれば，1950年代後半が企業数からみて全盛期であり，2300弱の企業で約7〜8万の雇用を擁していた．金太郎が言及したように，徹底した企業間分業が特徴で，エタブリスールと呼ばれるメーカーの統括のもと，ムーブメントやパーツを数多くの下請け的な企業が生産してメーカーに供給してきた．

　1970年代になると，ジュラの時計産業はクオーツ化の波に乗り遅れ，企業数，生産量および雇用ともに激減させた．以後，高級品生産および香港などへ供給するムーブメント生産に特化した生産が，約600の企業によって継続されてきている．EU市場統合がそれに加わらないスイスにとってヨーロッパ圏への貿易障壁となることが危惧されたが，1990年代末期以降はユーロ高に支えられたためか，中国の経済発展が追い風となったためか，1980年代後半に約3万の水準であった雇用が2007年の4.8万にまで回復している．クオーツ部門での巻き返しをねらったスウォッチ・ブランドの時計もベルン州のビエンヌに拠点に置くスウォッチ・グループの協業によって製造されている．時計工業以外でも，スイス，フランスの両国にまたがってジュラ地方には精密なメカニクスを基盤にした企業が数多く集積している．

　一方，古くからの伝統をもとに，1970年代にめざましい成長を経験したのが，イタリアのエミリアローマニャ州やトスカーナ州，ヴェネト州，ロンバルディア州を中心とした中小企業群であった．当時，アメリカ合衆国をはじめとする先進工業国は大量生産の行き詰まりから閉塞感をみせていたのに対し，中小企業群のネットワークによって多品種小量生産の体制をつくりあげていることは，注目に値するものであったのである．奇跡の成長に着目し，重化学工業の卓越するイタリア北東部，国営企業への大規模投資が行われた南部に対し，これらの地域は「サード・イタリー（第3のイタリア）」と呼ばれるようになった．

　サード・イタリーで生産されるものは，アパレル，靴などの日用雑貨品から機械製品まで多様であるが，オーガナイザー役を果たす企業が地域内の他の中小企業との連携のもとで，市場の動向に対応して柔軟な生産を実現してきたことで特徴づけられる．EUの拡大以降，旧東欧圏との分業が顕著になっているが，今日も高級品の製造において強い競争力を発揮している．

　世界的なアパレル企業「ベネトン」を生み出したのもサード・イタリーである．ヴェネト州のトレヴィーゾ市付近の中小企業のネットワークによって，世界市場での売れ行きに同期した生産が行われている．

［小田宏信］

コラム 3.2

ロンドンドックランズの再開発と課題

19世紀以降，シティ東側，テムズ川一帯のドック建設により，ドックランズが形成され（図3.11），関連工業や倉庫，工場労働者住宅が集積した．しかし，1960年代以降コンテナ船の普及により，水深が浅いドックランズは港の役割を終え，81年には最後のドックが閉鎖された．人口は76年の5.5万人から81年には3.9万人に減少し，失業率が17.8%，空地と荒廃地の割合が60%に達した．

79年にサッチャー率いる保守党が政権を取ると，1980年に都市開発公社とエンタープライズゾーンが制定された．都市開発公社は国の指定したメンバーにより運営され，その開発区域の開発を当該地方自治体ではなく都市開発公社が主導するものであり，エンタープライズゾーンは不動産税の免除などの優遇措置により企業を吸引するものである．それらにより，企業主導の開発が可能になった．最初の都市開発公社は，81年に設立されたロンドンドックランズ開発公社である．82年にはドックランズのアイルオブドッグスがエンタープライズゾーンに指定された．

ロンドンドックランズ開発公社の面積は約22.0 km^{2}である（図3.11）．開発公社は，工業，商業，住宅が混在する複合開発と，公共交通と都市基盤施設の充実を目標とした．ドックランズの再開発のために18億6000万ポンドの公共投資が投資され，72億ポンドの民間投資を得た．ドックランズではロンドンシティ空港，地下鉄，ドックランズライトウェーが建設された．エンタープライズゾーンに指定されたカナリーワーフには金融機関を含むオフィスビルやショッピングセンター，ホテルなどの高層建築物が多数建設された（写真3.1）．人口と持ち家世帯の割合が急増し，従業者数も増加した（表3.2）．また，1997年には210万人の観光客が来訪した．

しかし，課題も多い．まず，開発がドックランズの一部のエリアに集中したことである．カナリーワーフでは100万 m^{2}のオフィスと140万 m^{2}の商業開発がなされた．また，ドックランズはかつて工場と工場労働者が集中したが，開発後に卓越する産業はサービス業であり，とくに金融業が多い．金融業従業者はドックランズの再開発後に移転した人々であり，元の住民の貧困は改善されていないとの指摘がある．

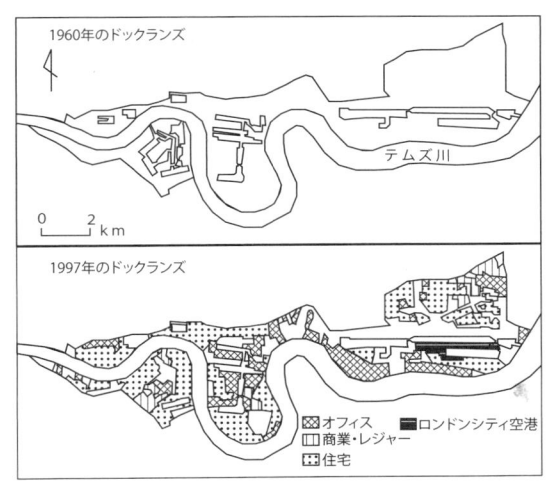

[根田克彦]

図3.11 ドックランズ開発公社の開発区域の土地利用
ロンドンドックランズ開発公社ウェブサイトをもとに作成．

写真3.1 カナリーワーフと住宅（2004年）

参考文献

高橋重雄（2003）：都市の再開発．高橋伸夫編：21世紀の人文地理学展望，pp. 318-334，古今書院．

Imrie, R. and Thomas, H., ed. (1999) *British Urban Policy : An Evaluation of the Urban Development Corporations* 2nd.. SAGE Publications.

表3.2 ドックランズの変化

年	1981	1997
人口（人）	39,429	81,231
従業者数（人）	27,213	72,000
住宅戸数（戸）	15,000	35,665
持ち家割合（%）	5	43
サービス業従業者割合（%）	31	70
金融サービス従業者割合（%）	5	42

4 都市の形成と再生

ヨーロッパでは古くから都市を中心に生活が営まれ，文化が育まれ，多様な社会が形成されてきた．都市は政治的・宗教的・経済的拠点として成立・発展し，また産業革命期以降には工業化にともなって拡大を遂げた．現在においても都市は多くの人口を抱え，この地域における社会のあらゆる活動の中心に位置づけられるといってもよい．本章では，現代ヨーロッパにおける都市空間の特徴を，都市の成立と発展という時間軸に沿った変化，都市内部にみられる空間的な構造とその景観的特徴，都市の相互関係，さらに都市再生へ向けた取り組みという観点からまとめていきたい．

4.1 都市の成立と発展

ヨーロッパには古代ギリシャ・ローマに起源を有する諸都市が現存するだけでなく，中世に政治的・宗教的・経済的拠点として成立・発展した都市が数多く立地している．そうした都市には歴史遺産が市内に残存し，観光資源として活用されるとともに（写真4.1），都市のアイデンティティにつながる特色を生み出すものとして市民にも親しまれている．ヨーロッパにおける都市を中心とした社会や文化の成立は，古代ギリシャ時代にさかのぼり，アテネやスパルタなどのポリスと呼ばれる都市国家がエーゲ海沿岸において栄えた．ギリシャの文化的繁栄と経済活動の活発化のなかで，植民都市が黒海沿岸や地中海沿岸地域に建設され，都市も増加していったが，その多くは人口が数千にとどまる小規模なものであった（Murphy et.al., 2009）．

古代ローマ時代になると，地中海沿岸やイタリアに加えて現在のフランス，ドイツ，オーストリア，スペイン，さらにはイギリス南部に都市が建設された（図4.1）．現在のフランスのパリにはルティティア（Lūtētia），スイスのチューリッヒにはトゥリクム（Tūricum）がそれぞれ建設され，都市発展の基礎となった．また，ローマ帝国の北限とされたライン川とドナウ川沿いには，防衛の要としての砦や駐屯地が置かれ，その一部はのちに都市へと発展した．各地とローマとを結ぶ街道が整備され，これにより帝国内が経済的に結びつくと同時にローマ的な都市文化が各地に広まった．この時代に起源を求める都市名には，古代ローマ時代に広く使われたラテン語の地名に由来するものも多い．たとえば，ドイツの都市ケルンはラテン語のコロニア・アグラピナ（Colōnia Agrippīna）から派生しており，またイギリスのロンドンは同じくロンディニュウム（Londinium）から転じたとされる．4世紀になるとゲルマン人など北方の民族移動が活発となる一方で帝国は衰退し，政治的・社会的混乱にともなって都市人口は減少してゆき，都市の一部には廃棄されるものもあった．

中世に入り，封建制が確立し社会が安定していくと，とくに神聖ローマ帝国の支配領域である中央ヨーロッパにおいて都市が多数建設された．

写真4.1 ローマのコロッセウム（イタリア，2000年）
市内に多数残る遺跡は貴重な観光資源であり，施設入場料のほか観光客の宿泊や飲食による収入が地域経済に与える影響は大きい．

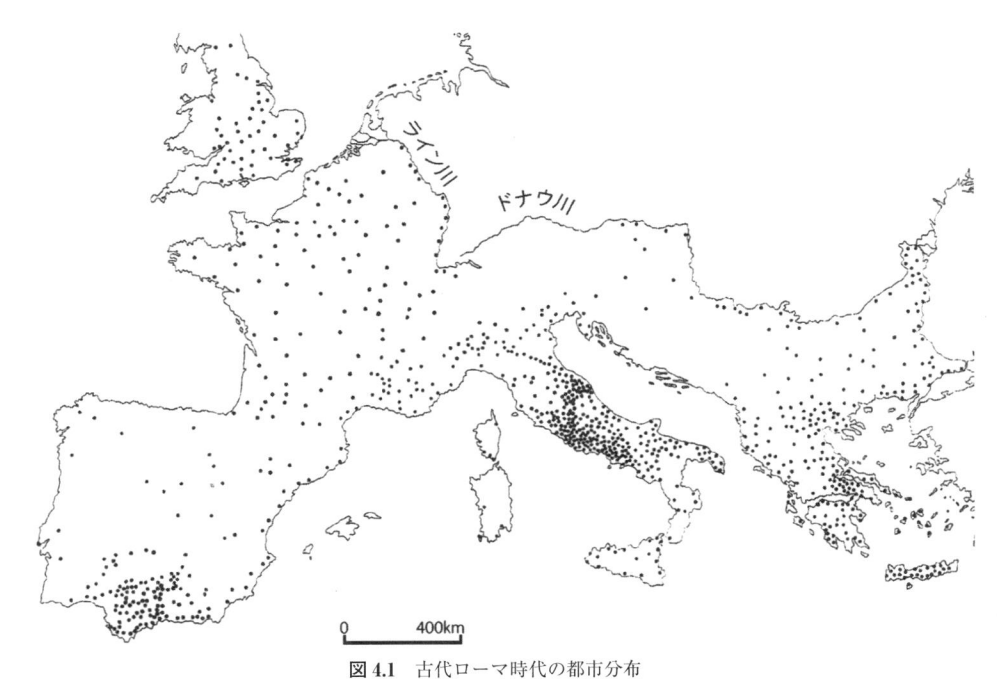

図 4.1 古代ローマ時代の都市分布
2～3 世紀．Pounds, N. J. G.（1969）：The urbanization of the classical world. *A. A. A. G.*, **59**：155 をもとに作成．

1050～1950 年において中央ヨーロッパで成立した約 5300 の都市を対象とすると，その 73% は 12 世紀半ば～15 世紀半ばに建設されている（Stoob, 1990）．都市は封建領主の拠点としてだけでなく，宗教上の拠点として人口規模を拡大させており，キリスト教が信仰を通じた日常の生活規範として人びとの生活に深く浸透してゆくなか，フランスのトゥールーズやルーアン，ドイツのケルンやブレーメン，イタリアのミラノやヴェネチアなどには大司教座が置かれて都市発達の礎となった．

また，この時期には農業生産性が向上したため，余剰農業生産物が徐々に増加し，その取引を通じて社会全体に貨幣経済が浸透していった．地中海貿易やハンザ同盟などの北海沿岸での商業活動も活発となり，イタリアのヴェネチアやジェノヴァといった地中海沿岸の都市が香辛料，宝石，絹織物といった交易の拠点として，また，北イタリアから北海沿岸にいたる内陸の都市も銀や銅，毛皮，農産物などの貿易の中心として，さらにベルギーのブリュージュ，ドイツのブレーメンやハンブルクといった北海沿岸の都市は海産物，毛織物，木材などの取引の場として発達していった．

神聖ローマ帝国では，皇帝の王宮，領地管理所，城を核として成立した帝国都市と呼ばれる有力都市が徐々に自立性を強めた．ドイツのフランクフルト，アーヘン，ニュルンベルクなどが代表例であり，皇帝から鋳造権，裁判権，課税権などの自治権が認められるとともに，堅牢な城郭が市街地を取り囲む形で建設され，その内部では市民生活の安全が保証された．都市内部での活発な商業活動は人口増加をもたらしたが，これにあわせて城壁は拡大していった．たとえば，1219 年以降に帝国都市となったニュルンベルクは，北イタリアから北ドイツへの通商路とフランクフルトからプラハにいたる街道が交差する地に 11 世紀に成立し，交通の要衝として，また商品の中継や近くで採掘された白銅の取引といった商業中心地として重要度を増していった．商業が活発になると，商人だけでなく職人も増え，市街地は北から南へと拡張した（図 4.2）．拡大した市街地には新たに教会が建設されたが，教会は信仰の場として，また近隣住民が日常的に集う地域社会の中心としての役割を担った．

ヨーロッパの都市が社会・経済的に大きく変化

4.1 都市の成立と発展

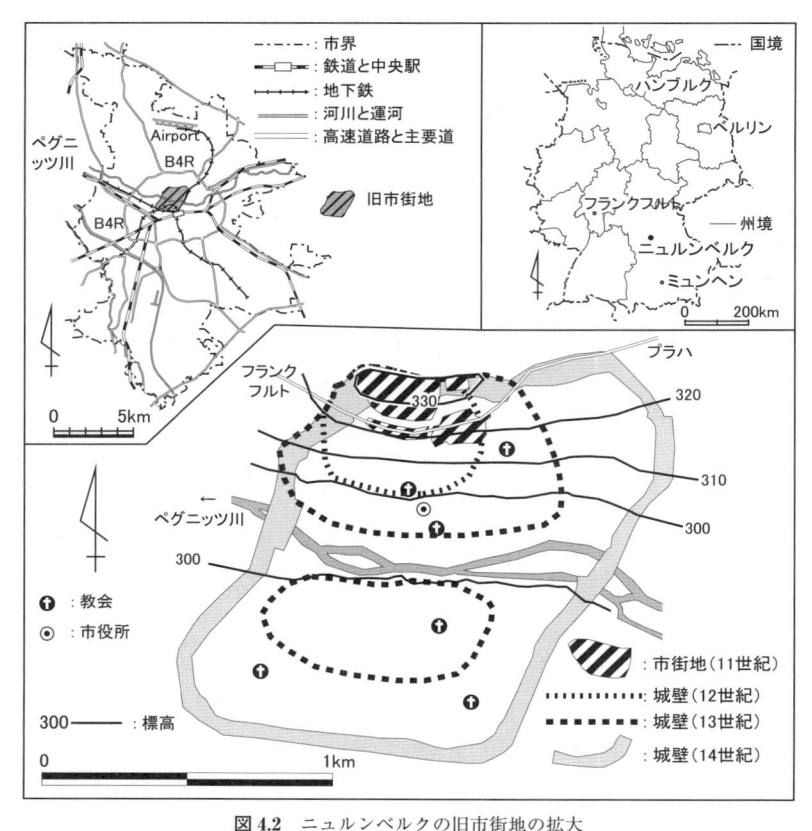

図4.2 ニュルンベルクの旧市街地の拡大
11〜14世紀．Otremba, E.（1950）: *Nürnberg: Die alte Reichsstadt in Franken auf dem Wege zur Industriestadt*, pp.62-76, Verlag des Amtes für Landeskunde Landshut をもとに作成．

するのは，産業革命が本格化し，その影響が各地でみられるようになる18世紀半ば〜19世紀である．この時期はフランス革命を典型とするナショナリズムが高揚する時期でもあり，近代国家（または民族国家・国民国家）が成立していくなかで，都市は政治的中心地として，また工業化の核心地として急激な変貌を遂げていく．産業革命はイギリスから始まり，のちに大陸側のベルギー，オランダ，ドイツ，フランス，イタリアなどへと拡大するが，これらの国々では工業化の中心である都市が規模を拡大させた．たとえば小規模な国家が併存し統一が遅れたドイツにあっては，19世紀初頭に神聖ローマ帝国が名実ともに滅亡し，プロイセン中心のドイツ帝国が1871年に誕生すると，首都としてベルリンが急速に重要度を増したほか，経済的中心地としてハンブルク，ハノーファー，デュッセルドルフ，ドレスデン，ミュンヘンなども著しく発展した．歴史的建築物の残存する旧市街地の周辺には工場が次々と建設され，工場近隣には工場労働者向けの住宅が増加していった．このうちニュルンベルクは1806年に帝国都市としての特権を失い，バイエルン王国へ編入されたが，これ以降に工業化が本格化している．工業化にともなって，城壁に囲まれた人口わずか2.5万を抱える161 haの市域は，1900年には人口26.1万を有する5521 haへと急速に拡大した（図4.3）．ニュルンベルクでは城壁が残存したが，多くの都市では市街地の拡大に対応して，もはや用済みとなった城壁が除去され，跡地は道路や公園，公共施設などとして整備された（写真4.2）．工場が多く立地する市街地周辺部は，工業地区，工業労働者の居住地区，工場・住宅混在地区へと変化することとなる．産業化の進展したヨーロッパ各国の主要都市では，第二次世界大戦にいたるまで工業化にともなって人口増加と市街地拡大が継続している．

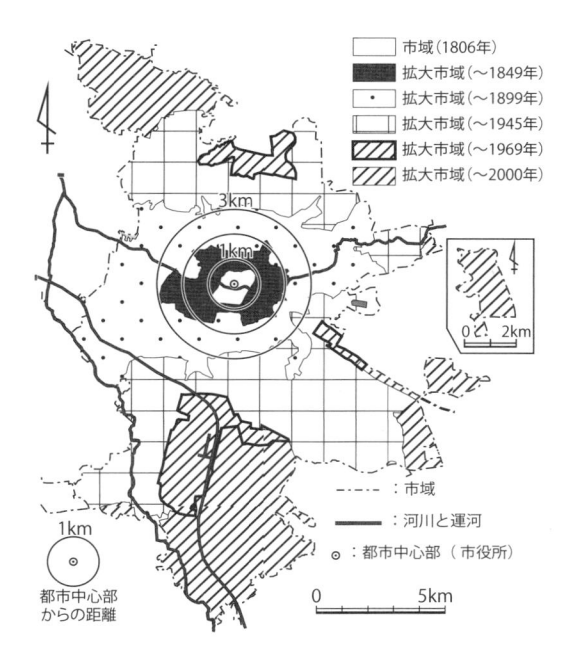

図4.3 ニュルンベルクの市域拡大
1806～2000年．Stadt Nürnberg ed.（1999,2000）：Statistisches Jahrbuch der Stadt Nürnberg 1999, 同2000をもとに作成．

写真4.2 フランクフルトの城壁跡に設置された公園と道路（ドイツ，2008年）
城壁跡は公園などのオープンスペース，旧市街を周回する環状道路といった公共目的で利用されているほか，オフィスビルの開発地にもなっている．

写真4.3 ポズナンの市場広場での歴史的建築物（ポーランド，2007年）
市場広場を取り囲むようにして歴史的建築物が建ち並び，広場内には旧市庁舎も残る．

4.2 都市景観と都市構造

前節でみたように，ヨーロッパの都市の基本的な構造は，各都市の成立・発展場所の自然環境や他都市・地域との社会・経済的関係を基盤としながら，歴史的な発展過程を経てかたちづくられており，多様な特色を有する．このため都市構造の一般性を説明することは難しいが，都市空間の歴史的な形成過程から，一定の共通性を見出すことができる．すなわち，歴史的建築物の残存する旧市街地が都市中心部として社会・経済的中心地を形成し，その周辺に18～19世紀の工業化にともなって拡大した市街地が広がり，さらに郊外に戸建て住宅を中心とする新市街地が広がるという同心円的土地利用がみられる点である．本節では，事例をまじえながら中央ヨーロッパにおける都市構造と景観の特色をまとめてゆきたい．

中央ヨーロッパにおいて歴史を有する都市の形態をみると，かつての城壁に囲まれた旧市街地には市庁舎，市場広場，歴史ある教会が立地するとともに（写真4.3），中心商業地区も成立している場合が多い．このため旧市街地は，歴史的建築物が残存する地域であるだけでなく，行政・商業施設の集積を通じて経済的にも中心地となり，実質的な都心を形成している．こうした特色がみられる都市は，ドイツをはじめ，オランダ，ベルギー，フランス北東部，スイス，オーストリア，北イタリア，ポーランド，チェコ，スロヴァキア，ハンガリー，ルーマニア西部にいたる広い範囲に分布する（加賀美，2010）．

つぎにドイツ南部の都市・ミュンヘンを事例として，都市景観に関連させながら内部構造をみていこう．ミュンヘンはバイエルン州の州都として，またベルリン，ハンブルクに次ぐ人口規模第3位の大都市として政治・文化・経済・交通の分野において重要な位置を占めてきた．都市としての起

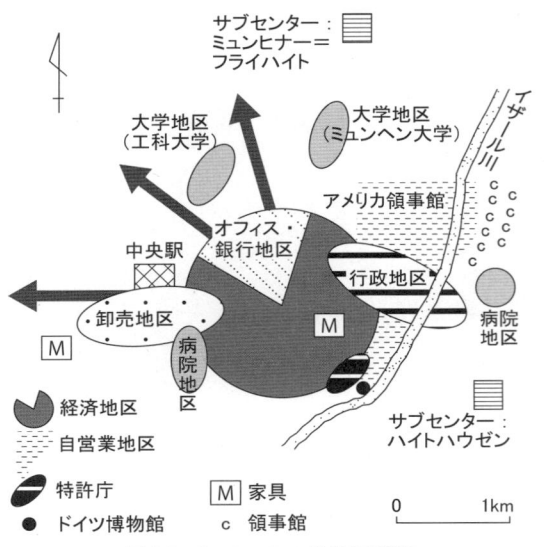

図4.4 ミュンヘンの都市内部構造
Heinritz, G. and Lichtenberger, E. (1984)：Wien und München：Ein stadtgeographischer Vergleich, *Berichte zur deutschen Landeskunde*, 1：55-59 をもとに作成.

写真4.4 ミュンヘンの歩行者専用道路（ドイツ，2007年）
歩行者専用道路は旧市街のいたるところに設置されており，通りに沿って中心商店街が形成されている．なお，中央奥の門は，かつての城門であるカールス門.

源は12世紀にさかのぼり，行政や商業中心地として発展する過程においてイザール川西岸に旧市街地の骨格が形成され（Kuhn, 2003），のちにバイエルン王国の首都として王宮を中心に旧市街地が拡大した．人口は第二次世界大戦の一時期を除き，19世紀の工業化時代から1970年代まで，工業化にともなって継続的に増加した．第二次世界大戦後において人口増加に対応した行政域の拡大がほとんど行われなかったため，人口密度が高い状態が続き，旺盛な住宅需要に支えられて，住宅価格や家賃は全国的にみても高い水準を維持している．また，トルコ人を中心とする外国人は増加し続けており，老朽化した低家賃の建物が多く残る中央駅近隣において外国人集住地区が形成されている．これら一帯では外国人の経営する商店や飲食店が建ち並び，ドイツ語以外のディスプレイや外国人向け商品を扱う店舗などのユニークな景観が広がる．

旧市街地は市役所を起点とする約1kmの範囲であり，このなかには旧市役所や宮殿，聖母教会，セントペーター教会などの歴史的に重要な文化・宗教施設が残されているだけでなく，市や州政府，国の出先機関のほか，金融・保険業や各種サービス業，デパートや中心商店街，さらにオフィスといった行政・業務・商業施設が立地する商業・経済地区を形成している（図4.4，4.7の都市区1）．さらに旧市街地の周辺には中央駅，各国領事館，大学など研究・教育機関が分布し，これらを含めて都心機能を担う地域が形成されている．旧市街地においては，騒音や排気ガスなどのモータリゼーションによる弊害が顕在化した1960年代後半以降，車の乗り入れが規制される一方，歩行者専用道路（写真4.4）や地下鉄が整備されており，移動手段として徒歩や公共交通機関が一般的となっている．かつて旧市街地を囲んでいた城壁は，環状道路や路面電車の軌道として利用されており，こうした交通体系は都心への自動車流入を抑制する役割を担っている．

人口規模の近似する他都市と比較すると，ミュンヘンの市街地の空間的広がりはコンパクトであり，副都心と明確に位置づけられる中心地区も乏しい．このため，単核的な大都市といえるが，イザール川東側や都心北側には副都心の一部機能を担う小規模な地域もみられる（図4.4を参照）．まず，イザール川東部はもともと19世紀半ばから20世紀初頭にかけての工業化時代に拡大した市街地の一部であり，東駅周辺には現在でも製造業や運輸業などが集積する．東駅の西側に位置するハイトハウゼンは，商店やオフィスなどが立地するサブセンターの一つとなっている．また，北部のミュンヒナー・フライハイトも工業化時代に

拡大した市街地に含まれる．この場所には第二次世界大戦後，新市街地が急速に郊外へと拡大していくと，地下鉄駅とバスターミナルが立地し，この一帯は郊外との交通の結節点として，また映画館，デパート，ブティック，カフェなどの商業・娯楽施設や銀行や保険などの業務施設が集積する小規模なサブセンターとして重要度を高めた．

既成市街地での住宅不足を背景として郊外での宅地開発，さらに近年では既成市街地での再開発が進められている．1960年代から1970年代にかけてオリンピアパーク（図4.7の都市区11）をはじめとした北部地域の宅地化が進められ，さらに1970年代以降には南部の大規模住宅団地ノイペルラッハ（都市区16）が開発された．さらに，1980年代以降には公的事業や民間資本による都市内の再開発が活発化しており，都心周辺やイザール川沿いが開発され，こうした地域には通信・メディア・IT関連などの企業が進出している．加えて業務機能が拡充する1990年代において，市東部のミュンヘン空港跡地（都市区15）に見本市展示場を核とした居住業務複合地域であるメッセシュタット・リームが開発されている（伊藤，2009）．

4.3 都市の分布と都市間連携

ヨーロッパでは都市人口の割合が2007年で72.2%と高く，この値は日本の66.3%を上まわり（二宮，2009），世界的にも高い値となっている．各国では大都市をはじめ中小規模の都市が各地に分布しており，人口の多くは都市に集中する．都市は近隣地域の行政・経済・文化的な中心地や交通網の結節点として機能している．このため，人口分布がまばらで，農地や緑地がおもな土地利用である農山村に対して，都市では人口・建物密度が高く，住宅・商業・業務施設が集積し，また鉄道やバスなどが頻繁に発着するなど，景観上も都市と農村の区分は日本と比較すると明瞭である．おもな就業地を抱える都市域では一般的には所得水準が高く，就業形態やライフスタイルにおいて都市的な生活様式が早くから確立している．

都市の分布では，大都市の集中する人口密度の高い地域が確認できる．2009年における人口100万以上の都市をみると，多くの都市がイギリス南部のマンチェスターからベルギー，ドイツ，北イタリアのミラノにかけての北西ヨーロッパにみられる都市軸上に連なっている（図4.5）．このイギリス南部から北イタリアにかけて弧状に広がる地域はマンチェスター・ミラノ軸とも呼ばれ，大都市の密集する，ヨーロッパ内でも人口密度の高い地帯である．この地域には，ロンドン，ミュンヘン，ミラノといった市単独で人口100万を超える大都市に加え，バーミンガム，アムステルダム，シュツットガルトのような人口50万～100万の都市も多数立地する．都市への人口集中は，産業革命期や第二次世界大戦後の高度経済成長期に進行した工業化に由来しており，炭田と鉄鉱床が集まっていたイギリス南部から北イタリアにかけての北西ヨーロッパにおいて工場や関連産業が発達するにともなって都市人口が増加した．都市人口の増加は市街地の拡大だけでなく，都市住民を対象とする商業施設の立地を促したため，さらなる都市発展をもたらした．古くから主要産業が集積する工業地域として，また政治や文化の中心地域として，さらに人口の集まる消費地としておもな社会・経済地域でもある．EUの中心軸としても位置づけられており，その形状から「ブルーバナナ」や「ホットバナナ」と呼ばれることもある．

ヨーロッパにおいては，大都市の市街地が行政域を越えて周辺の都市や地域のそれと連続し，また経済・社会活動において機能的に結びつく大都市圏が形成されている．こうした地域では都心と郊外，また大都市と近隣都市とを結ぶ鉄道や道路網が早くから整備されており，通勤・通学，消費行動，商業・経済活動，文化的活動など通じた中心都市と周辺都市・地域との社会・経済的な結合関係がみられる．EUではNUTSと呼ばれる統計・計画の基本単位地域が国家レベルの1から県・郡・市レベルの3まで設定されており，NUTS-3レベルにおいて人口25万以上の都市とその周辺地域を大都市圏（Metropolitan Region）と定めている．この基準に基づくと2006年において27か国の258地域（2007年加盟のブルガリ

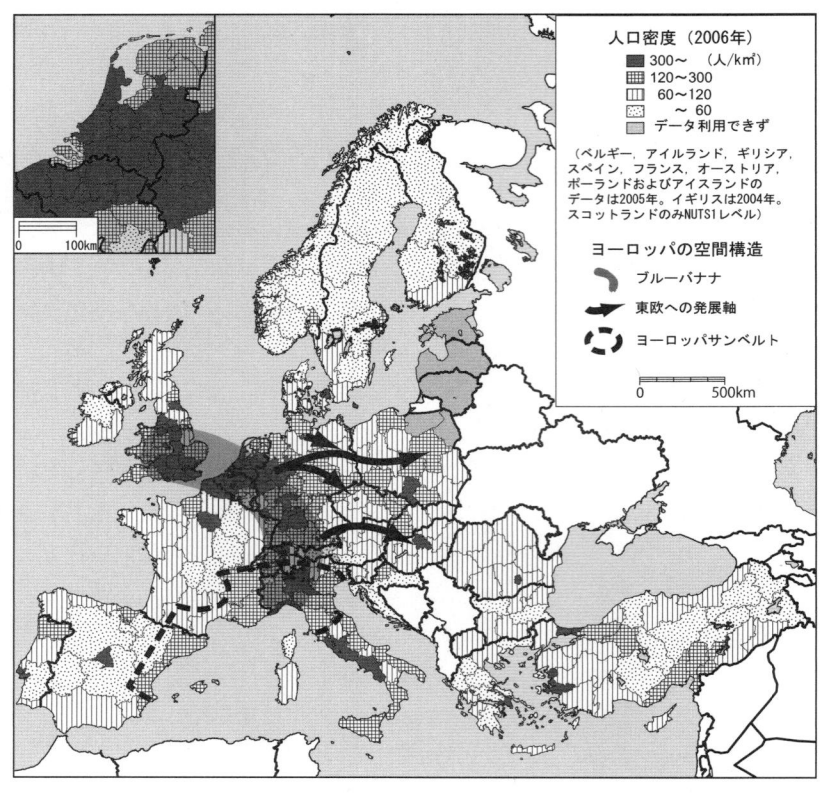

図 4.5 ヨーロッパにおける人口密度
2006年．伊藤貴啓（2010）：オランダにおける越境地域連携の展開—独蘭国境地域に注目して．新地理, 58(1)：43-53.

アとルーマニアを含む）が大都市圏とされる（Dijkstra, 2009）．とくにイギリスの大ロンドン，フランスの大パリ，オランダの環状都市圏（Randstad），ドイツのライン・ルール地域は人口集積の著しい一帯であり，ヨーロッパの4大メガロポリス（Megalopolis）と位置づけられることもある（佐々木, 1995）．ただし，メガロポリスは隣接する複数の大都市圏が成長して接合し，超大都市圏として機能するという基本的特性を有しており（石水, 1989），この定義に基づくと，大ロンドンと大パリの人口規模は1千万程度と大きいものの，ロンドン市やパリ市に人口やさまざまな主要施設が集中する反面，超大都市圏を構成する他の大都市圏の発達は不明瞭であるため，両都市は広い意味でのメガロポリスとして捉えられよう．一方，イギリスのリヴァプールやマンチェスターを含むランカシャー・ヨークシャー地域，オランダのアムステルダムやロッテルダムなどからなる環状都市圏，ドイツのデュッセルドルフやエッセンを含むライン・ルール地域では複数の大都市が併存しながら大都市圏を形成している．これらの地域では中心の大都市が近隣の中小都市と階層的に結びつきながら大都市圏を形成し，さらに高次の商業・行政機能，支店・営業所などの業務管理機能，鉄道や空港などの交通機能，大学や劇場などの文化教育機能といった側面では複数の大都市同士が相互補完的に結びつくことにより，より巨大な大都市圏をかたちづくるという重層的な相互関係がみられる．

こうした都市間関係は，EUでの市場統合が段階的に進展し地域間競争が激しくなるにともなって変化しつつある．従来の国単位で成り立っていた都市間関係が崩れ，国境や行政域を越えた複数の行政主体による広域連携が拡大・深化しており，地域間の情報交換，また人的・物的な結合関係を強化することを通して，地域全体の社会的活性化や経済発展が進められようとしている．たとえばドイツ，フランス，スイスの国境地域においては，国境を越えた都市間連携の制度が重層的に築かれている（飯嶋, 2007）．ドイツ南西部に位置し，フランスと接するカールスルーエ都市圏を中心にみてみると（図4.6），複数の自治体間での

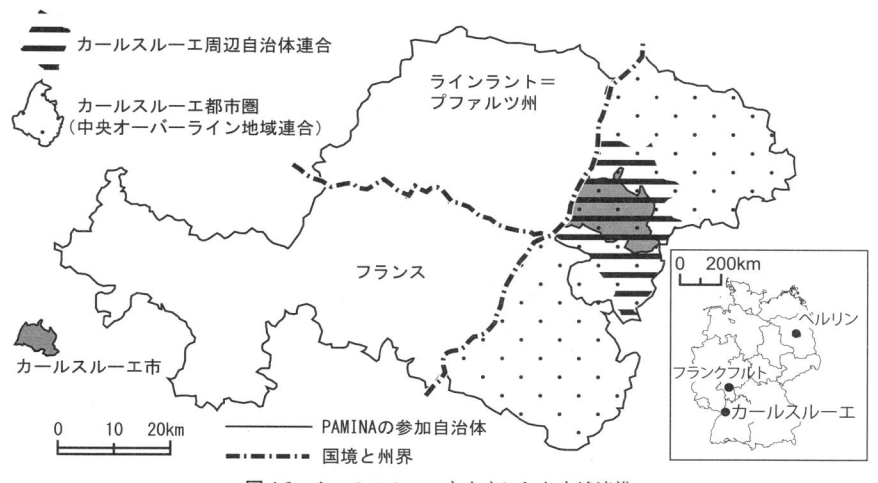

図 4.6 カールスルーエを中心にした広域連携
2006 年．伊藤徹哉（2008）：カールスルーエ都市圏での広域連携進展に伴う地域間結合変化．ヨーロッパ中軸地帯におけるトランスボーダー都市の空間動態（平成 17 年～平成 19 年度科学研究費補助金基盤研究（B）研究成果報告書，手塚　章編）．

広域連携が形成され，さらに近郊交通網も広域的に整備されることを通じて都市圏における地域間結合が強化されつつある．この地域では，都市レベルの基礎自治体間の連携や情報交換をはかる組織として 1973 年に中央オーバーライン地域連合が発足しており，2007 年において 57 基礎自治体が参加している．総人口約 100 万，合計面積は約 2 千 km^2 という広範囲をカバーしており，この組織では地域開発計画，自然保護計画，交通計画などの複数の自治体にまたがる地域計画が議論・調整され，カールスルーエ都市圏における地域計画の一体的な立案と協調的な実施が図られてきた．1988 年に結成されたパミナ（PAMINA）は，さらに広域での連携を進めるべく，隣接するラインラント・プファルツ州内の都市やフランスの自治体により組織されている．パミナは EU による広域的地域連携のためのインターレグプログラムの実施組織でもあり，補助金などを活用しながら鉄道や道路などの交通網整備，商業環境整備，経済振興などを共同で進めてきた．また，当市と周辺基礎自治体からなるカールスルーエ周辺自治体連合（Nachbarschaftsverband Karlsruhe）が結成されており，土地利用計画を含めた詳細な都市計画が一体的に策定され，実施されている．さらに産業振興や地域開発を主な目的とするカールスルーエ・テクノロジー地域（Technologie Region Karlsruhe）が活動しており，自治体が中心となり民間組織間での技術開発連携や情報交換の場を提供している．加えて，カールスルーエ交通連合を通じて近郊交通網の総合的計画が立案され，行政域を越えた近郊列車やバスの運行が行われている．

4.4　拡大 EU での都市再生

EU では，市場統合へ向けた制度整備や 1990 年代以降の加盟国の東方拡大が進み，「ヒト・モノ・サービス・カネ」が国境を越えて自由に往来する巨大な社会・経済地域が形成されつつある．こうした変化は，前節でみたような都市間連携を促す一方で，各都市が経済的優位性を求めて競争する状況を生み出しており，商業地域の再開発やオフィス地域開発といった経済機能の強化へ向けた都市再開発を活発化させるだけでなく，都市自体の魅力向上をめざす取り組みを後押ししている．EU も補助金を通じた都市内の問題地域の改善や都市の競争力を高める仕組みを模索している．もともと EU は，都市が地域や国，さらにヨーロッパの経済的発展の原動力である一方，環境問題や社会的格差などの多くの問題を抱えていると認識しており（European Commission, 1997），こうした問題意識のなかで EU 予算のうち構造基

金を用いた URBAN や INTEGRA プログラムによる補助金を整備してきた．問題を抱えた都市は，補助金を活用しながらさまざまな形での都市再生をはかっており，たとえば工場跡地の再開発を進めることで新たな雇用を創出し，また中心商店街の活性化を進め，さらに CO_2 削減へ向けた交通システムを導入するといった対策を進めている（岡部，2003）．

ただし，都市再生を目指す EU による事業は予算，実施件数ともに加盟国の都市数と比較して小規模にとどまっており，都市再生へ向けた取り組みはおもに各国政府が担っている．各国では，都市内の建築環境の改良とともに，緑地などの自然環境や事業所進出などの経済環境の改善，さらに居住地におけるコミュニティ再構築をめざす都市再生政策がこれまで導入・実施されてきた．ヨーロッパでの都市再生政策は，18世紀後半以降の工業化時代に形成された都心周辺のいわゆるインナーエリアを対象として，建物の形態的・機能的劣化，人口高齢化や外国人比率の上昇といった社会経済的衰退への対策として導入された（伊藤，2009）．たとえばドイツの都市更新事業では，生活空間をよみがえらせることに重点が置かれ，都市住民の「住まう」環境を効果的に改善する仕組みが整備されている．建物の機能や外観の改良のみならず，中庭緑化，歩行者専用道路整備，街路

写真 4.5 ミュンヘンの都市再生事業区域（ドイツ，2003年）
都市更新事業を通じて街区の中央部に広がる中庭部分が緑化され，住民の憩いの場となっている．

緑化といった快適な居住環境の創出（写真 4.5），さらには近所づきあいなどに必要なコミュニティ施設の整備が行われている．こうした事業においては，土地区画整理の手法を用いて事業費縮小や費用負担の低減がはかられるとともに，住宅所有者に対しては補助金の交付や州立銀行を通じた融資を行い，さらに公社による公的住宅の建築など，居住環境が複合的に整備されている．

ミュンヘンの都市再生政策をみると，第二次世界大戦後，インナーエリアの衰退，良質で安価な住宅の不足などを背景として導入されており，そのなかでも都市更新事業は衰退傾向にある既成市街地を面的に改善し，住宅の質改善と量的不足解

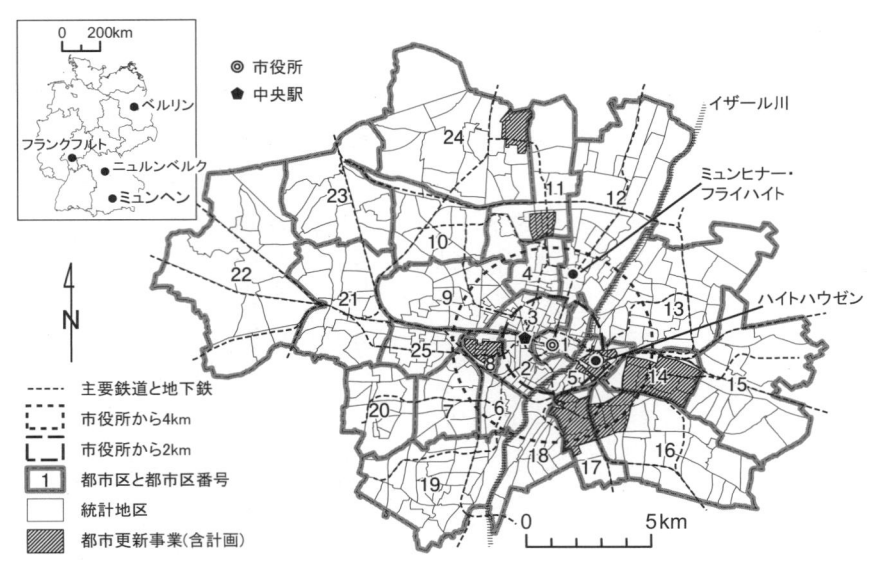

図 4.7 ミュンヘンの都市区と都市更新事業区域
2002 年．伊藤徹哉（2009）：ミュンヘンにおける都市再生政策に伴う空間再編．地理学評論，82：118-143．

48　4．都市の形成と再生

表 4.1 ミュンヘンの都市再生政策

年	連邦・バイエルン州	ミュンヘンにおける主な都市政策	都市住宅地域への影響
1950	旧住宅建築法	第1助成方式による社会住宅の供給	1. 中・低所得者層向け公的住宅の増加 2. 住宅不足の緩和
60		大規模住宅団地（ノイペルラッハ）の建設計画策定	世帯住宅の供給（1970～1986年：第1期計画地域の開発）
71	都市建築助成法	国・州による都市更新事業への助成	都市更新事業の立案・施行
76		ハイトハウゼン地区での都市更新事業開始	初期の都市更新事業の導入
77	州・近代化事業	「近代化のための融資制度」	民間住宅の近代化促進
		「中庭緑化のための助成特別事業」	住宅環境一般の改善
79		都市再生有限会社（MGS）設立	都市更新事業の実行・実現主体の設立
80		MGS資金モデル開始	老朽化住宅近代化への資金融資制度の導入
83	州・改正近代化事業	「都市更新プログラム」策定	都市更新事業の促進
			民間住宅の近代化に対する助成
87		「ミュンヘンにおける近代化助成事業」	市独自の住宅近代化助成制度
92	住宅建築促進法	第3助成方式による住宅建築	公的助成の対象者の拡大
94			中間所得者層による賃貸・自己所有住宅建築に対する融資
95		「社会に適合した土地利用」	休閑地の有効活用（土地供給）
96		「ミュンヘン・モデル」導入	住宅供給を目的とする市有地売却
99	国・州共同事業「社会的都市」		社会的衰退地域での社会環境整備
2001	社会的居住空間促進法	「ミュンヘンにおける居住III」	世帯用住宅供給のためミュンヘン・モデル拡充
2002			おもに社会的弱者を対象とする住宅供給，社会構成の適正化（ソーシャルミックス）

出典は図4.7と同じく，伊藤（2009）による．
太字は都市再生政策と強く関連したもの．

消をめざす柱となってきた．市内では2005年までに5件の都市更新事業が実施されており（図4.7），緑地整備などの居住環境整備に加えて，コミュニティセンター建設や近隣組織の構築，また職業訓練や就職支援といった失業対策事業などの社会的課題に対応した事業が実施されている．

都市更新事業のほかにも，既存住宅の改良を促進する施策が実施されており，1977～82年において市当局による「近代化のための融資制度」が導入され（表4.1），民間住宅のトイレや台所，セントラルヒーティングの設置といった住宅施設の近代化に対する融資が行われている．また1980年代から1990年代にかけて，都市更新事業および住宅近代化への助成が行われた．1990年代に実施されたおもな都市再生政策は，都市更新事業のほかに3つあり，一つは老朽化した社会住宅を対象とする「住宅建築法での近代化助成」，二つ目は1977年に導入された「州・近代化事業」，三つ目は都市更新事業区域内での近代化助成事業である「MGS資金モデル」となっている．これら3事業はそれぞれ連邦，州，市の予算でまかなわれており，1990年から2001年までの12年間の3事業の融資・助成実績は，6310戸を対象とする1.4億ユーロに達する．

既存建築物の改良を通じた住宅地域の再生が行われているものの，住宅需要の高さは家賃高騰や住宅価格の高騰につながっており，良質で安価な賃貸住宅や持ち家は不足している．とくに中・低所得者層向けの安価な賃貸住宅や持ち家は市内には少なく，これらの層に対する家賃や持ち家補助制度も導入されているが，間接的な経済援助のみでは問題は抜本的に解決されていない．このため住宅の供給を増加させるべく，1980年代以降に未利用地や公用地の新規開発が進められようとしている．都心や都心周辺の既成市街地内での新規開発には限界があるため，ハイテク・メディア産業が伸張し業務施設が増加する1980年代から1990年代において，郊外での未利用地や既存の農地や緑地，および都心周辺の未利用地などを中心に開発が進んだ．市当局は住宅供給と経済活性化を目

指して郊外での開発を積極的に進めており，1980年代より市東部の住宅業務複合地域であるメッセシュタット・リームを開発している．さらに1995年に市は「社会に適合した土地利用（Sozialgerechte Bodennutzung）」プロジェクトを実施し，土地利用に関する規制緩和を行い，また積極的な公共用地の払い下げを行うことにより民間資本による開発を促進した．なかでも，中央駅に至る鉄道跡地では，都心への近接性の高さや交通の利便性の高さから，民間資本による開発が活発であり，オフィスビルや商業施設のほか，集合住宅も多数建築された．こうした集合住宅は都心の職場や商業・娯楽施設に近接しているため利便性が高く，キッチンや浴室などの居住機能も充実していることから高家賃であり，単身者や夫婦のみの中・高所得世帯が多く入居している．

　ミュンヘンでみられる既成市街地での都市更新事業や既存建築物の近代化に関する事業は，単なる建物の外観や機能性の改良ではなく，居住地としての魅力を高め，また商業地域やオフィス地域としての機能性を向上させることをめざすものであり，これらは総体として都市自体の魅力向上を達成するための取り組みといえる．こうした取り組みは規模や内容において差異はあるものの，ドイツの他の都市のみならずEU各国の諸都市において実施されている．一方，拡大EUの一員となった旧社会主義国などの財政基盤の弱い国々においては，財政や関連法規の未整備といった問題から公的事業や民間による再開発事業は一部を除いて不十分であり（伊藤，2007），今後，補助金の確保や法律の整備といった制度的な改善とともに，都市再生事業への積極的な民間資本投資を促す施策の導入なども必要となるだろう．　　［伊藤徹哉］

引用文献

飯嶋曜子（2007）：EU統合に伴う国境地域の変化—ユーロリージョンの展開．小林浩二・呉羽正昭編著：EU拡大と新しいヨーロッパ，pp.115-129．原書房．

石水照雄（1989）：メガロポリス．日本地誌研究所編：地理学事典，二宮書店．

伊藤徹哉（2007）：拡大EUにおける都市再生政策—ドイツとポーランド．小林浩二・呉羽正昭編著：EU拡大と新しいヨーロッパ，pp.17-30．原書房．

岡部明子（2003）：サステイナブルシティ—EUの地域・環境戦略．学芸出版社．

加賀美雅弘（2010）：都市の発達その変化．加賀美雅弘・川手圭一・久邇良子著：ヨーロッパ学への招待—地理・歴史・政治からみたヨーロッパ，pp.57-74．学文社．

佐々木博（1995）：EUの地理学，pp.57-59．二宮書店．

二宮健二編（2009）：データブック オブ・ザ・ワールド 2009年版—世界各国要覧と最新統計．二宮書店．

Dijkstra, L. (2009): *Metropolitan Regions in the EU* (Regional Focus：n # 01/2009). European Commotion, Regional Policy.

European Commission (1997): Towards an Urban Agenda in the European Union. COM (97) 197 final.

Kuhn, G. (2003): Gründung und Mittelalter. In Heinritz, G. Wiegandt C.C. and Wiktorin, D. eds.: *Der München Atlas*, pp.26-27, Hermann-Josef Emons Verlag.

Murphy, A. B., Jordan-Bychkov, T. G. and Jordan, B. B. (2009): *The European Culture Area：A Systematic Geography* (5th ed.). Rowman & Littlefield.

Stoob, H. (1990): Leistungsverwaltung und Städtebildung zwischen 1840 und 1940. In Blotevogel, H. H. ed.: *Kommunale Leistung und Stadtentwicklung vom Vormärz bis zur Weimarer Republik*, pp.215-240. Böhlau Verlag.

> コラム 4.1

ヨーロッパの都市はなぜ美しい？

　日本人にとってヨーロッパの都市は，古い建物が数多く残る主要な観光スポットであり，旅行の主な目的地の一つとなっている．実際に訪問し，その美しさに魅了される人も多いだろう．都市の美しさは，スペイン・バルセロナのガウディによるサグラダ・ファミリアやドイツ・ケルンの大聖堂といった有名な教会，パリのヴェルサイユ宮殿やウィーンのシェーンブルン宮殿といった歴史的施設をはじめとする個々の建物・施設の優雅さ，デザインのユニークさ，またその行き届いた手入れによる場合が多い．また，名だたる大都市のみならず，ドイツのいわゆる「ロマンティック街道」（ローマ街道）沿いに点在するローテンブルクやネルドリンゲンを典型として，中小都市にも中世の面影を残すものが多く，観光客は美しい都市景観を楽しむことができる．

　旧市街地に形成された歴史的地区には古い建物が多く残り，都市景観の重要な構成要素となっている．都市の美しさの根源は，こうした古い建物の保存と維持に基本的には求められるといえるだろう．古い建物の保存と維持は，所有者や管理責任者による自発的な修繕・補修や改修によって可能となるが，建物維持に関する法的・制度的な仕組みもそれらを促進する要因となっている．ヨーロッパでは1975年の「ヨーロッパにおける歴史的建造物保存年」に代表されるように，経年建築物の保存に対する社会的関心がもともと高く，各国では歴史的に重要な建築物や，その地域の歴史，文化，伝統を反映した古い建物の保存と維持を目的とする仕組みが作り上げられている．たとえばイギリスでは，1947年の都市農村計画法に基づいて歴史的建築物の指定と保全が可能となり，また1953年の歴史的建造物および記念物法により歴史的建築物の指定と補助金支出が定められた．フランスでも1913年には歴史的建造物保存法が制定され，それ以降，歴史的・芸術的観点から多くの建物が歴史的文化財として保全されてきた．さらに，ドイツにおいても歴史的建物の指定とその補修などを通じて古い建物の保全が進められている．

　ただし，歴史的建物が単体としていかに完璧に保全されようとも，周囲に近代的な建物が乱雑に建ち並び，古くからある街並みと調和していなければ，まち全体として「美しい」景観を醸成することは難しいであろう．そのように考えた場合，新築の建物の規制や誘導といった古い街並みと調和させる仕組みが必要となる．イギリスでは，1947年の都市農村計画法以降，1990年の計画法（登録建造物および保全地区法）などに依拠した景観規制や保全地区に関する法律や制度が整備されている．一定の面積を有する地区内を対象として景観規制が定められ，都市計画に基づいて建物の高度などを規制することが可能となっている．フランスでは1983年にZAPPAU（都市建築的文化財保全地区制度）や，1993年の風景法制定に基づくZAPPAUP（都市建築物的景観的文化財保全地区制度）と呼ばれる制度が導入され，文化財周辺地域での開発・建築行為が制限され，文化景観保全がめざされている．ドイツでは，複数の空間スケールから一定の広さを有する文化景観保全にかかわる法的・制度的枠組みが整備されている．このうち都市における文化景観は，土地利用規制などの法的規制，公的事業による保全と修復などの地域政策を通じた誘導，さらに歴史的建造物保護という文化政策を組み合わせた総合的な地域政策によって維持されている．歴史的建築物を核とする文化景観を保全し，また，伝統的樹木の植樹といった生態的環境改善も進めている．

　このように，ヨーロッパの歴史ある都市の美しさは，個々の古い建物の保存と維持だけに起因するものではない．周囲の古い街並みと調和した建物を建設することを優先するまちづくりとも関係し，それらへ向けた不断の努力のなかで維持されているといえる．

[伊藤徹哉]

写真 4.6　ウィーンの新王宮（オーストリア，2008年）

> コラム 4.2

欧州文化首都 (European Capital of Culture)

　ヨーロッパの文化は古代までさかのぼり，増田四郎の名著『ヨーロッパとは何か』にもあるように，キリスト教による共通の文化圏をもつ地域である．

　この歴史的に培われてきた文化熟成の舞台は，圧倒的に都市であった．都市は，政治や経済の中心として発展し，歴史や宗教，伝統文化など，都市ごとに個性ある文化が育まれてきた．教会をはじめ，宮殿や市庁舎や劇場や大学などはそうした文化と密接に結びつき，それらの建物や景観は，それゆえに都市の文化を象徴するシンボルとしての役割も果たしてきた．

　一方，ヨーロッパには，さまざまな文化をもつ国家や民族が相互に対立し，せめぎ合いを繰り返してきた歴史がある．都市は，そうした経緯のなかでしばしば攻撃・破壊の対象となってきた．第二次世界大戦中には，ナチス・ドイツが敵国イギリスの都市を攻撃目標としたが，その際に，当時著名な旅行ガイドブックだった『ベデカー』に掲載された都市を攻撃目標に選んだ．いわゆるベデカー爆撃である．観光地にはさしたる軍事施設はなかったのだが，文化的に著名な都市の破壊がイギリス国民の士気の低下を招くことを期待した戦略だった．ヨーロッパでは，都市は単に政治的，経済的な意義だけでなく，国家や民族にとっての精神的よりどころとしての意味合いも強くもってきたのである．

　EUによるヨーロッパ統合は，それまでの国家の枠組みを越えた人や地域の連携を強く指向している．この点で，都市が特定の国家や民族に帰属するというこれまでの考え方を続けることは，統合の理念に反しかねない．1983年にギリシャの文化大臣メリナ・メルクーリが提唱した欧州文化首都は，こうした都市固有の文化をヨーロッパ共通のものとして認識し，相互に協力による発展をめざす事業として出発した．

　1985年に最初の欧州文化首都としてギリシャのアテネが選ばれた．この町には，いうまでもなく多くの都市文化が蓄積されている．なかでもアクロポリスにはパルテノン神殿を中心にした古代ギリシャの遺跡が集積している．ギリシャが世界に誇る貴重な文化遺産である．

　しかし，欧州文化首都では，これらの文化遺産はギリシャの占有物ではなく，広くヨーロッパの共通財産であることが強く求められる．アテネでは，コンサートや演劇，フォーラムなどさまざまな文化的事業が多くの国や組織と共同で開催され，アテネの都市文化が積極的にアピールされた．事業には外国から多くの企業や団体が参加し，経済的に必ずしも順調ではないこの国に多くの投資がもたらされた．市街地や交通の整備も大いに進められ，観光地化による外貨の流入も活発化し，経済の安定に寄与することになった．

　さらに，こうした事業を経てヨーロッパには，アテネをギリシャにとどまらず，広くヨーロッパ共通の財産として認識する動きも現れている．国家にとらわれず，文化的財産を共有する意識は徐々にはぐくまれており，国や地域などきわめて多様な帰属意識をもつ人びとが，ヨーロッパ共通のアイデンティティを獲得することへとつながることも期待されている．

[加賀美雅弘]

写真4.7 2010年の欧州文化首都に選ばれたペーチの旧市街地（ハンガリー，1995年）
オスマン帝国時代のモスクを改築したカトリック教会は，この町のシンボルである．

参考文献
増田四郎 (1967)：ヨーロッパとは何か．岩波新書．

5 観光地域と観光客流動

　世界的にみると，ヨーロッパは世界のなかでも最も人気ある観光目的地である．しかし，その観光客の多くはEUの住民であり，EU内で多くの観光客流動がみられるのである．本章では，EUにおける観光地域と観光客流動にみられる特徴について述べる．近代以降，ヨーロッパでは観光地域が発展してきた．とくに，20世紀の半ばにマス・ツーリズムが生じると，海岸地域や山岳地域は近隣諸国から多くの観光客を惹きつけた．ところが，1970年代以降，新しい観光形態が農村地域や都市などに出現し，観光地域の多様化が顕著である．さらに，東欧革命後は，EUの領域が東ヨーロッパに拡大し，EU東部における新しい観光地域や観光客流動が出現している．

5.1 国際観光地域としてのヨーロッパ

　世界的にみると，ヨーロッパは世界のなかでも最も人気ある観光目的地である．世界観光機関UNWTOによると，2008年の国際観光客到着数は約9億人に達するが，そのうちヨーロッパへの到着数は5億人弱で，世界の半分以上を占めている．国別にみると，フランス，スペイン，イタリア，イギリス，ウクライナ，ドイツ，ロシアが上位10か国に含まれる．また上位20か国には，さらにオーストリア，ギリシャ，ポーランド，ポルトガルが仲間入りする（表5.1）．

　この事実は，ヨーロッパにおいて世界的に著名な観光資源が数多く存在することに加えて，ヨーロッパ諸国が有する国際観光を生み出す要因によるものである．後者については，まずヴァカンスの伝統があげられる．ヨーロッパでは世界的にみて最も早くヴァカンスが普及し（コラム5.1参照），そのため国際観光も多く生ずる．第2に，EUのみを取り上げれば，その面積はアメリカ合衆国の半分以下であるが，そこには27か国が存在する．つまり狭い領域に多くの国家が存在し，国境を越えた観光のための移動が生じやすいのである．一方で，国際観光のほとんどは域内流動によることもまた特徴である．すなわち，ヨーロッパの国際観光客到着数の87%はヨーロッパ人によるもので，ヨーロッパ人が域内で流動している旅行がほとんどを占めている（表5.2）．ヨーロッパに到着する観光客数が，ヨーロッパに次いで多いのはアメリカ，アジア・大洋州である．一方，ヨーロッパ人の観光旅行先についても，同様にその85%がヨーロッパであり，アメリカ，アジア・大洋州と続いている．ただし，ヨーロッパからの流出は世界で最大規模であるため，アフリカや中東ではヨーロッパ国際観光到着数の割合が高く，それぞれ，40.6%と27.4%を占めている．

　観光に関する統計では，到着数と並んで宿泊数

表5.1　国際観光客到着数の上位20か国（2008年）

順位	国・地域	国際観光客到着数（千人）
1	フランス	79,300
2	アメリカ合衆国	58,030
3	スペイン	57,316
4	中国	53,049
5	イタリア	42,734
6	イギリス	30,190
7	ウクライナ	25,392
8	トルコ	24,994
9	ドイツ	24,886
10	ロシア	23,676
11	メキシコ	22,637
12	マレーシア	22,052
13	オーストリア	21,933
14	ギリシャ	18,518
15	香港	17,320
16	カナダ	17,128
17	サウジアラビア	14,757
18	タイ	14,584
19	ポーランド	12,960
20	ポルトガル	12,321

2009年6月時点の暫定値．資料は『JNTO国際観光白書2009』（原資料はUNWTO）による．

表 5.2 世界の地域間の国際観光到着数（2006 年）

		出発地域						
		アジア・大洋州	アメリカ州	ヨーロッパ	中東	アフリカ	不詳	世界計
到着地域	アジア・大洋州	130,129 78.0	11,236 6.7	21,206 12.7	1,137 0.7	1,078 0.6	2,196 1.3	166,982 100.0
	アメリカ州	9,097 6.7	99,187 73.0	23,943 17.6	256 0.2	434 0.3	2,929 2.2	135,846 100.0
	ヨーロッパ	19,229 4.2	29,676 6.4	402,062 87.0	2,430 0.5	3,062 0.7	5,716 1.2	462,175 100.0
	中東	6,125 15.0	1,306 3.2	11,196 27.4	18,681 45.5	1,470 3.6	2,152 5.3	40,930 100.0
	アフリカ	1,342 3.2	1,389 3.4	16,776 40.6	1,813 4.4	18,831 45.5	1,219 2.9	41,370 100.0
	世界計	165,922 19.6	142,794 16.9	475,183 56.0	24,317 2.9	24,875 2.9	14,212 1.7	847,303 100.0

上段は国際観光到着数（千人），下段は到着地域に対する割合（％）．『JNTO 国際観光白書 2009』（原資料は UNWTO）をもとに作成．

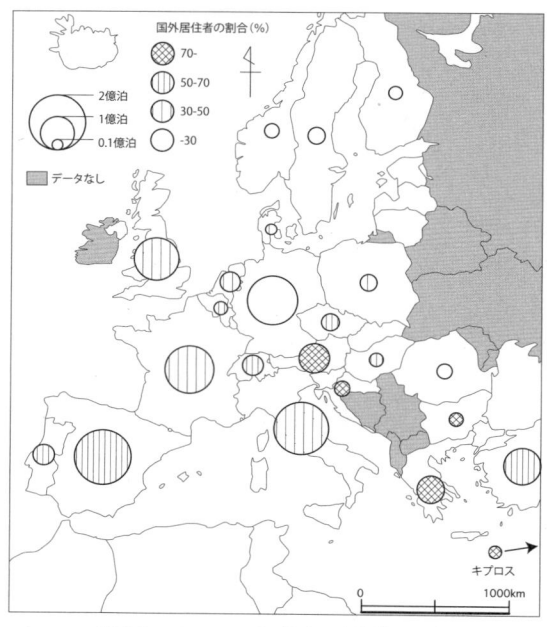

図 5.1 ヨーロッパにおける宿泊数の分布
2007 年．1000 万泊以上の国のみ表記．Eurostat に基づく．

の数値が重要である．これは，訪問者が何泊したかを示す数値で，宿泊施設や飲食施設などにとっては安定した経営をもたらすものである．EU のデータを用いてホテルなどの施設における宿泊数の分布を検討すると，南部への集中が顕著である（図 5.1）．一方，北部や東部では極端に少ないことがわかる．これは先述の表 5.1 の結果を反映している．一方，オーストリア，ギリシャおよびスペインなどでは国外居住者の割合が高い．つまり，外国人観光客が半数以上を占めている．オーストリアでは，1970 年代には宿泊数の約 6 割がドイツ人であったが，近年はドイツからの観光客数が減少している．とはいえ，ドイツ人の割合は依然として 4 割に達している（2006 年）．またスペインでは観光客の 4 分の 1 がイギリス人，6 分の 1 がドイツ人による（同）．次節では，観光地域としてのヨーロッパの特徴がどのように形成されてきたのかについてみていこう．

5.2 観光の展開

5.2.1 中世までの観光

ヨーロッパにおける観光旅行の初期形態は，巡礼などの宗教に関連したものと，温泉地での療養であった．キリスト教の普及は，ローマ帝国支配による社会の安定，交通路の整備とも相まって，巡礼者の流動を促進した．また，医学が未発達な時代では，温泉でからだを休めたり，病気を治すことが普及した．16 世紀頃になると，イギリスのバースは温泉地としての名声を高めた．しかし，多くの温泉地が観光目的地として大きく発展するのは，おおよそ 19 世紀以降のことにすぎない．

5.2.2 近代の観光

近代観光の始まりの一つは，グランドツアーと認識されている．イギリスでは，17 世紀末から

19世紀半ばにかけて富裕な貴族の子弟が，学業の修了時に古典的教養の修得のために大陸ヨーロッパへの旅行を実施した．フランスとイタリアがおもな目的地であった．

19世紀になると，鉄道が整備されるようになり，人びとは短時間に長距離の移動ができるようになった．とくにイギリスでの鉄道敷設が早く，これによって郊外や海岸への旅行が増加した．その結果，ブライトンのような海岸リゾートが発展した．ブライトンはロンドンの真南約80 kmに位置し，18世紀半ばから海水浴のできる保養地としての性格を有していたが，1841年にロンドンとの間に鉄道が開通すると大きく発展した．ブライトンの発展は，イギリス各地に海岸リゾートが発展する先駆けとなった．

夏季の滞在目的地としては，海岸だけではなく山岳リゾートも注目されるようになった．アルプスでは，温泉での療養や結核の転地療養が人びとの滞在をもたらしていたが，19世紀後半以降は避暑地としても注目されるようになった．アルプスの自然的・文化的な景観が人びと，とくにイギリス人を惹きつけただけでなく，山岳会などの努力によってハイキング・ルートが整備されたことも観光客の増加をもたらした．さらに，技術の進化によってすばらしい眺望が得られる地点への索道が建設され，観光客の人びとは簡単に美しい山並みを見ることができるようになった．こうした傾向はとくにスイスで顕著であり，ルツェルン近郊のフィッツナウ・リギ鉄道は1871年にヨーロッパ初の登山鉄道として開業された．またマッターホルンの展望地点として著名なゴルナーグラートへの鉄道は，1894年からツェルマットとの間を結んでいる．リゾートには富裕層向けの豪華なホテルが建設され，ベル・エポック（古き良き時代）と呼ばれ，スイスの山岳リゾートの名声を高めた．一方，アルプスには19世紀末にスキー技術が移入され，アルペンスキーが徐々に普及するようになった．当初のスキーは登山の手段として性格づけられたが，索道がスキーにも利用されるようになると，索道を備えたスキー場内でのスキー滑走が一般的になった．こうしたスキー場が一部の夏

写真5.1 カルロヴィ・ヴァリの景観（チェコ，2000年）

季リゾートに設置され，そこではアルペンスキーのメッカとしての性格も有するようになった．

ヨーロッパの主要な温泉地が大きく発展したのもこの時期である．ドイツ，オーストリア，チェコ，フランスなどの著名な温泉地は19世紀に大きく発展した．バーデン・バーデン，バート・ガシュタイン，カルロヴィ・ヴァリ（写真5.1）などは，いずれも豪華なクアハウスを有し，その周囲には高級ホテルが建てられ，富裕層の社交場としても機能した．

第一次・第二次世界大戦の間は経済不況などもあり，観光地域の大きな発展はみられなかったが，先述のスキー観光のみは例外であった．ロープウェイやスキーリフトの建設が進み，日本にも訪問したスキーの名手，ハンネス・シュナイダーの出現によってスキー技術も進化した．一方，戦間期はヴァカンスが労働者の権利として認められていく時期でもあった（コラム5.1参照）．

5.2.3 マス・ツーリズムの時代

第二次世界大戦後，経済が安定して人びとの所得が増えると，ヴァカンスの普及とも相まって，マス・ツーリズムが生じた．マス・ツーリズムとは，ツーリズムの大衆化であり，また大量化も意味する．図5.2はオーストリアにおける宿泊数の推移を示している．オーストリアでは，1950年代の半ばから宿泊数が急激に増加していることがわかる．まず夏半期のマス・ツーリズムが生じ，1950年には1300万泊にすぎなかった宿泊数は，1972年には7700万泊へと増加した．一方，冬半期の宿泊数は1960年代半ば頃から急激に増え始

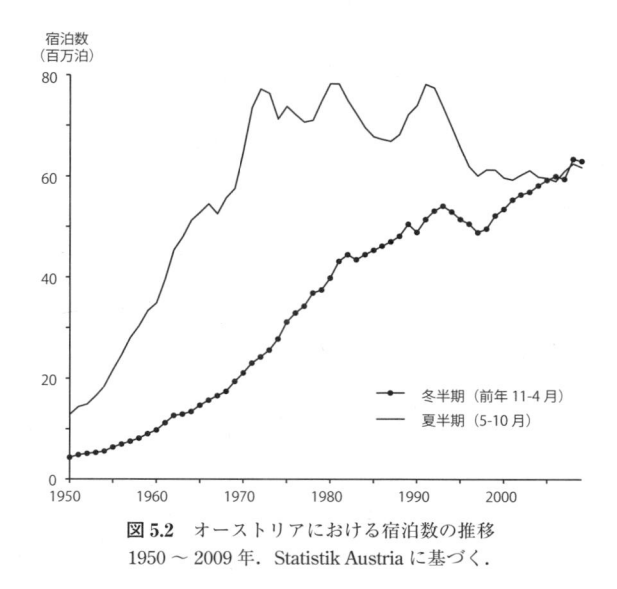

図 5.2 オーストリアにおける宿泊数の推移
1950～2009 年．Statistik Austria に基づく．

め，その頃から冬季のマス・ツーリズムが到来したと考えられる．

こうしたマス・ツーリズムの進展のなかで，リゾートにおける宿泊施設やスキー場などの関連施設の開発も急速に進行した．なかでも，フランスのリゾート開発はその典型である．1960 年前後のフランスでは国民がヴァカンス旅行のために安価なスペイン，イタリア，ギリシャなどに向かい，外貨の流出を招いた．こうした状況下，第 5 次国家計画の一環として，地中海沿岸とアルプスにおけるリゾート基地の開発に着手した．フランスの地中海沿岸地域のリゾートは，その東半分を占めるコート・ダジュールが著名であった．一方，その西半分を占めるラングドック・ルシオン地方に，複数の海岸リゾートが新規開発されたのである．200 km におよぶ海岸線には不毛の湿地帯がひろがっていたが，そこに 3 万から 10 万ベッド程度を有するリゾートが 8 か所出現した．個々のリゾートでは海岸の砂浜だけでなく，ホテルや別荘，リゾートマンションなどの宿泊施設，キャンプ場，商業施設，会議場などが整備され，総合的なリゾートとなった．一方，フランス・アルプスでは複数のスキーリゾートが新規に開発された．ここでも，宿泊施設や商業施設などが計画的かつ機能的に整備され，現代的なスキーリゾートが完成した．

フランス以外では，さまざまな地域でリゾートの整備が進んだ．宿泊施設の新設や大規模化が進み，海水浴場やスキー場などの観光関連施設が開発されていった．

スペインでは，1960 年代頃から海岸リゾートの発展がみられるようになった．空気が乾燥し，太陽に恵まれた気候，美しい景観，安価な食事などがヨーロッパ北部の人びとを惹きつけた．地中海沿岸のコスタ・ブランカやコスタ・デル・ソル，さらにはバレアレス諸島には多くの外国人観光客が夏季に滞在するようになった．海岸沿いのリゾートでは，ホテルなどの宿泊施設に加え，別荘や商業施設も整備された．また，大西洋上のカナリア諸島にも著名なリゾートが数多く存在するようになった．これには，航空交通の普及が影響し，夏季のみのチャーター便もドイツなどから多く運航されている．

一方，スイスやオーストリアでは，著名なリゾートの周囲に位置する農山村において，スキー場や宿泊施設の整備がなされ，観光目的地が地域的に拡大した．オーストリアでは，1965 年頃からスキー場の開発が急速に進展し，国土のなかでもアルプスに含まれる地域においてスキー場が集中して立地している（図 5.3）．新たに整備が進んだ農山村では，農家の副業としてのペンション経営が発展した．しかし観光客数が増加するとともに，経営の重点は農業から観光業に移っていった．宿泊施設ではアパート（または休暇用住宅）と呼ばれる形態が急激に増加し，プライベートを楽しむことのできる観光客だけでなく，労働の省力化がはかれる経営者にも好まれた．

5.2.4　多様化するツーリズム

マス・ツーリズムが大きく発展するなかで，問題が出現した．大量の人々が，同時期に，同じ場所を訪れるために，ヴァカンスの本来の目的であるのんびりとリフレッシュすることが困難になったのである．砂浜は混雑し，リゾートタウンは平日の大都市のように多くの人であふれた．こうした状況下，1970 年代頃に，新しいヴァカンスをめざす動きが始まった．ドイツ語圏では，新しいツーリズム形態がソフトなものであるととらえ，主

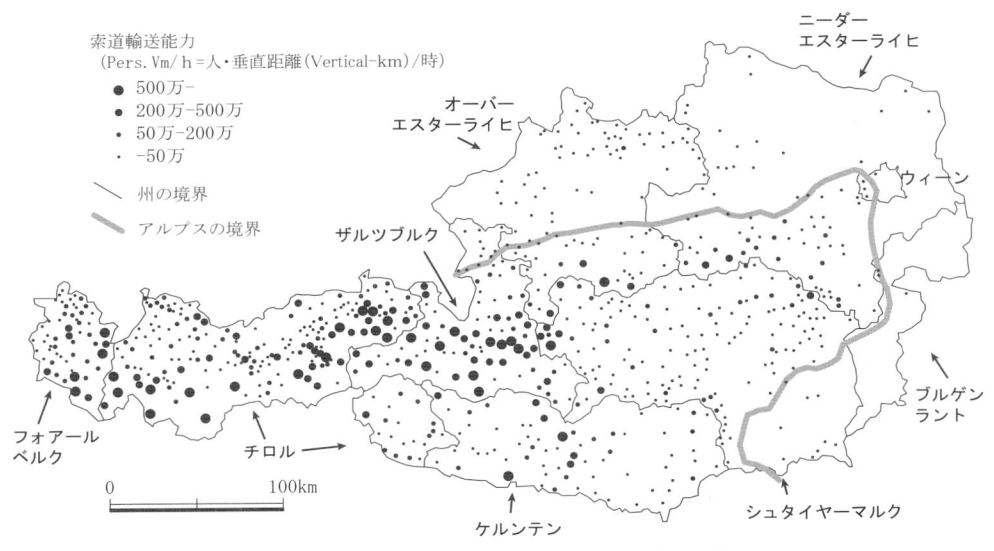

図5.3 オーストリアにおけるスキー場の分布
1990年．Kureha, M.（1995）：Wintersportgebiete in Österreich und Japan, *Institut für Geographie der Universität Innsbruck* をもとに作成．

流であるマス・ツーリズムをハードなものとして対比された．つまり，マス・ツーリズムのアンチテーゼとしてのソフト・ツーリズムの考え方が普及した．

ソフト・ツーリズムの内容は多様であるが，主たる行き先として農村が選ばれた．元来，農村のなかで観光目的地として成立していたのは，アルプスでスキー場を有する農村のみであった．しかし，ドイツでは1970年頃「農家で休暇を（Urlaub auf dem Bauernhof）」のスローガンが出され，多くの農村において農家民宿の整備が進み，フランスでも農家民宿での観光（ツーリズム・ヴェール）の仕組みが整備された．このような傾向のもと，夏季のヴァカンスに農村を訪問する人びとが増加したが，元来はもっぱらそこでの滞在費が安価であることが評価され，訪問者の多くは低所得者であった．このような農村空間に，マス・ツーリズムを嫌い，本来のヴァカンスの場を求めた人々が滞在し，ルーラル・ツーリズムを楽しむようになった．農村空間では，周囲の豊かな自然や農村独自の文化（写真5.2）に触れることが可能で，その形態が好まれた．また新鮮で安全な食料に対する要求も高まるなかで，農村での食事，肉の加工品，乳製品などへの興味も増し，フード・ツーリ

写真5.2 東チロルの農家景観（オーストリア，2000年）

ズムとしての性格も強まりつつある．

夏季に海岸でヴァカンスを過ごすという画一的な行動から逃れる動きは，農村へと向かうだけでなく，自然公園やそこでのスポーツ活動にも向けられた．ドイツでは，もともと都市近郊の森林などでハイキング・ルートが整備され，週末のレクリエーションの場として重要な役割を演じてきた．近年では，そうした地域の地形や地質を学習するジオツーリズムの展開もみられる（横山，2010）．

同時にヨーロッパ以外へのヴァカンス旅行も増加した．航空交通の発展，大量化による安価なパッケージツアーの出現によって，トルコをはじめ，

東南アジアや南アメリカなども人気のある観光地になっている．現地では，一般的な海水浴などに加えて，エコツアーに参加するなど自然志向も強くなっている．

ヨーロッパでは，新しいツーリズムが進展すると同時に，伝統的なツーリズムや目的地のなかには衰退するものも現れている．先述したブライトンに代表されるイギリスの海岸リゾートは，第二次世界大戦後，大きくその性格を変化させた．高級リゾートとしての名声は弱まり，中間層や低所得者層からなる観光客が増加した．さらには，1970年代頃から，地中海沿岸などヨーロッパの南部に位置するリゾートとの競合に敗れ，衰退するようになった（中崎，2001）．

ドイツの温泉地でも衰退傾向がみられる．かつて手厚い保険制度のもと，温泉地での保養には保険が適用され，多くの滞在者は自己負担なく温泉地に滞在できた．しかし，1990年代の保険制度改革によって，効能が弱く知名度が低いような一部の温泉地では利用者数の激減がみられる．

アルプスでも，かつて夏季に多くの人びとを惹きつけたが，1970年代頃から観光者数は衰退または停滞傾向にある．図5.2のオーストリアの例からも明らかである．とくに地中海沿岸リゾートとの競合が激しく，そこに多くの顧客を奪われている．一方，冬季観光について，発展傾向が続いている．冬季には競合相手となる目的地が少なく，またヴァカンスを夏季と冬季に分けて取得するパターンの増加が要因となっている（コラム5.1参照）．

5.3 観光客流動の変容

ヨーロッパにおける観光客流動は，伝統的には北から南への移動，さらには低地から高地への移動で特徴づけられてきた．前者は冬季に日照時間が極端に短いヨーロッパの北部の居住者が，夏季に地中海沿岸などの南部の砂浜をめざす流動である．冬季には避寒の性格も現れる．一方，後者は，低地の人々が標高の高い山地に向かう動きである．冬季のスキー観光，夏季の登山・ハイキング，避暑などの形態がみられる．また温泉地への志向も依然として強い．

こうした伝統的な流動に加えて，人びとのニーズの多様化とともにさまざまな流動がみられるようになってきた．そのなかでも注目されるのは都市への指向である．もともと都市，とくに大都市は，観光者の居住地・出発地としてとらえられる傾向が強かった．しかし，観光ニーズの多様化とともに，とくに都市が有する文化（芸術や博物館など）や，街並み，景観などが観光対象として重要視されるようになった．

たとえばロンドンでは，ウォーターフロント再開発によって港湾・造船所・倉庫地区がドックランズとして観光地の性格を有するようになった（コラム3.2参照）．また，ドイツのルール工業地帯では，かつて栄華を誇った炭田に基づく工業が大きく衰退したが，それらの産業遺跡を観光に活用している．かつての大工場は，工業に関するさまざまな博物館に転用されている．写真5.3のエッセン関税同盟の竪坑跡地は，敷地のほぼすべてが博物館として利用され，教養観光向けにさまざまなツアーやイベントが準備されている．さらには市民向けのイベントも数多い．一方，ルール地域全体では，大量の産業遺跡を巡るルート（産業文化ルート）が整備され，標識などの設置も進み，自動車で容易にドライブできる．

オーストリアでも都市観光の重要性は増しつつある．国内の9つの州都における宿泊数は，1984年には1千万泊弱であったが，2009年には1600万泊に達するようになった．国全体の宿泊数に占める割合は同期間に8.4%から12.4%へと増加した．都市のなかでも，首都であるウィーンにおけ

写真5.3 エッセンの関税同盟の竪坑（ドイツ，2008年）

る宿泊数が最も多く，都市観光全体の6割以上を占める．音楽や芸術関係の多くの観光資源を有し，また伝統的な景観などが，世界中から多くの人びとを惹きつけている．さらには国際会議の開催やイベントの開催も都市観光の重要な要素である．近年では再開発された博物館地区（MQ）が注目を集めている（淡野, 2004）．

5.4　EU統合と東ヨーロッパの観光地化

　社会主義時代の東ヨーロッパでは，域内流動のみという特異な観光流動がみられた．それは西ヨーロッパ諸国との間に位置した「鉄のカーテン」により，検問所を通過するための査証が得られないこと，外貨（西欧諸国の通貨や米ドル）を入手できないことに基づいていた．そのため，社会主義ブロック内部での観光流動が卓越した．当時の東ヨーロッパにおける主要な観光目的地は，海岸・湖岸観光地および温泉地であった．海岸観光地ではアドリア海とバルト海が，湖岸観光地ではバラトン湖と黒海がおもなリゾートであった．そこには，共産党関係や労働組合の保養所が整備され，基本的には東ヨーロッパ内の人びとの利用がほとんどを占めた．ただし，アドリア海沿岸やバラトン湖畔のリゾートでは，例外的に多くの西ヨーロッパ人観光客を受け入れた．温泉地では，健康保険を利用した滞在が増加し，療養地としての性格を強めた．

　1989年に始まる一連の東欧革命は，こうした状況を一変させた．鉄のカーテンを挟んだ人びとの流動だけでなく東ヨーロッパ内での移動もほぼ自由になり，また通貨の交換も可能になった．この結果，ヨーロッパにおける観光流動には変化をもたらされた．西ヨーロッパの人々の立場から考えると，東ヨーロッパという観光目的地，さらにはその観光出発地としての存在が再認識された．東ヨーロッパにおける観光客数は東欧革命後に急増したが，その多くは，西ヨーロッパからの観光客によるものである．国境閉鎖という物理的な障害がなくなり，短期間に非常に多くの観光客を増加させた．また，東ヨーロッパにおける物価の安さの影響も大きい．しかし，観光客数はある程度まで増加を続けたものの，1990年代後半からは停滞傾向にある．

写真5.4　プラハの景観（チェコ, 2000年）

　こうした観光客の増加と連動して，観光産業の発達もみられるようになった．とくに宿泊施設や博物館などの整備が進んだ．こうした観光産業の発達には，観光資源の分布によって地域差がみられ，大都市，海岸・湖岸観光地および温泉地がおもな観光目的地として発展した．ハンガリーでは，観光客の目的地は，ブダペストおよびバラトン湖沿岸地域に集中する傾向が著しい．両地域では西ヨーロッパをはじめとした外国人の宿泊客が多く，ハンガリーの全宿泊数の6割近くを占める（2009年）．チェコでは，プラハ（写真5.4）への集中が著しい．とくに外国人観光客の宿泊数については6割弱がプラハに集中している（2009年）．プラハ以外では，西ボヘミアの温泉地で多くの宿泊客がみられ，とくにカルロヴィ・ヴァリ（写真5.1）やマリアーンスケー・ラーズニェには多くの外国人観光客が滞在する．そのほか，クロアチアのアドリア海沿岸，スロヴェニアの山岳リゾート，ブルガリアとルーマニアにまたがる黒海沿岸が著名で，西ヨーロッパからもある程度の観光客がみられる．

　2000年前後からは，ルーラル・ツーリズムも積極的に推進されている．社会主義時代の東ヨーロッパの大都市近郊では別荘の個人所有が例外的に認められていた．これを背景にして，東欧革命後，ルーラル・ツーリズムが徐々に展開し，とくに自国民を惹きつけている．ルーマニアにおいても，政府やルーラル・ツーリズムに関する全国的な組

織が積極的に推進しているが，滞在客のほとんどはルーマニア人である（呉羽・伊藤，2010）．主として，ブカレストなど大都市の住民がカルパチア山脈（写真5.5）などの農家民宿に滞在し，伝統的な食事を楽しみ，また宗教行事に参加している．

写真5.5 カルパチアの農村景観（ルーマニア，2008年）

一般に，西ヨーロッパ諸国からの距離が遠くなるほど，外国人観光客数は少なくなる傾向にある．一方，西ヨーロッパに近接する国境地域では，特異な景観がみられるようになった．それは観光関連施設の立地で，ドイツ人やオーストリア人向けに開設されたものである．たとえば，ハンガリーのショプロンはウィーンから約60 kmの距離にある都市であるが，旧市街にはドイツ語表記が多く，酒類やタバコをおいた商店や，歯科医院がめだつ．

一方，東ヨーロッパから西ヨーロッパへの観光流動では，オーストリアへのスキー観光が急速に発展している．ポーランド，チェコ，スロヴァキアおよびハンガリー人によるオーストリアにおける宿泊数は，1990年以降急激に増加している．1980年代までは総宿泊数は100万以下であった

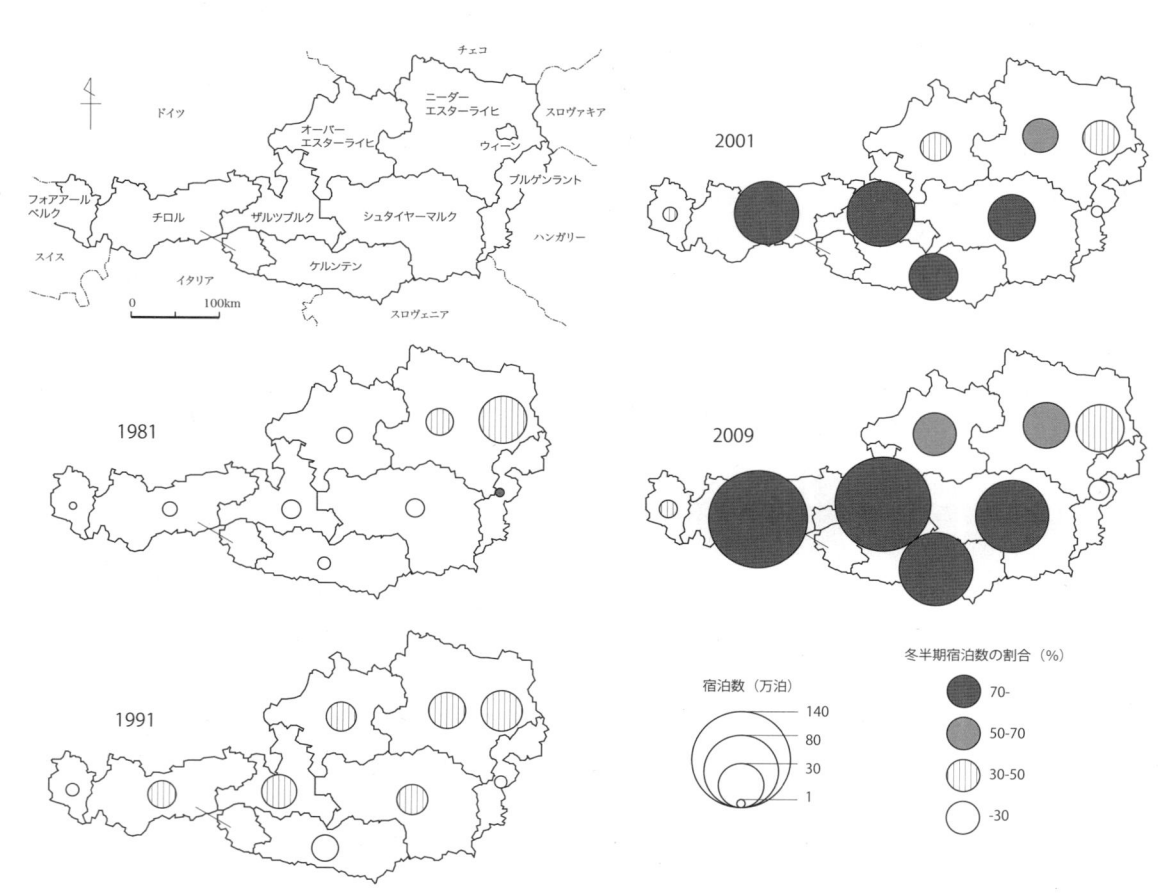

図5.4 オーストリアにおける東ヨーロッパ諸国からの宿泊数の州別分布とその変化

1981〜2009年．東ヨーロッパ諸国とは，ポーランド，チェコ，スロヴァキアおよびハンガリーをさす．冬半期は表記年前年の11月から表記年の4月までをさす．Statistik Austriaに基づく．

が，2001年には約250万に，2009年では530万に達している．彼らのオーストリアでの目的地は，社会主義時代にはウィーンに著しく集中していた（図5.4）．しかし東欧革命後は，チロル州やザルツブルク州における冬季の宿泊客の増加が顕著である．彼らは，スキーリゾートに滞在し，スキーを中心とした冬季スポーツを楽しんでいる．また，オーストリアのリゾートにとっても，ドイツ人観光客の数が減少傾向にあるなか，新しい顧客として東ヨーロッパからのスキー客に注目し，宣伝活動などに力を入れている．東ヨーロッパ人の場合，オーストリアの数あるスキーリゾートのなかでも比較的安価なリゾートに滞在が集中している．また利用宿泊施設をみると，安価な宿泊施設の利用が卓越し，自炊する場合も多いといった特徴がみられる．

　ヨーロッパは，国際観光到着数からみると世界最大の目的地であり，さまざまな観光目的地が最も集積している．これは，経済成長やヴァカンスの普及が世界で最も早く，その結果，人々の観光行動が活発であることによるものであろう．それゆえ，世界各地に先がけて，沿岸地域や山岳地域において観光地の発展やその空間的拡大が進んできた．しかし，近年，人々の観光行動の多様化によって，農村空間や都市の中心市街地が新たな観光目的地として注目されている．こうした傾向のもと，伝統的なヴァカンス目的地も大きく変化しつつあり，海岸リゾートでは，夏季観光が中心であるため，他の観光目的地と競合状態にあり，イギリスの海岸リゾートでは衰退もみられるようになった．一方，冬季リゾートの場合，大きな競合がなく，さらにはアルプス東部では東ヨーロッパからのスキー客を吸収し発展傾向が続いている．ただし，スキー観光に関しては，近年の気温上昇傾向のもと積雪の不安定が続いており，標高の低いスキー場は今後の経営が問題視されている．

　EU統合は東西ヨーロッパによる観光流動を自由にしたものの，西から東への流動は限定的である．これは，東ヨーロッパの多くが内陸国であり海岸が少なく沿岸リゾートが少ないこと，さらには山地の規模が小さく大規模なスキーリゾートの成立がみられないことによる．東ヨーロッパでは，世界遺産（コラム5.2参照）などの点的な観光資源が，西ヨーロッパから観光客を吸引しているが，大規模化するにはいたっていない．今後，EU統合の深化が進むと，いかなる観光流動が生ずるのかが注目される．

[呉羽正昭]

引用・参考文献

呉羽正昭（2001）：東チロルにおける観光業と農業の共生システム．地学雑誌，110：631-649.

呉羽正昭（2007）：観光地域の発達と観光行動の変化．加賀美雅弘・木村　汎編：東ヨーロッパ・ロシア，pp.62-73. 朝倉書店.

呉羽正昭（2008）：スポーツと観光（1）―ヨーロッパアルプスのスキー観光．菊地俊夫編：観光を学ぶ―楽しむことからはじまる観光学，pp.75-85. 二宮書店.

呉羽正昭・伊藤貴啓（2010）：ルーマニアにおける農村ツーリズム．農業と経済，76（9）：131-137.

淡野明彦（2004）：アーバンツーリズム―都市観光論．古今書院.

中崎　茂（2001）リゾート地域の変遷とその要因に関する考察―イギリスのマス・ツーリズムの誕生とその変容を中心に．流通経済大学論集 35（3），1-21.

望月真一（1990）：フランスのリゾートづくり―哲学と手法，鹿島出版会.

横山秀司（2010）：ジオツーリズムとは何か―ドイツにおけるその展開．総合観光学会編：観光まちづくりと地域資源活用，pp.115-129. 同文舘.

Bätzing, W. (2003) *Die Alpen : Geschichte und Zukunft einer europäischen Kulturlandschaft* (zweite Auflage). C.H. Beck.

Kureha, M. (2004)：Changes in outbound tourism from the Visegrád Countries to Austria. *Geographical Review of Japan*, **77**, 262-275.

Valenzuela, M. (1991)：Spain : the phenomenon of mass tourism. In Wiiliams, A. and Shaw, G. ed.：*Tourism and Economic Development, Western European Experiences* 2nd ed. pp. 40-60, Belhaven.

コラム 5.1

ヴァカンスの誕生

ヴァカンス（vacances）とは，もともと空白という意味のフランス語であるが，現代では有給休暇や長期休暇をさす．ヨーロッパにおけるヴァカンスは，元来，貴族や富裕層のものであった．しかし1930年代になると，労働者階級にヴァカンスが普及する契機が出現した．

フランスでは，1936年に初めての左翼政権が誕生した．フランスの労働者は，当時，社会変革と労働者の権利の拡大を要求して労働運動をおこし，経済活動が麻痺した．これに対して，労働者に多くの権利を与える政策として，1年間に2週間の有給休暇を付与する法律（有給休暇法，ヴァカンス法）が制定された．同時に所得の少ない労働者階級のヴァカンスを推進するため，鉄道の割引切符や安価な宿泊施設の整備がなされた．ただし，富裕層の聖地であった高級リゾートでは，新規顧客である労働者層と富裕層との間に衝突が生じたことは想像に難くない．その後は第二次世界大戦が開始され，ヴァカンスは縮小する．第二次世界大戦後，有給休暇法の改善による後押しもあって，ヴァカンスは徐々に普及していく．1956年には3週間に延長され，1969年には4週間に，さらに1982年には5週間へと延長された．

次に，ドイツ人のヴァカンスの特徴を検討しよう．ドイツは国際観光支出額が世界で最も多く，その額は912億米ドルに達する（2008年，UNWTO）．同年，14歳以上のドイツ人の76%にあたる約4940万人がヴァカンス旅行（連続する5日以上の期間の旅行）に出かけている．さらに同年内に2回目，さらにはそれ以降のヴァカンス旅行出発者もおり，その旅行数は約1460万人に達する．合計して約6400万回のヴァカンス旅行がなされた．この数値の推移に注目すると（図5.5），1970年代から1980年代にかけてゆっくりとしたペースで増加を続けていた．しかし，1990年前後にヴァカンス旅行は急激に増加した．この原因としては，ドイツ統一があげられ，それまで算入されていなかった旧東ドイツ住民によるヴァカンス旅行がカウントされるようになったためである．さらに，第2回目以降のヴァカンス旅行が増えており，ヴァカンスを2回や3回に分けて取得するように変化した傾向がうかがえる．

ドイツ人によるヴァカンス旅行の行き先変化も著しい．1970年代初頭には国内でのヴァカンス旅行が半数近くを占めていたが，近年では3割に減少している．代わりに，国外でのヴァカンスの割合が増えている．1970年代の主要な行き先はオーストリアとイタリアであったが，1980年代にスペインへのヴァカンス旅行が急増した．しかし21世紀になると，この3か国へのヴァカンスの割合は減少傾向を示し，代わってトルコの割合が増加している．ヴァカンスに出かけると，基本的には1か所に滞在し，その間にはのんびり読書をしたり，散歩をしたりしてリラックスする形態をとる．

[呉羽正昭]

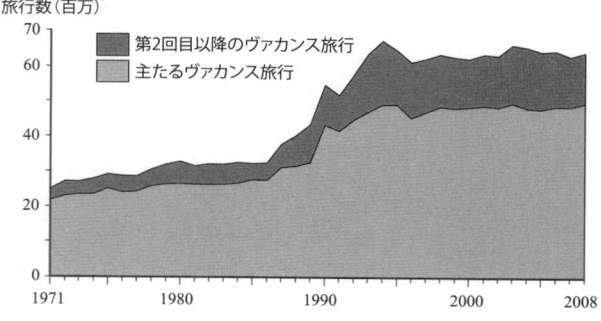

図5.5 ドイツにおけるヴァカンス旅行の推移 1971-2008年．ヴァカンス旅行とは連続する5日以上の期間の旅行をさす．
Forschungsgemeinschaft Urlaub und Reisen e. V. による．

参考文献

飯田芳也（2008）：フランスバカンス制度についての一考察—日本での長期休暇普及のために何を学ぶか．城西国際大学紀要，**16**（6）：15-32．

安島博幸（2009）：観光史—外国編．溝尾良隆編：観光学の基礎，pp.81-139，原書房．

コラム 5.2

国際観光客でにぎわう世界遺産

　世界遺産とは，人類共通の普遍的価値をもつ自然および文化遺産を保護するために設けられたものである．1972 年に開催された第 17 回ユネスコ総会で，「世界の文化遺産および自然遺産の保護に関する条約（世界遺産条約）」が成立した．世界遺産となるためには，まず登録を求める地域の担当政府機関が候補地推薦・暫定リストを申請し，ユネスコ世界遺産センターや関連機関がその妥当性を審査して認定される必要がある．2009 年 7 月現在，世界遺産リスト登録件数は 890 件あり，そのうち文化遺産 689 件，自然遺産 176 件，複合遺産 25 件となっている．ヨーロッパに関しては 404 件あり（ただしロシアのシベリア地方を含む），全世界の半分近くを占める．これは近代文明を生み出してきたヨーロッパの歴史性，さらには多くの歴史遺産の存在によるものであろう．その内訳も，文化 361 件，自然 36 件，複合 7 件で，文化遺産が約 9 割に達する．

　ヨーロッパにおける世界遺産の分布はその偏在傾向に特徴がある．とくに，イタリア，スペイン，フランス，ドイツといった西ヨーロッパ主要国に多い（図 5.6）．これは，遺産登録が国ごとになされる申請に基づいて審査されるという選考プロセスに起因する．そこには，もちろん政治的な戦略も重要な役割を演じる．そのため，2004 年以降の EU 加盟国では，世界遺産の大半が東欧革命以降に登録されている．

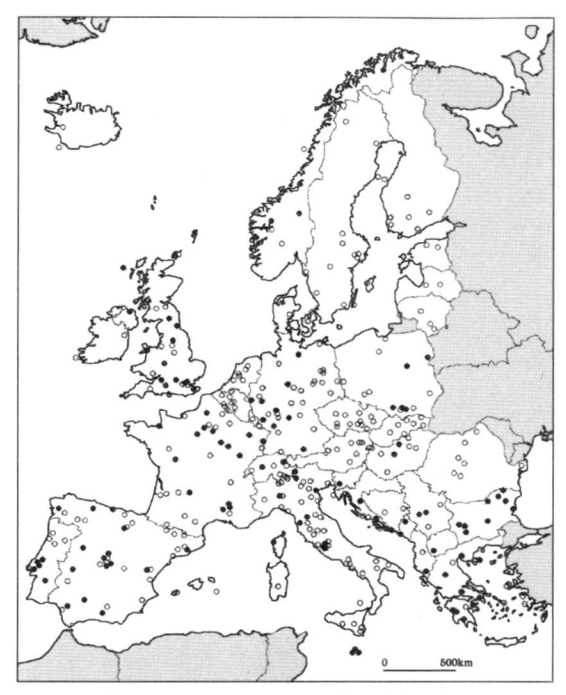

図 5.6　ヨーロッパにおける世界遺産の分布
2008 年．●は 1990 年以前，○はそれ以降に指定されたもの．データはユネスコ世界遺産センターウェブサイトによる．加賀美雅弘（2008）：観光で読むヨーロッパの地域構造．新地理，56（2）：30.

　ユネスコの世界遺産の知名度は非常に高く，遺産として登録されると観光客数は劇的に増加する．とくに，鉄のカーテンによって情報が限られていた東ヨーロッパ諸国においてその傾向が強い．1989 年以降，西ヨーロッパをはじめ世界各地から東ヨーロッパを訪れるようになるが，その大半は首都に集中した．世界遺産登録地の存在は，観光客を分散させる効果も有する．チェコ南部のチェスキー・クルムロフは，中世以降シュヴァルツェンベルク伯の居城があり，歴史的な市街地が発展してきたが，社会主義時代には荒廃した．東欧革命後，1992 年に世界文化遺産に登録されると同時に，街並みやインフラの整備が進み，観光地としての名声を獲得した．2007 年には訪問者数が 120 万人に達し，その内 3 分の 1 は団体客である．

　観光とは別の側面での世界遺産の問題点としてあげられるのは，景観改変などがかなり制限されることである．たとえば，ドイツの「ドレスデン・エルベ渓谷」は 2004 年に世界文化遺産に登録されたものの，その後エルベ川の架橋計画が実行に移されることになり，世界遺産から登録抹消された．　[呉羽正昭]

参考文献
チェスキー・クルムロフのウェブサイト http://www.ckrumlov.info/docs/en/ad2008022101.xml （最終閲覧日 2010 年 7 月）

6 移民と社会問題

フランスに関する日本の報道を見ていると，近年，移民に関連した情報が非常に多いことに気づく．以前には，フランスは建造物や料理，あるいはファッションなど，文化的な側面ばかりが強調される傾向のある国だったが，現在では「移民大国」ということも大きな特徴の一つとして認知されているようである．

移民の定義は一様ではないが，外国籍の人々がどのくらい居住しているかを統計的に比較してみると，フランスの外国籍市民の割合は 5.8% と，EU 諸国の平均 6.2% より少ない（表 6.1, p.66）．では，フランスでは，なぜ移民に注目が集まるのだろうか．本章では，主にフランスにおける移民の現状を通じて，EU 諸国が向き合っている多文化共生の問題について考えてゆく．

6.1 ヨーロッパにおける移民

6.1.1 労働者の移動の歴史

人が生まれた環境を離れ，移動して生活するということ自体は，古くから存在する現象である．しかし，ヨーロッパ諸国における人口移動と社会へのインパクトの関連については，産業革命以降の時代を考える必要がある．農村から工業が発達しつつあった都市へと，労働者がそれまでにない規模で移動するようになった．たとえばパリの人口は，19 世紀の前半に約 2 倍となったことが知られている（喜安ほか，1993）．これを受け，都市では住宅不足や公衆衛生が人びとの関心を集めるようになった．異なる背景をもった人びとが急速に増えるなか，いかに摩擦に対処して社会を再構成するかという課題は，この時代にすでに存在したのである．

19 世紀後半には，労働力移動は国内にとどまらず，工業化の度合いが低い国から高い国へという国際化の傾向を示すようになった．そのため，ヨーロッパ諸国では，誰が国民であり，誰が外国人であるかについて，パスポートなどの書類による管理を始めた（藤川，2008）．それは，福祉などの権利を得，兵役などの義務を負う人間を選別するためのシステムであり，「外国人」であるということの意味が確定しはじめたということである．第二次世界大戦ごろまでは，それはおもにイタリアやポーランドからドイツ・フランスへというヨーロッパ内部での移動であったが，それでも「外国人労働者」たちは，言葉の違いなどの困難を抱え，多かれ少なかれ差別の対象となってきた．

労働者の移動は，第二次世界大戦後にはさらに活発になった．ヨーロッパの工業各国は，労働者の送り出し国各国と二国間協定を結ぶなどして，ヨーロッパの外からの労働者も受け入れるようになった．また，イギリスへはカリブ海諸島やインド・パキスタンから，フランスへはアルジェリアからと，言葉の障壁が比較的低い旧植民地からの労働者の移動も増えてきた．しかし，住宅不足によるバラック街の形成や労働者による権利要求の拡大などは，しだいに受け入れ社会に負担と感じられるようになってきた（宮島ほか，1994）．それまで競い合うように労働者を受け入れていたヨーロッパ諸国は，オイルショック前後から，急速にその流入を抑える手立てを講じるようになった．フランスでも，1974 年に単純労働者の受け入れ停止措置がとられた．

とはいえ，労働者の需要がなくなったわけではなく，移動がなくなることはなかった．また，出稼ぎのつもりでいた労働者たちは，一度帰国すれば再入国できなくなるため，逆にヨーロッパに家族を呼び寄せるようになった．ヨーロッパでは，欧州人権条約などにより，家族の再統合を妨げることはできないと考えられてきたことから，その移動は基本的に認められてきた．こうして彼らは，ヨーロッパでの定住への道を歩み始めた．現在で

は，その子どもたちが，さらに子どもを育てる時代に入っている．

ヨーロッパ諸国の政府は，外国籍の人びとの流入を制限するためにさまざまな手段を講じてきた．すでにヨーロッパにいる人びとについては，帰国が奨励され，それを選択したときには保障金が支払われる制度が設けられたこともある．しかし，実態的には，移動する人びとが減ることはなかった．また現在にいたるまで，ヨーロッパの厳しい労働現場を支えているのは，外国籍の労働者でもある．ヨーロッパ諸国は，今までとは異なる多様な背景をもった人びととつくる新しい社会のかたちの模索を迫られている．

6.1.2 どのような人々が移民なのか

では，この長い労働者移動の歴史において，「移民」とは誰をさしているのだろうか．移民 migrant という言葉は，まずは移動する人を意味する．では「移動」とは何だろうか．人間生活一般で，移動がないということは逆に考えにくい．ここには「あるコミュニティがもつ領域を越える」という意味が含まれているといえる．そのコミュニティをどのように設定するかが，移民であるか，そうでないかの認識に影響する．現代社会では，国民国家がそれを判断するコミュニティとみなされ，国籍と国境線が管理の対象となっている．

国籍とは何だろうか．そのとらえ方は国によって異なっている．基盤となる考え方には，血統主義と出生地主義の2つがあり，どの国も2つの考えの双方を取り入れた国籍法をもっている．しかし，どちらに重きを置くのかによって国民意識は大きく異なってくる．ヨーロッパにおいてよく知られているのは，ドイツとフランスの違いである．

ドイツは，血統主義をより重視しているため，ドイツ人の子どもはドイツ人，外国人の子どもは基本的に外国人である（ただし，ドイツも1999年の国籍法改革で出生地主義を大きく取り入れた（宮島，2010））．それに対し，フランスでは出生地主義をもとに，フランスで生まれた子どもは拒否しなければフランス国籍を得る．この制度により，祖父母のどちらかが移民である人びとはフランス人の4分の1になるという（野村，2008）．それは，

写真 6.1 フランスの身分証明をもつ人がサン・パピエの正規化を支持することを示す活動（フランス，2008年）

フランスが移民国家とされる所以といえる．

しかし現在，ヨーロッパの移民について問題となっているのは，出生地主義に重きをおく国においても，国籍上はヨーロッパ人である人びとが「移民」として扱われがちだということである．肌の色などの身体的な差異や，宗教などの文化的な相違が影響して，国籍上はヨーロッパ人であっても，どこまでもヨーロッパ・コミュニティ内部の人間とは見なされない人びとが出てきたのである．それは「移民」として扱われた人たちの社会に対する不満につながり，時には衝突が生じている．現代ヨーロッパの「移民問題」には，ヨーロッパ社会内部の差別と格差の問題も含まれている．

フランスの移民に関してもう少し見ていくなら，すでに述べた労働を目的とする移民，家族の統合のための移民のほか，学生などの芸術・研究を目的とする移民，そして難民がいる（野村，2008・2009）．毎年の受け入れ数が最大なのは家族移民であるが，難民の受け入れも労働移民を上まわっている．難民は，紛争や内戦，あるいは出身国の政治情勢の悪化によって避難を余儀なくされた人びとであるが，難民認定後には他の移民と同様に捉えられ，差別の対象となることも多い．

また近年のヨーロッパは難民の受け入れに消極的であり，庇護申請をしても難民認定を受けられないことも多い．フランスでは，1990年代の後半から，移民・難民認定の厳格化にともない，滞在許可証をもつことができなくなった「サン・パピエ（書類をもたない人びとの意）」が，滞在の正規化を求める運動を行っている（稲葉，2001・野

表 6.1　EU27 加盟国における外国籍市民の人口（2008 年）

	全外国籍市民		他の EU 加盟国市民		EU 外の外国籍市民		外国籍市民の国籍		
	人数（千人）	人口に占める割合 (%)	人数（千人）	人口に占める割合 (%)	人数（千人）	人口に占める割合 (%)	1 位	2 位	3 位
EU 全体	30,779	6.2	11,302	2.3	19,476	3.9	トルコ	モロッコ	ルーマニア
アイルランド	554	12.6	392	8.9	162	3.7			
イギリス	4,021	6.6	1,615	2.6	2,406	3.9	ポーランド	アイルランド	インド
イタリア	3,433	5.8	934	1.6	2,498	4.2	ルーマニア	アルバニア	モロッコ
エストニア	229	17.1	8	0.6	221	16.5			
オーストリア	835	10.0	290	3.5	545	6.6	セルビア・モンテネグロ	ドイツ	トルコ
オランダ	688	4.2	263	1.6	425	2.6	トルコ	モロッコ	ドイツ
キプロス	125	15.9	81	10.3	44	5.6			
ギリシャ	906	8.1	158	1.4	748	6.7	アルバニア	ウクライナ	グルジア
スウェーデン	524	5.7	241	2.6	284	3.1	フィンランド	イラク	デンマーク
スペイン	5,262	11.6	2,113	4.7	3,149	7.0	ルーマニア	モロッコ	エクアドル
スロヴァキア	41	0.8	26	0.5	15	0.3	チェコ	ポーランド	ウクライナ
スロヴェニア	69	3.4	4	0.2	65	3.2	ボスニア・ヘルツェゴヴィナ	セルビア	旧マケドニア
チェコ	348	3.3	132	1.3	216	2.1	ウクライナ	スロヴァキア	ヴェトナム
デンマーク	298	5.5	93	1.7	205	3.7	トルコ	イラク	ドイツ
ドイツ	7,255	8.8	2,516	3.1	4,740	5.8	トルコ	イタリア	ポーランド
ハンガリー	177	1.8	101	1.0	76	0.8	ルーマニア	ウクライナ	ドイツ
フィンランド	133	2.5	47	0.9	86	1.6	ロシア	エストニア	スウェーデン
フランス	3,674	5.8	1,283	2.0	2,391	3.8	ポルトガル	アルジェリア	モロッコ
ブルガリア	24	0.3	4	0.0	21	0.3	ロシア	ウクライナ	ギリシャ
ベルギー	971	9.1	659	6.2	312	2.9	イタリア	フランス	オランダ
ポーランド	58	0.2	25	0.1	33	0.1	ドイツ	ウクライナ	ロシア
ポルトガル	446	4.2	116	1.1	331	3.1	ブラジル	カーボヴェルデ	ウクライナ
マルタ	15	3.8	8	2.0	7	1.8	イギリス	インド	セルビア
ラトヴィア	415	18.3	8	0.3	408	17.9	外国籍も市民認定もない者	ロシア	リトアニア
リトアニア	43	1.3	3	0.1	40	1.2	ロシア	ベラルーシ	無国籍
ルーマニア	26	0.1	6	0.0	20	0.1	モルドヴァ	トルコ	中国
ルクセンブルク	206	42.6	177	36.6	29	6.0	ポルトガル	フランス	イタリア

EUROSTAT newsrelease 184/2009 – 16 December 2009, Population of foreign citizens in the EU27 in 2008：Foreign citizens made up 6% of the EU27 population. による.

村，2009)．「移民」としてまとめて語られる人びととの状況は，一様ではない．

6.2　移民集団とヨーロッパ社会

6.2.1　移民集団と分布

現在のヨーロッパの移民は，おもにどこからどこへ移動したのだろうか．表 6.1 の統計でみると，ヨーロッパで最大の外国籍グループはトルコ人である．その約 75% が，ドイツ一国に住んでいる．次に多いのはモロッコ人であり，主にスペイン，フランス，イタリアといった，地理的にも近く，歴史的にも関係の深い国で生活している．第三のグループのルーマニア移民は，多くがスペインとイタリアに居住している．

移民は，受け入れ国のなかではどのような場所で生活しているのだろうか．彼らがどこに集中しているのかによって，その国の社会経済情勢が見えてくる．フランスを例にとると，彼らは農村部ではなく，主に大都市周辺で生活している．統計上の移民約 430 万人のうち（フランスでは，統計上，外国で生まれた外国人と，外国で生まれてフランス国籍を取得した人びとを「移民」としており，本人が国境を越えていることを基準としている），パリ大都市圏であるイル・ド・フランスには約 161 万人が住んでおり，地域人口の 14.7% を占めている．また，移民以外の人びとの 43.5% が人口 10 万人以上の市町村に居住しているのに対し，移民では 66.0% が住んでいる（INSEE

表 6.2 EUにおける年間千件以上の難民認定国（2008年）

	決定件数			難民認定件数				難民認定者の出身地		
	総数	当初手続	再審請求	総数	認定率(%)	当初手続	再審請求	1位	2位	3位
EU全体	281,120	209,230	71,890	76,320	27.1	59,305	17,015	イラク	ソマリア	ロシア
アイルランド	7,250	4,790	2,460	1,760	24.3	1,465	295	ナイジェリア	イラク	コンゴ
イギリス	33,525	23,665	9,865	10,190	30.4	7,080	3,115	ジンバブエ	エリトリア	アフガニスタン
イタリア	20,260	20,225	30	9,740	48.1	9,740	0	ソマリア	エリトリア	アフガニスタン
オーストリア	13,705	5,905	7,795	5,675	41.4	3,640	2,035	ロシア	アフガニスタン	セルビア
オランダ	11,725	10,925	800	6,090	51.9	5,675	415	イラク	ソマリア	アフガニスタン
スウェーデン	31,220	29,545	1,680	8,670	27.8	7,845	825	イラク	ソマリア	エリトリア
ドイツ	30,405	19,330	11,070	10,650	35.0	7,870	2,775	イラク	イラン	アフガニスタン
フランス	56,115	31,765	24,350	11,470	20.4	5,150	6,320	スリランカ	ロシア	マリ
ベルギー	18,860	1,362	5,240	3,905	20.7	3,505	395	イラク	ロシア	セルビア
ポーランド	4,425	4,245	185	2,800	63.3	2,770	30	ロシア	イラク	ベラルーシ
マルタ	2,915	2,685	230	1,410	48.4	1,410	0	ソマリア	エリトリア	スーダン

5件を単位に数字を丸めている．EUの総計は，27カ国のうちデータのあるものを足した数である．
EUROSTAT newsrelease 175/2009 – 8 December 2009, Asylum decisions in the EU27: EU Member States granted protection to 76 300 asylum seekers in 2008 による．

表 6.3 フランスにおける移民の出身国（1999年）

	人数（人）	割合（%）
ヨーロッパ	1,934,144	44.9
スペイン	316,232	7.3
イタリア	378,649	8.8
ポルトガル	571,874	13.3
ポーランド	98,571	2.3
その他	568,818	13.2
アフリカ	1,691,562	39.3
アルジェリア	574,208	13.3
モロッコ	522,504	12.1
チュニジア	201,561	4.7
その他	393,289	9.1
アジア	549,994	12.8
トルコ	174,160	4.0
カンボジア・ラオス・ヴェトナム	159,750	3.7
その他	216,084	5.0
アメリカ，オセアニア	130,394	3.0
計	4,306,094	100.0

フランスの統計上の移民とは，外国で生まれた外国籍の者と外国で生まれてフランス国籍を取得した者の合計である．
資料は宮島 喬編（2009）移民の社会的統合と排除―問われるフランス的平等．東京大学出版会 巻末資料による．

2005）．そこには，フランスでは都市の産業で移民の労働力を必要としていることが現れている．

移民を出身地別にみると，1999年の国勢調査の時点で，フランスで最も多い移民集団はヨーロッパ国籍である（表6.3）．2008年の外国籍市民数（表6.1）でみても，最大のグループはポルトガルであり，EU諸国からの移民が現在にいたるまで大きな割合を占めていることをみてとることができる．ヨーロッパからの移民は，学歴が低水準にとどまっている場合でも，失業率が低い（宮島，2006）．住居の形態でも，大都市圏では半数以上が自己所有の住居に住んでおり，一戸建てを選択している人々も多い（荒又，2009a）．その意味で，フランス社会においてヨーロッパ移民が問題化されることは少ない．

フランスの移民のなかで，つぎに大きな割合を占めているのは，アフリカからの移民である．とくに，アルジェリア，モロッコ，チュニジアの「マグレブ」と称される北アフリカ地域からの移民は，総数も多く，フランスに居住してから長い期間が経過していることから，フランスの移民の特徴的なグループと見なされている．ヨーロッパ系の移民とは比較にならないほど，住宅，学業，就職に関して困難を抱えている割合が高い．

なお，アジア系の移民は，総数が相対的に少ないこともさることながら，学業で成功する割合が高く（石崎・東松，1999），フランスではあまり問題化されない傾向がある．長時間労働や衛生状態などがマスメディアなどで批判されることがあるものの，比較的差別も少ない．住宅に関しても，大都市圏におけるヨーロッパ系移民の住宅所有率

が57.6%, マグレブ系移民が24.4%なのに対し, カンボジア, ラオス, ヴェトナムからの移民は41.3%であり, 経済的な困難の度合いも小さい.

6.2.2 フランス社会におけるイスラーム

フランス社会において, 他の移民集団と比して, アフリカからの移民が困難を抱えている背景には何があるのだろうか. そこには, 彼らの多くがイスラーム教徒 (以下, ムスリム) であること, そしてフランス社会のイスラームに対する偏見が少なからず関与している.

ヨーロッパの外からの移民受け入れが進む現在, ヨーロッパには多くのムスリムが生活している. フランスのムスリム人口は約500万と推計されており (フランスは公式の統計で民族出自や宗教を調べることができないため, 正確な数は不明), カトリックに次ぐ第二の宗教はイスラームである. しかしフランスには, ライシテ (非宗教性) をはじめとする国家原則とイスラームが対立すると考える人びとが多く存在している.

フランスは, フランス革命以降19世紀を通じ, カトリック教会などの宗教組織を国家がいかに管理するかに力を注いできた. それは, 教会と国家の共存共栄をはかる体制でもあった. しかししだいに, 宗教組織の影響力の大きさは, 共和国市民としての国民の統一に困難をもたらすと考えられるようになった (谷川, 1997・工藤, 2007). そのため, まず公教育から宗教が排除され, 1905年には国家と宗教組織を分離させる政教分離法が成立した. そこには, 国家が宗教を公認したり, 資金を提供したりしないことだけではなく, 公共の場での宗教的な標識や行動を国家が制限することも含まれている (石原, 1966・小泉, 1998). ライシテは, この法律に基づき, 現在では憲法にも記載された非宗教性の原則である.

フランスにおいて, イスラームがライシテとの関連において問題とみられるようになったのは, 1989年のいわゆる「スカーフ事件」による. パリ郊外の中学校において, 頭につけたスカーフをはずすことを拒んだ3人の女子生徒が, 校長に登校を禁じられたのである. その後, 彼女たちがなぜスカーフをつけているのかによって個別に判断

すべきという国民教育省の通達により, 事態はいったん収束したものの (荒又, 1996), スカーフをめぐる衝突はあとを絶たなかった. そのため, 2004年には「ライシテの原則の適用により, 公立の学校, 中学校, 高校で宗教的な帰属を示す印や衣類の着用を統制する法」が成立し, 公教育の場でスカーフを身につけることは禁止されてしまった.

スカーフが大きな問題となったのは, それがイスラームという宗教への帰属を強く示す印だと考えられたからである. 確かに, スカーフを身につけた女子生徒たちはムスリムであった. フランス社会では, 彼女たちのスカーフは, ①夫や父親が他の男性からの視線を避けるために強要するイスラームの父権主義, あるいは, ②イスラーム過激主義にめざめた女性たちの政治行動であるととらえられ, 人権侵害あるいは危険な兆候とみられていた.

他方, 実際にムスリムの女性がスカーフを身につける意味は, 多様である (内藤編, 2007・工藤, 2007). 確かに男性の命令によって意志に反してかぶらされている場合もあるが, 若い世代では, イスラーム過激主義ではなくとも, 自ら選択してスカーフをかぶるようになる例がある. たとえば, フランス社会においてムスリムとしてみられるなかで, 自らのアイデンティティを確立するために行っていることもあれば, スカーフによって性的な嫌がらせをかわすことができると考えている場合もある. また, イスラームの教義に基づき, 髪を外に出すことは恥部をさらすことと同義だと考えている場合もある. スカーフをどのようにとらえるのかは, 個人の信仰の自由の問題である.

しかし, フランス社会では, ムスリム女性のスカーフをそのような多義性のなかで受け入れるのではなく, 禁じる方向に動いている. 2010年9月には, ブルカ (体の線や顔がみえないよう全身を覆うムスリム女性の服装) を問題視し, 公共の場所で顔を覆う服装をすることを禁じる法律が成立した. 9.11以降, イスラームに対する警戒心が強まるなかで, 他のヨーロッパ諸国でもムスリム女性の服装が問題化されることが増えており, ド

イツでも公立学校教員のスカーフ着用を禁じる措置がとられ始めた．

6.2.3 理念と現実の交錯のなかで

ムスリム女性の服装に対するヨーロッパ社会の規制強化の動きは，イスラーム一般への態度硬化を象徴している．フランスの公立学校の議論では，ユダヤ人の男性がかぶるキッパーやキリスト教徒の十字架についても禁止するということが話題にはなったが，対象化されているのがムスリムであることは誰もが承知していた．そこには，19世紀からさまざまな媒体を通じてつくられてきたイスラームへの偏見が強く関与している．

ヨーロッパには，イスラームとは不寛容で，暴力的で，後進的な宗教であるというイメージが根強く存在している．それは，対等な対話や比較の観点から導き出されたというよりは，ヨーロッパが重要視し，育ててきた価値観と対峙するものをイスラームに当てはめたという意味合いが強い．19世紀には，実際にイスラーム世界を訪れて現地の人々と交流した人にもその傾向はあったが，とりわけヨーロッパのなかに伝わってくる情報のみで判断していた人の思い込みは強かった（竹沢，2001）．現在でも，イスラーム移民と直接対話している人に比べ，マスメディアの情報のみで考えている人のほうに偏見は強い．

さらに，そのイスラーム世界がヨーロッパの植民地支配を受けていたことは，その地域からの移民たちが後進的であり，啓蒙する必要があるという思い込みを強める結果となっている．学校のような教師—生徒という圧倒的な力関係のなかで，生徒のスカーフをとがめ，追放するという態度には，被植民地への視線との連続性を感じざるをえない．マグレブ系の移民が，滞在の長期化にもかかわらず，社会のなかで困難な状況であり続けていることも同様の視線の結果と考えられる．また，そのような視線は，移民たちにヨーロッパのなかで周辺的であることを感じさせ，対抗的な文化的アイデンティティへの帰属意識をより強めさせることにもつながっている．

フランスは，そのような文化的共同体が国内に生まれつつあることに強い危機感をもっている．

写真 6.2 北アフリカの衣装を売るパリ 18 区の店（フランス，2008 年）

イギリスやオランダのような多文化主義の国では，マイノリティ集団の存在を積極的に認め，同等の権利を与えるかどうかが問題となるが，フランスは宗教や民族を基にする集団ごとに権利を与えるという考え方はとっていない．フランスでは，共和国理念を受け入れる個人に権利が与えられるのである（中野，2009）．フランスがスカーフに過敏に反応するのは，ある集団への帰属を鮮明にするコミュノタリスム（共同体主義）が共和国を脅かすと考えるからでもある．

しかし，人口の 7～8％ をも占めるムスリムの存在は，現実的なレベルでフランス社会を変えつつある．たとえば，パリの朝市をのぞくと，そこにはヨーロッパで長く使われてきた生鮮食品のみならず，移民たちによる多様な料理のテイクアウトもあれば，ムスリム女性のためのスカーフを並べる店もある．パリ郊外のスーパーマーケットでは，イスラームの教義にのっとって処理された肉（ハラール）のみを扱い，飲酒を禁じられたムスリムのためにアルコール類を置かないことを決め，物議をかもした．2009 年末には，全国 362 の店舗網をもつハンバーガーチェーンが，8 つの店舗において，豚肉のベーコンの代わりにスモーク・ターキーを用い，ハラールの牛肉のみを使う実験を始めた（2010 年 2 月 18 日ル・モンド紙）．また行政も，たとえばパリ市ではイスラーム文化

写真 6.3　アラビア語の表示が併記された食肉店（フランス，2008 年）

写真 6.4　ラマダーン（イスラームにおいて日中に断食が行われる月）に合わせてイスラーム文化協会が行ったイベントの会場（フランス，2009 年）

協会を設立し，さまざまなイベントによってフランス社会の偏見を取り除こうとしている．集団としてのムスリムは，政策的に認められることはないものの，実態的には否定できない存在となっている．

6.3　都市のなかの移民

6.3.1　移民街の景観

フランスが移民社会であることを感じる場面は，街を歩いていても数多くある．最初に目につくのは，道行く人びととの多様性である．パリでは，周辺のヨーロッパの大都市と比較しても，肌の色，体格などはもちろん，服装，行動をともにする人びとの構成などから，背後にあるライフスタイルがさまざまであることを感じ取ることができる．他方で，建造物の改築や利用方法などに関して厳しい規制があるフランスでは，建物の外観からどのような人びとが生活しているかを知ることは難しい．移民の存在は，都市のなかではおもに飲食店や物販店の種類や形態に現れてくる．

パリでみると，いくつか「移民街」といえる地区が存在する．移民は知人など何かしらの伝をたどってフランスに入っており，またその後の生活を支える組織の周辺に住み始めることから，ある地域の出身者がしばしば一つの地区に集中する．日本人についても，オペラ座付近にラーメン店などの飲食店や日本への宅配サービス，引越し業者，食料品店や書店，銀行などが集まった地区がある．日本人は必ずしもオペラ座周辺に居住しているわけではないが，そのような地区の利便性を想像すれば，移民街が多く形成されることは理解しやすいだろう．

ヨーロッパ系の移民街は少ないが，5 区にギリシャ料理店が集まった地区がある．ユダヤ系の人びとについては，4 区のマレ地区，11 区のベルヴィル，19 区のビュット・ショーモン公園周辺にダヴィデの星をつけた店舗が多くみられる．また，コシャー（フランス語ではカシェール）と呼ばれる宗教上の教義にのっとった食品であるという証明書が掲示されている店も多い．「中華街」という言葉ですぐに想起されるのは，13 区である．レストランはもちろん，食器やチャイナ・ドレスなどを扱う店が集まっており，近年では中国茶を楽しむカフェなどもつくられた．旧正月には爆竹が鳴らされ，ドラゴンダンスのパレードも繰り広げられる．

アフリカからの移民については，18 区のグット・ドール地区が知られている．南部にマグレブ移民，北部にサハラ以南のアフリカからの移民（以降，「アフリカ系」としたときにはサハラ以南のアフリカからの移民をさす）の生活の場がみられ，それぞれの地域で使われる食材や民族衣装などを扱う店舗が並んでいる．ムスリムが多いため，レストランにはハラールであると記されていることも多い．南部のモスクでは，金曜日には礼拝に来た信者を収容しきれず，道路いっぱいにビニールシートを敷いて祈る人びとの姿が見られる．また，

写真 6.5 ダヴィデの星とコシャーの証明書があるパリ20区の食肉店（フランス，2009年）

写真 6.6 中国の旧正月が地区全体のイベントとなるパリ13区（佐藤早津希撮影，フランス，2010年）

帰郷や巡礼の手配をする旅行社，国際電話のサービス，フランス語の識字教育や行政手続の代行をする団体も看板を掲げている．

グット・ドール地区から大通りをはさんで南側には，近年，タミル系のコミュニティが広がっており，書店や衣装店のほか，カレー料理などを提供するレストランが連なっている．すでに述べたように，フランスの政治文化のなかでは，このようにコミュニティが強調される地区があることは好まれず，多様な人びとが混ざり合って暮らしている状態（ミクシテ，mixité）が望まれているが，このような地区が移民たちの日常生活を支えてもいることは間違いない．

6.3.2 移民と郊外

フランスにおいては，このような移民街よりむしろ，大都市郊外が移民の居住地として話題になることが多い．19世紀以降，英米圏では，都市の衛生状態や治安の悪化などを背景に，中産階級が郊外を居住地にしていったのに対し，フランスでは郊外に労働者を住まわせるように都市計画が立てられた．1950年代末には，都市の中心部がスラムにならないよう再開発され，郊外には労働者を受け入れるための巨大団地が建設された．

当初，労働者の快適な生活を保障するために建設された団地は，都市へのアクセスがよくないところも多く，人びとは収入が安定するにつれて利便性が高いところへ移動し始めた．そして団地には，低収入の職のままであったり，失業したりした移民の家族が多く残されるようになった．この傾向は，そこから出たいと考える人びとの流れを加速させ，結果として団地には少しずつ閉塞感が蔓延し始めた．

1980年代になると，低所得層が集中した郊外は荒廃が進み，移民第二世代の若者による非行が問題となり始めた．それを団地が巨大すぎるためだとして解体したり，郊外を活性化するための新たなプロジェクトが開始されたりしているが，現在まで抜本的な解決にはいたっていない．住居の形態ではなく，団地に住む人々の社会的な困難こそが問題であるからである．そのため，非行を一方的に取り締まろうとする警察と移民第二世代，第三世代との衝突は絶えない．2005年秋には，警察に追われた2人の少年が変電所に逃げ込んで感電死したという事件をきっかけに，フランス各地の大都市郊外で1か月にわたる暴動がおきた．

そのような状況には，先に述べたイスラームやマグレブ系，アフリカ系の人びとに対するフランス社会の偏見が，郊外の住民に向けられていることも作用している．学校では教師による差別があり，郊外の住所やムスリムであることを示す名前があるだけで就職にも差別がある．フランス国籍であるにもかかわらず，あるいは正規に滞在しているにもかかわらず，希望がみえない状況が郊外団地に住む人びとを孤立させてゆく．

6.3.3 都市整備事業のなかの移民

都市内部の移民街でも，多かれ少なかれ，都市計画が移民の生活に影響を与えている．移民が多く住む地区は，都市開発事業から取り残されて家

写真 6.7 不衛生住宅事業が進むシャトー・ルージュ地区（フランス，2007 年）

賃が比較的安いことが多い．しかし，そのために設備が整っていない住宅も多く，古い配管などによる鉛中毒の被害者は，支援団体によればほとんどがマグレブ系かアフリカ系であるという．あるいは逆に，パリ 13 区の中華街のように，インドシナ難民が流入した時期とこの地区の再開発の時期が偶然一致したことによって，新しい団地に移民街が形成されたというケースもある．

また，都市計画事業が移民を困難な状況に追いやることもある．近年の事業でみるなら，2002 年からパリ市が始めた不衛生住宅改修事業がその例である（荒又，2009b）．不衛生を理由にしたフランスの都市計画事業は 19 世紀にさかのぼる歴史をもつ．住宅の内部まで行政が介入することが可能であるために，事業を通じて新たな移入民の監視と管理が行われてきた．19 世紀には農村から移入した労働者，20 世紀初頭にはユダヤ移民がこういった事業の標的となった．

近年の事業で問題となっているのは，最も新しい移民グループのアフリカ系移民である．彼らは，フランスが単純労働者の受け入れを停止した後に多く移動し，都市の底辺労働を担ってきた．非正規滞在であることも多く，総数は把握できないともいわれる（稲葉，1998）．パリ市は，市内全域から不衛生な建造物を選び出したが，なかでもアフリカ系の移民街であるシャトー・ルージュ地区をとくに集中的な事業の対象とした．フランスには再開発にともなう移住に関して厳格な住民保護の規定があるが，それは非正規滞在の人びとには適用されず，強制退去が求められることになる．

都市計画事業が移民の多い地区で行われたとしても，それが移民全般を排斥する目的をもっているとするのは早計である．地区の衛生状態の改善は，移民たちの生活にとっても重要であり，彼ら自身からも行政に要望が出されているからである．しかし，行政は事業によって誰がどのようにそこで暮らしているのかを把握することができる．それが，結果として，不衛生な住居を選択せざるをえなかった脆弱な立場の人びとを，より不安定な状況に追い込む可能性もある．

6.4　EU 統合と移民

EU 統合は，移民の状況にいかなる変化をもたらしただろうか．1993 年以降，EU 加盟国の国籍をもつ人びとは EU 市民となり，域内を自由に移動できるだけでなく，地方参政権をもつようになった．また，何か不利益があれば，EU の機関に訴えることができる．ヨーロッパ系の移民は，滞在が自由であるだけではなく，自分たちの権利が保障されるように政治参加も可能になったということである（ただし，2004 年と 2007 年に新たに EU 加盟国となった東ヨーロッパ諸国については，最長 7 年の移行期間がある）しかし，非ヨーロッパ系の移民にはそのような権利は保障されていない．その意味で，以前は移民として同じ待遇であった人びとは，国籍によって異なる権利を得るようになった．

また，域内国境の管理を廃止するシェンゲン協定が EU に取り込まれることによって（佐藤，2008），イギリスなど不参加の国を除き，自由な移動がますます保障されるようになった．他方，域外に対する国境管理は，強化されるようになった．現在，ヨーロッパの国際空港のパスポート・コントロールに行くと，EU 加盟国のパスポートとそれ以外のパスポートという区分がなされている．移民を管理するコミュニティの領域は，国家から EU という大きな枠組みに変化したといえ

る．

　実際のところ，EUは共通の移民政策を制定しようとしている（庄司，2007・佐藤，2008・European Commission HP）．そこには，移民の権利保護や，統合政策の共通化なども含まれている．たとえば，域外の国籍をもつ者でも，加盟国に5年間合法的に滞在すると，長期居住資格をもつことができる．しかし，より積極的な共通化の動きをみせているのは，「不法移民」や難民への対応である．一つには，「運輸事業者罰則指令」により，航空会社や鉄道会社などがパスポートやビザをチェックし，入国を拒否された乗客を域外に送還する義務を負う規定が設けられた．また，庇護申請者が「安全な出身国」から来たか，「安全な第三国」を経由して来た場合，略式で却下し，送還することができることとなった．それは，難民の流入をできる限り抑えようとする措置である．しかし，その「安全」はEU加盟国が決めるため，難民条約に反するとの批判もでてきている．

　このようなことから，EU統合以降，その内と外を隔てる壁は高くなる傾向にあり，域外の国籍をもつ移民には厳しさが強まっている．今後，それに関連してどのような問題が起きてくるのかは未知の領域だが，人の移動は，政策ではなく，労働力の需要と供給で決まってくることは，東ヨーロッパからの移民の調査でも確認されている（中田，2008）．重要なのは，EUの外の世界も含め，誰もが自分の権利をもって生きる場所を見つけられる社会が必要とされているということである．対策が単なる厳格化に向かうならば，脆弱な立場に置かれる人が増加する一方ということになりかねない．EU統合のなかで，加盟国の域外出身者たちの権利がいかに保護されるのかについては，今後の推移を見守っていく必要があるだろう．

［荒又美陽］

引用文献

荒又美陽（1996）：ライシテ（非宗教性）の国に生きるムスリム―宗教は共生の争点なのか．内藤正典編：もうひとつのヨーロッパ―多文化共生の舞台，pp.51-72，古今書院．

荒又美陽（2009a）：フランスにおける移民の住宅問題―パリ市の現状と課題．フランスの移民問題の現状及び社会統合政策上の課題に関する調査研究（平成20～22年度科学研究費補助金基盤研究A（海外学術調査）課題番号2080014 研究成果中間報告書 研究代表者宮島喬），pp.15-28．

荒又美陽（2009b）：都市内部の居住問題にみる政策と移民―パリ，シャトー・ルージュ地区を例として．宮島喬編：移民の社会的統合と排除―問われるフランス的平等，pp.109-124．東京大学出版会．

石崎晴己・東松秀雄訳（1999）：移民の運命―同化か隔離か．藤原書店．Todd, E. (1994): *Le Destin des immigrés: Assimilation et ségrégation dans les démocraties occidentales*. Éditions du Seuil.

石原　司（1966）：急進派とその政治行動―反教権主義と非宗教化＝世俗化政策を中心として．山本桂一編：フランス第三共和政の研究，pp.1-143，有信堂．

稲葉奈々子（1998）：九〇年代フランスにおける「もうひとつの移民問題」―脱工業社会とアフリカ系移民．宮島喬編：現代ヨーロッパ社会論―統合の中の変容と葛藤，pp.283-305，人文書院．

稲葉奈々子（2001）：サンパピエと市民権．三浦信孝編：普遍性か差異か―共和主義の臨界，フランス，pp.49-71．藤原書店．

喜安　朗ほか訳（1993）：労働者階級と危険な階級―19世紀前半のパリ．みすず書房．Chevalier, L., (1958): *Classes laborieuses et classes dangereuses à Paris, pendant la première moitié du XIXe siècle*, Librairie Plon.

工藤庸子（2007）：宗教 vs. 国家―フランス〈政教分離〉と市民の誕生．講談社．

小泉洋一（1998）：政教分離と宗教的自由―フランスのライシテ．法律文化社．

佐藤俊輔（2008）：統合か政府間協力か―移民・難民政策のダイナミズム．国境を越える政策実験・EU（平島健司編）（政治空間の変容と政策革新2），pp.95-134，東京大学出版会．

庄司克弘（2007）：欧州連合―統治の論理とゆくえ．岩波書店．

竹沢尚一郎（2001）：表象の植民地帝国―近代フランスと人文諸科学．世界思想社．

谷川　稔（1997）：十字架と三色旗―もうひとつの近代フランス．山川出版社．

内藤正典・阪口正二郎編著（2007）：神の法 vs. 人の法．日本評論社．

中田瑞穂（2008）：拡大EUにおける中・東欧諸国からの労働者の移動．EUとアジアの人の移動における人権レジームの構築の調査研究（平成17～19年度科学研究費補助金基盤研究A（海外学術調査）課題番号17252008 研究成果報告書 研究代表者宮島喬），pp.57-72．

中野裕二（2009）：移民の統合の「共和国モデル」とその変容．宮島喬編：移民の社会的統合と排除―問われるフランス的平等，pp.15-29．東京大学出版会．

野村佳世（2008）：フランスの移民政策と家族移民―「パ

スクア法」（1993 年）から「選別的受入れ法」（2006 年）まで．EU とアジアの人の移動における人権レジームの構築の調査研究（平成 17 ～ 19 年度科学研究費補助金基盤研究 A（海外学術調査）課題番号 17252008 研究成果報告書 研究代表者宮島喬），pp.29-41.

野村佳世（2009）:「サン・パピエ」と「選別移民法」にみる選別・排除・同化．宮島喬編：移民の社会的統合と排除―問われるフランス的平等，pp.185-203, 東京大学出版会．

藤川隆男訳（2008）：パスポートの歴史―監視・シティズンシップ・国家．法政大学出版局．Torpey, J.（2000）: *The invention of the passport*: *Surveillance, Citizenship and the State*. Cambridge University Press.

宮島　喬ほか訳（1994）：新しい移民大陸ヨーロッパ―比較の中の西欧諸国・外国人労働者と移民政策．明石書店．Thränhardt, D.ed.（1992）: *EUROPE ―― A New Immigration Continent*. Lit Verlag.

宮島　喬（2006）：移民社会フランスの危機，岩波書店．

宮島　喬（2010）：一にして多のヨーロッパ―統合のゆくえを問う，勁草書房．

INSEE（2005）: *Les Immigrés en France*. La Documentation Française.

European Commission（2007）: Towards a common European Union immigration policy. http://ec.europa.eu/justice_home（2010 年 3 月 2 日検索）．

Live, Y-S.（1992）: Les Chinois de Paris depuis le début du siècle. Présence urbaine et activités économiques. *Revue Européenne des Migrations Internationales*, **8**（3）, pp.155-174.

コラム 6.1

中東発ファースト・フード，世界を席巻

　写真のような肉の塊を見たことのある方も多いのではないだろうか．2010年10月，羽田空港新国際線旅客ターミナル開港に合わせてリニューアルオープンした国内線の第二旅客ターミナル3階．ここに中東発ファースト・フード店がお目見えした．

　写真6.8のような肉の塊は，トルコではケバブ，バルカン半島ではチェヴァプ，イランではキャバーブなどと呼ばれるが，いずれも肉塊をローストした料理の総称である．オランダやドイツなどのトルコ系住民の多い地域では，ハンバーガーと並ぶお手軽なファースト・フードとしてこのケバブが定着している．ケバブは，一般的に立方体状の肉塊を鉄串に刺して1日以上かけて焼いたものである．

　オランダでは，トルコ系住民のファースト・フード店ではケバブ（Kabab），モロッコをはじめとするアラビア語系住民のそれではショアルマ（Shoarma）と呼ばれている．トルコ系ケバブ店ではおもに羊や鶏の肉塊が，通りからよくみえるところで肉汁を垂らしながら焼き上げられている．小腹の空いているときには，つい立ち寄ってしまいたくなる．

　店内で食事をしたい人には，肉とともに野菜が皿に盛って提供される．これらをナンのような平たいパンの袋状部分に詰めて，お好みでソースをかけて食べる．おおむね，3種類のソースがついてくるが，どのソースも美味である．ソースは羊あるいは山羊の乳からつくられるヨーグルトをベースとし，それにオリーブオイルやニンニク，さまざまなハーブが加えられている．そのまま，出された味を楽しむのもよし，自分でブレンドしてオリジナル・ソースをつくるのもよし．いろいろな味を創作できる楽しみもある．テイクアウト用ケバブ／ショアルマは，店員がパンに肉と野菜を詰めてソースをかけたうえで渡してくれる．

　ケバブもショアルマも，イスラーム（イスラム教）を信仰するムスリム／ムスリマの食べ物であったことから，オランダでは豚肉のケバブ／ショアルマに遭遇することはない．生粋のオランダ人も大好きなケバブ／ショアルマであるが，トルコ系やモロッコ系住民による小規模店舗経営が多く，2011年現在のところ，オランダ人経営の，あるいはチェーン展開するケバブ／ショアルマ店はない．しかしながら，ケバブ／ショアルマがすでに「オランダの食文化」の一つであることは間違いないであろう．羽田空港第二旅客ターミナルに行く機会があれば，ぜひケバブを楽しんでいただきたい．

[大島規江]

写真6.8 アムステルダムのケバブ店（オランダ，2010年）

> コラム 6.2

拡大する中国系コミュニティ

　フランスを旅していると，ごく小さな町で中華料理店が営まれているのに驚くことがある．餃子やチャーハンなどを売る惣菜店も非常に広く普及しており，中華料理はいまや確実にフランスの食生活の一端を担っている．さらには，日本料理店やアフリカ食材店の多くも中国系移民によって経営されているという．フランスにおける中国系コミュニティは，どのように形成されたのだろうか．

　中国系移民がフランスに来た時期は，大きく1920年代から40年代と1970年代以降に分けられる（Live, 1992）．戦前には行商や露天商を営む人びとが多く，その数は2800人程度から17000人程度まで，統計をとる主体によって見解が異なっており，実態については不明な点が多い．1970年代以降の移民は，インドシナ情勢による10万人規模の難民の受け入れの影響が大きく，また中国本土，台湾，香港など，さまざまな地域からの移民も集まるようになってきている．

　パリでは，彼らは現在大きく3つの「中華街」を形成している．最も古いとされるのは，3区のマレ地区北部の問屋街である（写真6.9）．戦前にユダヤ人から皮革加工を学んだ中国系の人びとが，戦後もこの地区での投資を続けている．また，最もよく知られ，「中華街（quartier chinois）」という表現で呼ばれているのは，13区のショワジー地区である．インドシナ難民が多く居住地として選んだため，料理店にもベトナム，カンボジア，ラオスといった国名が併記されている．ここには，タン・フレール，パリ・ストアといった中国系の食材がそろう大型のスーパーマーケットも展開されている．食料品店のほか，洗練された陶器やドレスの店，漢字の看板を掲げたマクドナルドなどもある（写真6.10）．

　比較的新しく，現在拡大を続けているのは，20区のベルヴィル地区である．メトロの駅を出ると，大きな中国系スーパーが目に飛び込んでくるほか，中華料理店が軒を連ねている．ここは，中国本土からの移民が多数を占めているという．そのほか，パリ18区，19区においても，市域の周辺部に近づくと中国系のスーパーを見ることが多くなった．フランス社会とのコンフリクトは比較的少ないが，このような展開が今後摩擦を生むことになるかどうかは注視しておく必要がある．　［荒又美陽］

写真 6.9 マレ地区の中華街　　　　　　**写真 6.10** 漢字の看板のマクドナルド

7 地域主義と民族集団

　地域が胚胎するもとには，しばしば，言語に代表される文化的基盤を共有する民族の人的なつながりがある．また反対に，公権力を行使する地域の存在が，民族のような凝集力に富んだ人間集団を生み出すこともある．本章では，こうした地域と民族の相互的関係について，地域・民族の運動が活発に展開するスペインを中心に，他のEU諸国の事例を交えつつ論じる．前半では，旅の体験や景観の表象に注目して，ナショナリズムによる国土顕彰が地域形成に与えるインパクトについて考察する．後半では，地域制度の構築や地域政策の実践が人間集団のアイデンティティに結びつくプロセスを検討し，あわせて，地域資源やその解釈をめぐる対立に論及する．

7.1 地域と民族

7.1.1 民族は地域をつくるか

　地域主義と民族集団について論じようとすると，地域や民族とは何か，また両者の関係は，という厄介な問題にのっけから行き当たってしまう．地理学では，伸縮自在な一種の操作概念として地域をとらえ，自然・人文環境と関連づけて論じることが多い．そうした理解が地域に関する議論を複雑にしている面は否めない．しかし，地理学が対象としうる多様な地域のなかで，仮に国家という法制度的に最も確立された単位に限ったとしても，話が簡単になるわけではない．

　たとえばイスラエルは，ヨーロッパをはじめ，世界各地に離散していた「ユダヤ人」が聖地エルサレムの周りに「帰還」してできた国家と，しばしば単純に理解されている．しかし，臼杵（2009）が論じるように，帰還したユダヤ人は，ヘブライ語教育を受けなければ公職につけないし，正統派以外のユダヤ教徒は，正統派に再改宗しなければ主席ラビ庁からユダヤ教徒として認定されない．逆に近年では，イスラエル生まれの若い世代が，「イスラエル人」として世界各地に「離散」し定住するといった現象もみられる．

　民族が国家をつくるのか，それとも国家が民族をつくるのかは，単純には割り切れない．国家ではなく，国家中心の政治体制のもとで一定の自治権を有する地域を対象としたところで，同様の割り切れなさはつきまとう．民族をなんらかの文化的標識を共有する共同体と広くとらえたときに，共同体の紐帯が地域をつくるのか，公権力の主体としての地域が共同体の形成を促すのかは，意外に複雑な問題をはらんでいる．こうした事柄について，手始めに，民族の標識として頻繁に取り上げられる言語に注目して考えてみよう．

7.1.2 民族の標識としての言語

　言語をもって民族をとらえ，さらに民族＝言語を地域と結びつける定式は，民族と地域の関係について，もっとも流布している認識枠組みのひとつであろう．アシャーらによる『民族言語地図』（アシャー；モーズレイ，2000）は，この視点から世界の言語を俯瞰した書物である．アシャーらの地図からもわかるように，民族の標識たる言語をその使用地域と対応させる作業は，EUのような多言語的環境のもとでは困難をきわめる．

　筆者が長年フィールドとしてきたスペインの場合に即してみてみよう．スペインでは，カスティーリャ語（スペイン語）のほかに，地域によってカタルーニャ語，バスク語，ガリシア語が話されている（図7.1）．これらにポルトガル語を加えたイベリア半島の主要言語が骨格を現したのは，中世キリスト教徒がイスラーム支配から半島を取り戻した国土回復運動（レコンキスタ）の時代である．また，フランスのボルドー付近で大西洋に注ぐガロンヌ川の源流域には，アラン谷というスペイン領の一角をなす河谷があって，そこでは，使

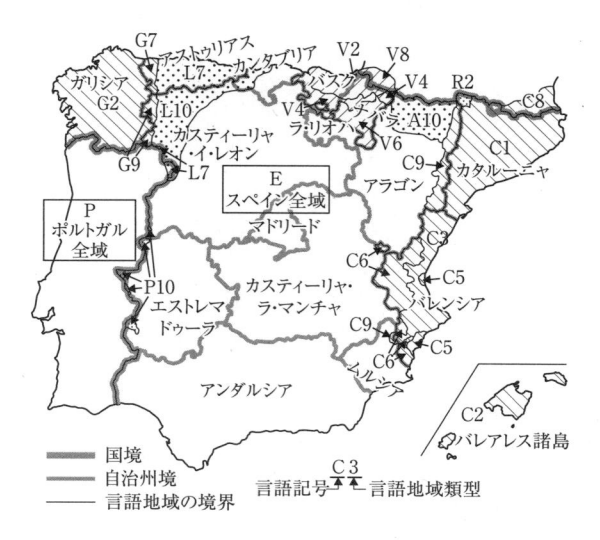

【言語記号】
国家語　E：カスティーリャ語（スペイン語），P：ポルトガル語
非国家語　C：カタルーニャ語，V：バスク語，G：ガリシア語
　　　　　R：アラン語
カスティーリャ語の方言　A：アラゴン方言，L：レオン方言

【言語地域類型】 非国家語の法的・社会的承認と使用状況

類型番号	自治州による法的承認	社会的承認	地域人口における知識・使用	メディアでの使用	学校での使用	地名表記
1	公用語	高	高	高	高	○
2	公用語	高／中	高	中／低	高	○
3	公用語	中	高	中／低	中	△
4	公用語／強い法的承認	中	低	低	中	○
5	公用語	低	低	低	中	△×
6	法的承認	低	極低	低	極低	×
7	言語に関する権利承認	中／低	農村：高／中　都市：低	低	低	△
8	×	中	中	極低	極低	×
9	×	低	高	極低	低／極低	×
10	×	低	極低	皆無	皆無	×

図 7.1 イベリア半島の言語地域——非国家語の地位と使用状況による類型化

カスティーリャ語（E）とポルトガル語（P）は，それぞれスペインおよびポルトガルの全域で使用されている国家語である．非国家語については，地図中に言語記号と言語地域類型を組み合わせて示した．図中，大西洋の島嶼部は省略してある．
Burgueño, Jesús (2002): El mapa escondido: Las lenguas de España. *Boletín de la Asociación de Geógrafos Españoles*, 34, pp.171-192 をもとに作成．

用人口は少ないが，ガスコーニュ語の方言にあたるアラン語が話されている．

他方，現行のスペインの地域制度では，日本の市町村に相当する 8114 のムニシピオ（municipio，設置数は 2010 年現在），50 の県（provincia），17 の自治州（Comunidad Autónoma）が設置されている．このうち自治州は，中近世アラゴン連合王国の中心だったカタルーニャやカスティーリャ王との契約により自治権を享受してきたバスクなど，いくつかの地域におけるナショナリズムの分権化要求に応えて，1978 年憲法のもとで導入され，まもなく全国化した制度である．

仮に，言語を核に共同体の紐帯が生まれ，凝集力の強い地域へと繋がるのならば，カスティーリャ語，カタルーニャ語，バスク語の使用地域は各々結束して当然なのだろうか．たしかに，そうした理解の妥当性を示す事実は一部に存在する．たとえば，ガリシア語の使用地域は現在のガリシア自治州の範囲におおむね対応する．また，ポルトガル語使用地域が独立国家として存在していることは，いうにおよばないだろう．

7.1.3　地域アイデンティティの諸相

しかし，他の言語の状況ははるかに複雑である．過去に使用地域が大きく減退したバスク語の場合には，バスクとナバラの 2 つの自治州にまたがって話者が分布しているが，その多くはビスケー湾奥に近い両自治州の北部に集中している．バスク自治州は，ナバラ自治州を本来のバスクの一部とみなして併合を主張してきたが，歴史的に別個の自治単位をなしてきたナバラ自治州は，要求に応じる姿勢をみせていない．

カタルーニャ語の使用地域は，カタルーニャ，バレンシア，バレアレス諸島のおもに 3 つの自治州にまたがる．中近世には，現在のアラゴン自治州を加えた 4 地域が，地中海で覇権を築いたアラゴン連合王国の主要な版図をなしていた．この連合王国がアラゴン王という共通の君主を戴きつつ，各々独立した統治機構を有する 4 つの領土に組織されたのは，再征服・入植後の政治的安定を維持するうえで，各地域に自律性を与えるのがよいと判断されたためである．また，言語的には，

カタルーニャ語中心の地中海側とカスティーリャ語の勢力圏の一角をなす内陸側というように，連合王国そのものが複合的な性格を有していた．

4地域のうちカタルーニャは，19世紀後半，カタルーニャ語による文芸復興運動を経て，スペイン国家に対抗するナショナリズムの展開をみる．以来カタルーニャは，バスクとともに，国家への異議申立てがとくに活発な地域をなしてきた．しかし，自治州制による分権化が進み，自治州間のライバル関係が顕在化している今日のスペインでは，地域アイデンティティの覚醒は，もはや大多数の自治州に通じるうねりとなっている．

かつてアラゴン連合王国を構成した地域の動きも，分権化後の政治・社会の動態に照らして理解すべきである．たしかに，バレンシアの大部分とバレアレス諸島は，カタルーニャ語使用地域に含まれるが，カタルーニャのように固有言語の防衛を優先課題としてはいない．むしろ，王国として存在した遠い過去に関する記憶を呼び覚ましつつ，自治州制下における資源再配分の仕組みを自らの地域発展に結びつけることに腐心している．また，そうした自治州間の資源獲得競争が，メディアの報道などを通じて，市民の地域アイデンティティを鼓舞する効果をもつことにも注目したい．

他方，分権化後のスペインにおける言語地域は，自治州による言語政策の適用を受けて，言語政策地域ともいうべき新たな装いを纏いつつある．国の公用語はカスティーリャ語のみであるが，カタルーニャ，バレンシア，バレアレス諸島，バスク，ガリシアの5つの自治州がカスティーリャ語とならぶもう一つの公用語を指定している．日常の言語使用が言語政策によってどこまで変わるかは明らかではない．しかし，行政，学校，地名表記，州営テレビなど，法律の力が及びやすい領域での言語使用を通じて，市民の意識のなかで言語空間の境界が明確化してきていることは確かである．

7.1.4 「テリトリー」概念への注目

以上にみたように，共同体の紐帯を通じた地域の形成には，言語以外にも多様な要因がかかわっている．また，公権力を発動する地域の存在が，反対にそこで生活する人々の共属意識を生み出すこともある．次節以降では，これら2つの側面を順に取り上げるが，議論を進める前に，本章でいう地域概念について若干のコメントを加えたい．

日本語の地域に相当するヨーロッパ語の一つであるリージョン（region，西región．西はスペイン語）は，ヨーロッパの日常的な言語使用では，国家と基礎自治体の中間に位置するメソレベルの地理的範囲の意味で理解されることが多い．しかし，regionの語源をなすラテン語のregereは「支配・統治する」の意であって，regionは本来的に国や帝国など，上位の統治者が土地を支配する視点に立つものである．このことを考慮すると，国家に異議申立てを行う地域の運動を地域主義（regionalism，西regionalismo）と呼ぶことには慎重にならなければならない．regionalismには，国の全般的利益を顧慮しない一部地域の言い分とか，一般性のない特殊事情といったニュアンスがしばしば含まれるからである．これは明らかに，上から治める者の認識である．実際，本章が中心対象とするスペインにあって，国家に対抗するカタルーニャやバスクなどの運動がregionalismの名で呼ばれることはほとんどない．運動の当事者はもとより外部の分析者も，多くは，既存国家の枠組みに不満をもち改変を試みる思想や行動をナショナリズム（nationalism，西nacionalismo）と呼んでいる．

とはいえ，本章では，国家との関係をめぐって提起されるものに限らず，地域の動態を幅広くとらえる視点に立つ．そのために地理学の立場から提起したいのは，テリトリー（territory，西territorio）概念の重要性である．この用語は，通常「領域」と訳され，政治学などでは，特定の権力が及ぶ地理的範囲の意味で使われる．しかし，いうまでもなく，territoryは「土地」を意味するterraから派生した語である．とくに，スペインの地理学界では，テリトリーの形成における生態環境の役割が重視されている．つまり，テリトリーとして念頭におかれるのは，生態環境をわがものとした人間が自らの活動を通じて構築した一種の圏域である．そこにさまざまな主体の権力行使が関与

していることは間違いないが，他を従えるような強い権力の存在が前提となるわけではない．以下，本章で地域というときに念頭におくのは，上に述べたような意味でのテリトリーである．

7.2 ナショナリズムによる国土顕彰

7.2.1 ニルスの旅

ルネサンス期以降のヨーロッパでは，地図制作が人々の地理的知識の拡大に貢献し，近代国家建設にとって重要な国土認識に土台を提供した．学校の壁に掛かる全国図がとらえる国土の形状や自然地理の特徴は，それ自体，国土認識の涵養にとって無視できない力をもっただろう．しかし，自然のなかに身をおき生活を切り開いてきた人間の物語がそこに合わさると，国民意識の強化をめざすナショナリズムにとっては，このうえない道具立てとなる．

上述の観点から筆者が注目するのは，日本でもアニメで有名になった『ニルスのふしぎな旅』(正式タイトルは『ニルス＝ホルゲルソンのふしぎなスウェーデン旅行』，ラーゲルレーヴ，1998）である．ニルスについては，村山（2005）が地理教育にとっての意義を力説しているが，本章で強調したいのは，形成途上だったスウェーデンの国民意識に与えたインパクトである．女性作家として初のノーベル賞を授けられることになるラーゲルレーヴがニルスの物語を著したのは1906～07年，直前の1905年にスウェーデンがノルウェーの独立を認め，かつてのバルト帝国の面影をすっかり失った頃である．

児童向けの地理の教科書として書かれたこの作品では，小人にされた主人公のニルスがガチョウの背に乗って，ガンの群とともにスウェーデンを縦断旅行する．空を飛ぶニルスの視界は，真下に見える近景から地平線の彼方へとマルチスケールに展開する（写真7.1）．好奇心に富んだ子どもたちがスウェーデンを知る旅を疑似体験するには，絶妙というべきセッティングである．

ニルスの旅は，1658年にスウェーデンがデンマークから獲得したスカンディナヴィア半島南端のスコーネ地方から始まる．スコーネの豊かな農村

写真7.1 スウェーデンの20クローナ札に描かれたニルスの旅

風景を起点にラップランドの荒涼とした山岳風景に至り着くまでの間に，ニルスは，川や湖の形成，短い夏をすごす動植物の生態，人間による森林・地下資源の利用等々，地域の成り立ちの諸相を動物たちに交じって学びとる（図7.2）．そして，スウェーデンという国が首都ストックホルムを中心に成立し，山岳地域や北部の極地を自らの懐に加え発展したことを知り，大きく成長した子どもになってスコーネの両親のもとへ帰るのである．

スウェーデンの景観理論家オルウィグ（Olwig, 2008）が指摘するように，ニルスの旅は，自然という一見平凡な対象への視線が国民意識の形成に深くかかわったことを示す，興味深い事例である．関連する先行事例としては，第三共和政下のフランスの学校で頻用された『二人の子どものフランス巡歴』（1877）をあげることができる．

7.2.2 景観のシンボロジー

ところで，地域には，人々によって特別な意味を与えられ，心象風景の核をなす場所がしばしば存在する．それらは，地域アイデンティティと結ばれた一種の図像（イコン）となることで，個人が直接見たり経験することが可能な空間の範囲を超えて，景観に刻まれたナショナルな象徴としての意味を獲得する．

たとえば，遠隔地にある修道院は，巡礼路を歩くという集合的な行為とその記憶によって，聖地への憧れに動かされた人々の間に半永続的な絆を生み出す．そして巡礼では，たんに目的地に到達するだけでなく，山奥の秘境，険しい峠を越える難路，海や川を利用したアプローチというように，神秘性に包まれた土地を自分の足で歩き，感じる

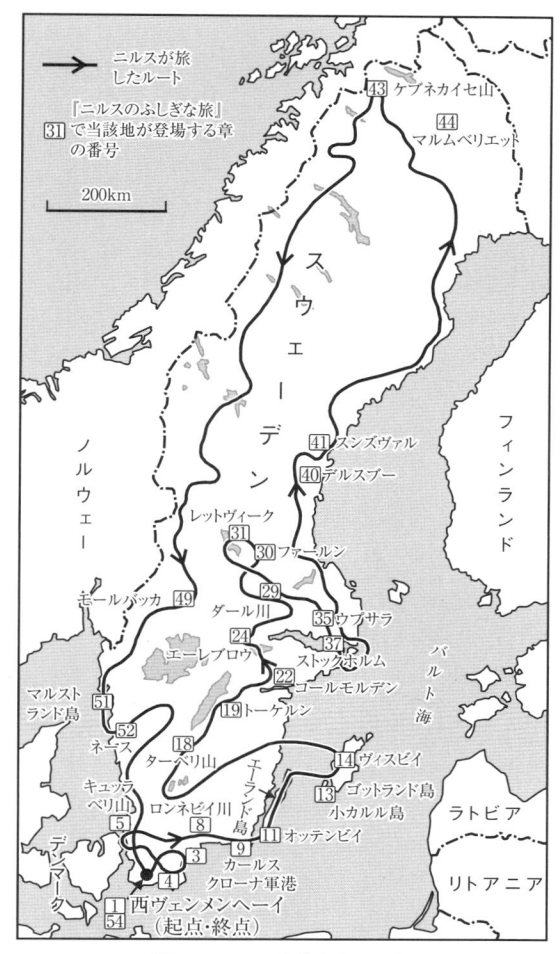

図7.2 ニルスが旅したルート
ラーゲルレーヴ, S. 著, 香川鉄蔵・香川 節訳（1998）：ニルスのふしぎな旅（全4巻）. 偕成社［Lagerlöf, Selma (1906-1907)：Nils Holgerssons underbara resa genom Sverige］をもとに作成.

写真7.2 修道院から見るモンセラット山
（スペイン，2007年）

7.2.3 カタルーニャの山岳景観

カタルーニャにおける景観のシンボロジーで最も大きな影響力をもつのは，おそらく山岳景観であろう．カタルーニャ語には，山（muntanya）にかかわる語彙が豊富にある．mont（山），puig（山，丘），pujol（小山），pic / pica（尖頂），serralada（山脈），serra（小規模な山脈），serrat（なだらかな山）はもとより，石（pedra）や岩（roca）から派生して山を意味する語彙も含めると，すべてを訳し分けるのはたいへんに骨が折れる．これは，北側にピレネー山脈を戴くカタルーニャの地形的特徴が語彙形成に与えた影響によるものにちがいない．しかし，筆者が注目するのは，そうした自然地理的条件と地域アイデンティティの間に存在する関係である．

カタルーニャの地理学者ジュアン・ヌゲが指摘するように，山岳景観がカタルーニャ・ナショナリズムの言説に取り込まれたのは，19世紀のラナシェンサ（renaixença），すなわちカタルーニャ語による文芸復興運動を通じてであった（Nogué, 1998, 69）．アリバウ（B.C. Aribau），ジュアン・マラガイ（Joan Maragall），ジャシン・バルダゲ（Jacint Verdaguer）など，当時の著名な文人たちは，ピレネーはもとより，祖国カタルーニャの象徴とされるモンセラット山（Montserrat, 写真7.2）や表情豊かな自然景観と動植物の生態が人々を惹きつけるモンセニィ（Montseny）を，詩のなかで高らかに謳っている．

折しも，19世紀のヨーロッパでは，山岳景観に

ことが重要な意味をもつ．スペインのサンティアゴ巡礼について関（2006）が強調するように，中世の巡礼が観光としての意味をもちえた所以である．熊野古道や四国八十八箇所など，日本でも同様の例が思い当たるのではないか．

人間による自然景観への意味づけ，すなわち景観のシンボロジーともいうべきものがナショナリストの目にとまらないわけはない．ナショナル・アイデンティティの鼓舞に役立ったのは，旅行記のような言語化された国土認識だけではなかったのである．活発なナショナリズムによって特徴づけれらるスペイン北東部のカタルーニャを中心事例として，さらに考察を深めよう．

対する新たな視線が生まれていた．たとえば，アルプスの最高峰モンブラン（Mont Blanc）は，探検にもとづく科学的知識が普及する18世紀以前は，聳え立つ山に対する畏怖の念と麓の村々に迫りくる氷河の脅威ゆえに，「魔の山」（montagne maudite）と呼ばれていた．「魔の山」がスキーや登山・ハイキングの愛好家を惹きつける「白い山」へと変化したことは，山に対するヨーロッパ人のイメージ転換を強く印象づける．ピレネー山脈に関しては，政治家でもあったフランスの探検家ルイ・ラモン（Louis Ramond de Carbonnières）が，18世紀末から19世紀初頭にかけて著した旅行記や自然史のなかで，純粋無垢で神秘性を帯びた山に心身の健康や精力の回復を促す働きがあることを力説している．

山岳景観に対してカタルーニャ人がもつ畏敬の念は，現代のカタルーニャ・ナショナリストの行動や言説のなかでもしばしば顕在化する．カタルーニャ・ナショナリズムの代表的イデオローグと目される元自治州首相のジョルディ・プジョル（Jordi Pujol）は，登山の愛好家であると同時に，ピレネーの頂から選挙キャンペーンの開始を宣言するなど，山岳景観のシンボロジーを政治家としての活動に巧みに取り込んでいる．プジョルが会長を務めるカタルーニャの民族政党，カタルーニャ民主集中（CDC）が1974年に結党集会の場として選んだのは，モンセラット山中の修道院であった（写真7.2）．その背景には，まだ政治活動の自由がなかったフランコ体制末期にあって，カトリシズムの立場からカタルーニャ主義を支援してきたモンセラット修道院が，ナショナリストに格好の隠れ蓑を提供したという事情がある．しかし同時に，鋸状の神秘的シルエットを有するモンセラット山が，カタルーニャ人共通の聖域を成していることにも注目しなければならない．

カタルーニャにおける山と似通った意味をもつ自然景観の例に，先述のオルウィグらが指摘するデンマークのヒースがある．時は19世紀初頭，ナポレオン戦争で敗北した結果，ノルウェーを失ったデンマークは，国民意識昂揚の契機を残された小さな領土の内に求めざるをえなかった．そこで注目されたのが，ユトランド半島の広い範囲を覆っていたヒースの荒野である．価値のない荒地とみなされたものを国家事業として耕地に変えたデンマークは，やがて，ヒースが群生する土地に近代国家としての再出発を画した歴史的出来事の記憶とデンマーク人としてのアイデンティティの象徴を見いだすことになる．現在では，ヒースに生態環境としての固有の価値を認める環境運動の影響もあって，残り少なくなったヒースの土地は，国定公園の指定を受けて保護されている．

7.2.4 巡検旅行の実践

ナショナリズムによる国土顕彰という観点からもうひとつ見落とすことができないのが，カタルーニャ語でアクスクルシウニスマ（excursionisme）と呼ばれる，地理学でいうところの巡検旅行の実践である．カタルーニャの諸地域を踏査し，そこに蓄積された自然・文化遺産の価値を再発見することを共通の関心事とするこの運動は，19世紀末以降，急速な広がりをみせ，1920年代には全カタルーニャで70を超える巡検運動団体があった．なかでも，1876年に結成されたカタルーニャ主義科学巡検協会は，カタルーニャ主義運動にも積極的に関与し，学術団体であるカタルーニャ研究院（Institut d'Estudis Catalans）設置の礎を築いた．すでに言及した詩人のバルダゲやムダルニスマ（近代主義）建築家として名高いプッチ・イ・カダファルク（J. Puig i Cadafalch）など，自ら巡検運動を実践し，カタルーニャの遺産に関する学術調査や創作活動で優れた業績をあげた文化人は数多く存在する．

巡検運動の伝統は，カタルーニャ研究院の構成学術団体の一つをなすカタルーニャ地理協会（Societat Catalana de Geografia）の活動にも継承されている．最近5年間に行われた巡検では，アル・カニゴやモンセニィなど，過去の運動が関心を向けた対象に直接ふれるだけでなく，廃線になった鉄道や放棄されたブドウ畑のように，一見負の遺産とみえるものにも注目している（表7.1）．そこには，過去に蓄積された地域イメージを再検証し，未来の地域構築に繋げようとする不断の試みを読み取ることができるのではないか．

表7.1 カタルーニャ地理協会の巡検事例（2005〜2009年）

【テラ・アルタ／エブロ川下流域の緑の道】（2005年6月11日）
カタルーニャ南西端，テラ・アルタ郡からエブロ川まで／短命に終わったアラゴン＝エブロ川デルタ間を結ぶ線路跡を利用した観光ルート／パンドゥル山脈とアルス・ポルス山脈の間を横切る渓谷と聖域／沿岸の村に残るエブロ川氾濫の痕跡．

【上サガラ地方】（2006年10月28日）
カタルーニャ中央部，上サガラの都市（カラフ，アルス・プラッツ・ダ・レイ，トゥラ）と歴史的な商圏／国土回復運動期の境界地域に林立した要塞／歴史的郡域と現行郡域の不一致と新郡設置をめぐる議論（市長の参加するラウンドテーブル）．

【バジャスのブドウ畑景観】（2007年3月24日）
カタルーニャ中央部，バジャス郡におけるブドウ栽培の伝統と現在／森に戻ったブドウ畑跡に残された石造りの発酵槽／マンレザ貯蓄銀行が所有する旧修道院と周辺の開発プロジェクト／主力醸造元ロケタ・グループのブドウ畑と社屋．

【アル・カニゴ】（2008年6月27〜28日）
ピレネー山脈東部，フランス領内に聳えるアル・カニゴ山（標高2784m）への登攀／カタルーニャ主義科学巡検協会の詩人ジャシン・バルダゲが謳ったカタルーニャ精神の源／ルシヨン地溝帯の町プラダ（350m）からアプローチする急斜面．

【下モンセニィ地方】（2009年10月24日）
バルセロナ・ジロナ両県の境界にある山地，モンセニィの南側／第二共和政下の郡制施行時に遡る独自郡域設定の要求／豊かな森林資源と首邑サン・サロニの歴史遺産／新郡設置を睨んだ自治体間協力（市長の参加するラウンドテーブル）．

カタルーニャ地理協会（Societat Catalana de Geografia）のウェブサイトおよび筆者の記録をもとに作成．

7.3 境界づけにあらわれる地域認識

7.3.1 地域を境界づけるという行為

州や県といった行政地域の存在が，程度の差はあれ，地域アイデンティティのあり方を規定していることは，常識に照らして容易に理解できるであろう．財政問題への対処という，どちらかといえば消極的な理由から市町村合併（平成の大合併）が推進された日本でさえ，行政地域が大括りになるなかでローカル・アイデンティティをいかに維持するかが議論の的となった．隣町とのライバル関係が，大型施設誘致のような政治レベルの資源獲得競争のみならず，市民の日常会話や祭りのネタとなるスペインの地域ならなおさらである．

他方，行政地域を組織するという実践が提起するのは，個々の地域のなかで生活する人々の意識の問題だけではない．地域を境界づけるという行為は，しばしば，特定の地理的空間との結びつきを自覚した個人や集団がその空間を所有・管理する，つまり，地域を自分の意のままに組織しようとする欲望の表現である．それは，地理的空間を国家のような一つの地域にまとめ上げる場合だけでなく，国家を下部単位に分ける場合にも当てはまる．境界づけの根本には，地域をいかにとらえ，どのような未来像を描くかという，一種の地理的想像力の発動があるからである．

7.3.2 EUのNUTSが意味するもの

EUの社会・政治に関する議論では，EUの権限拡大にともなって国家の役割が縮小し，同時に国家の下部単位にあたるメソレベルの地域が浮上することにより，「地域からなるヨーロッパ」が誕生するという解釈が提起されている．はたしてヨーロッパは，メソレベルの地域を中心とする世界に再編成されつつあるのだろうか．また，それは地域アイデンティティのあり方を変えるような，根本的な変化を意味するのだろうか．こうした問題を検討するために筆者が注目するのは，EUによる地域政策の枠組みを成す地域統計単位一覧（Nomenclature des Unités Territoriales Statistiques = NUTS）である．この一見退屈な事務仕事にみえる制度を少し詳しく検討すると，EU諸国間に存在する地域制度の多様性とともに，「地域からなるヨーロッパ」というキャッチフレーズの内実についても，興味深い知見が得られるからである．

現在のNUTSには，空間スケールを異にする3つのレベルが設定されている（表7.2）．各レベルには基準人口があるので，加盟国は，既存の地域行政制度のなかから基準に合った地域単位を選ぶか，それが無理な場合は，EU向けに新たな地域単位を設定する．5つの加盟国を例にとって具体的にみてみよう．

NUTSの3つのレベルすべてが地域行政の既存の枠組みに対応しているのは一部の加盟国にすぎず，例示した5か国ではドイツとベルギーが該当する．これらの国では，3つのレベルがEUとは独立に構築された地域行政制度の一部を成している．ただし，ドイツの行政管区（NUTS-2）やベルギーの行政区（NUTS-3）のように，公選制の議会をもたず，国や州といった上位機関が有する

表 7.2　EU の地域統計単位一覧（NUTS）

	NUTS-1 ①人口 300 万～ 700 万人 ②地域競争力・雇用目的（一部の国）	NUTS-2 ①人口 80 万～ 300 万人 ②収斂目的／地域競争力・雇用目的	NUTS-3 ①人口 15 万～ 80 万人 ②欧州地域協力目的（国境地域協力）
ドイツ	・州（Land：16）	・行政管区（Regierungsbezirk：41）	・郡（Landkreis：439）
ベルギー	・地域（Région／Gewest：フランデレン地域，ワロニー地域，ブリュッセル首都圏の 3 地域）	・県（Province／Provincie：10） ・ブリュッセル首都圏	・行政区（Arrondissement：43）
フランス	・地域調査・整備管区（Zone d'études et d'aménagement du territoire：9）	・地域（Région：26）	・県（Department：100）
スペイン	・自治州の集合（7）	・自治州（Comunidad Autónoma：17）	・県（Provincia：50）
イギリス	・イングランドの地域（Region：9） ・ウェールズ，スコットランド，北アイルランドの各地域（3）	・イングランド：カウンティ（county）の集合（30） ・インナー・ロンドン，アウター・ロンドン（2） ・ウェールズ，スコットランド，北アイルランド：基礎自治体の集合（7）	・イングランドのカウンティおよび基礎自治体の集合（93） ・ウェールズ，スコットランド，北アイルランドの基礎自治体の集合（40）
ポルトガル	・大陸部 ・自治地域（Região Autónoma：アゾレス諸島とマデイラ自治地域の 2 地域）	・地域調整・開発委員会（Comissões de coordenação e desenvolvimento regional：5） ・自治地域（2）	・基礎自治体（Concelho）の集合（30）

①は各地域レベルの基準となる人口規模，②は当該地域レベルが実施単位となる EU 地域政策の種類を示している．括弧内の数字は，当該地域単位の設置数を表す．Regulation（EC）No 1059/2003 など，EU の資料をもとに作成．

行政上の必要から設置された地域単位が含まれていることには注意が必要である．

フランスやスペインの場合には，NUTS-1 が行政体としての実質を欠いている．フランスの地域調査・整備管区（ZEAT）は，1967 年，国が自らの地域開発・整備事業の便宜に供するために定めた地域区分にすぎず，国家行政においてすら，限られた局面でしか利用されていない．スペインでは，自治州（Comunidad Autónoma）が NUTS-2 の条件を満たすメソレベルの行政体であるが，NUTS-1 に対しては，複数の自治州を合わせたものを形式的に設定している．

イギリスの場合には，1990 年代末からスコットランド，ウェールズ，北アイルランドそして大ロンドン（Greater London）に地域議会が設置され，これら 4 つが NUTS-1 に対応する．しかし，他の 2 つのレベルに関しては，EU の基準に合うように，カウンティやさまざまな名称の基礎自治体の集合が割り当てられているにすぎない．NUTS のいずれのレベルも地域行政の枠組みと合致しないのがポルトガルである．中規模以上の EU の国々のなかで，ポルトガルは，アゾレスとマデイラの 2 つの島嶼地域を例外として，メソレベルの行政体をもたない異色の存在である．NUTS-2 に対応する地域調整・開発委員会は，地域開発のために国が設置した委員会である．

以上のように，EU の地域と一口にいっても，実態は国によって著しく異なる．極言すればNUTS とは，地域制度に関する多様な伝統の上に，コンピュータ・グラフィックのレイヤー（画層）を追加するように載せられた絵ともいえる．

7.3.3　EU の地域政策は地域を変えるか

もちろん，以上に概観した地域制度のあり方は，NUTS を準拠枠とする EU の地域政策から一定の影響を受けている．EU 地域政策による資金配分は，配分の対象となる地域範囲に則した事業実施体制の構築を促す効果をもつからである．とくに，2007 ～ 13 年期で合計 3470 億ユーロにのぼる地域政策関連基金（欧州地域開発基金，欧州社会基金，収斂基金の 3 つで構成）の使途の約 8 割を占める収斂目的のほか，地域競争力・雇用目的の資金配分は NUTS-2 を単位地域とする（表 7.2）．

しかし，上に述べたことの意味を過大評価してはならない．EU から配分された地域政策関連基

金を運用することを目的として，各国内に設置されている運営機構（managing authority）を一瞥してみよう．フランスは，各地域圏（Région）に運営機構をおいており，その点だけをとらえれば地域圏の役割が重視されているようにみえる．だが，正確にいえば，運営機構を組織するのは地域圏府ではなく，各地域圏に国が設置している地域長官庁（Préfecture）である．また，スペインのように，自治州への高度な分権化が達成されているにもかかわらず，EU地域政策運営機構はマドリードの中央官庁が一貫して組織しているといった事例もある．

むしろ筆者が重視するのは，EUの政策のなかでも，事業立案・実施プロセスへの地域の主体的な参画が期待されているプログラムである．この面では，農村地域開発を推進するLEADERの枠組みが注目に値する．構造基金による他の地域政策スキームとは異なり，LEADERの財源をなす欧州農村開発農業基金（EAFRD）は，2007年以降，欧州農業保証基金（EAGF）とともに，農村地域の持続可能性に力点をおく共通農業政策を支える2本柱となっている．

1991年に始まり，現在4期目を迎えているLEADERでは，関心をもつ地域の官民諸団体が連携してローカル行動グループ（local action group）を立ち上げ，国または地域行政体の承認を受けて，事業の立案・運営・実施にあたる．たとえば，スペインでも早くからLEADERのための組織化が進んだアラゴン自治州では，2010年現在，20のローカル行動グループが承認されている．そのひとつ，エブロ川流域の15のムニシピオを活動エリアとする「マル・デ・アラゴン諸郡開発センター」（CEDEMAR）は，地域の基礎自治体および郡，事業者・専門家団体，農協，労働組合，青年団，女性団体，障害者団体などが連携する組織である．こうした事例をみると，EUからの資金供給が，基礎自治体間協力などの形で，主としてローカルレベルの地域の結束を促している面があるのは確かである．

7.3.4　地域行政体の設置意図

すでに指摘したように，境界づけという行為の背後には，必ずといってよいほど，自らの認識枠組みに従って地域を組織しようとする欲望がある．地域行政体が似通った外見を呈している場合でも，設置を推進した主体の行動に踏み込むと，まったく異なった認識や動機が存在することは十分にありえる．

たとえば，フランスの地域圏府の設置は，ミッテラン政権期の1982年に制定された地方分権法を根拠とする．地域圏の領域設定をみると，フランス革命期に設置された県の場合と同様に，面積的なバランスを重視しているという特徴を容易に看取することができる（図7.3）．

外形的な規模を揃えることを優先すれば，どうしても，歴史的な地域形成や現代の経済地域のあり方とは整合しない部分が多くなる．たとえば，大西洋に注ぐロワール川の下流に位置するペイ・ド・ラ・ロワール地域圏は，ナントを首邑とする．しかし，ナントは，中世にはブルターニュ公国の中心をなしていたし，現在でも，同地域圏を構成する県よりも，ブルターニュ地域圏府がおかれたレンヌなど，ブルターニュとの結びつきが強い．そうした地域の実態を重視する視点に立つなら，ナントを中心都市とし，ブルターニュを包摂する地域圏があってもよいはずである．

地中海側でも，領域設定の論理がわかりにくい地域圏の存在が目にとまる．たとえば，ラングドックの最大の中心はトゥールーズである．しかし，現実に設置されたラングドック・ルシヨン地域圏は地中海岸の比較的狭い範囲に限定され，トゥールーズは内陸部のミディ・ピレネー地方圏のなかに押し込められている．他方，ラングドック・ルシヨン地域圏府はモンペリエにおかれたが，ペルピニャンなどの同地域圏内の有力都市は，モンペリエよりも，トゥールーズあるいは首都パリとの結びつきを指向している．

以上に例示したような，「不自然」とも思える領域設定が採用されたのはなぜか．南仏ペルピニャン大学で教鞭をとるカタルーニャ系地理学者ジュアン・バカット（Becat, 2008）によれば，フランスの地域圏は，地域が主導権を発揮する自治ではなく，国家のお墨付きを得た政策プログラム実

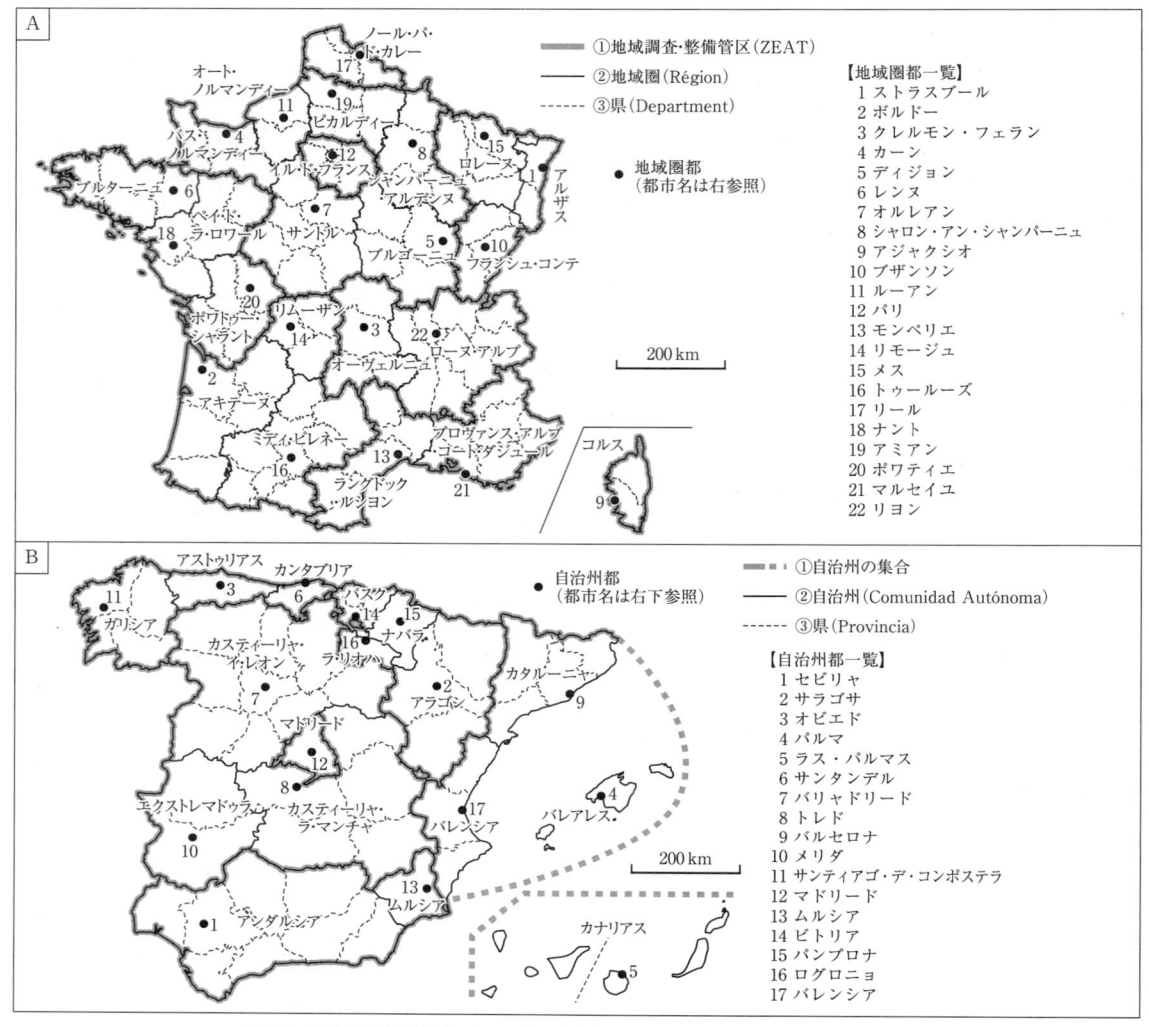

図7.3 EU地域統計単位（NUTS）に対応したフランスとスペインの地域区分
フランス（A）とスペイン（B）について，NUTS-1からNUTS-3に対応する地域区分を①〜③に示した．

施に主眼をおいた制度だからである．実際，地域圏の地理的領域は，国が1950年代に設定した地域政策の枠組みを踏襲しており，地域の発議や国と地域の合意にもとづいて決まったものではない．

フランスの地域圏の特質は，スペインの自治州と対比するといっそう明らかになる．1978年制定の現行スペイン憲法は，自治州設置の手続きや国と自治州の権限配分について詳細に規定する一方，どのような地理的範囲の自治州をいくつ設置するかは，憲法成立後の政治過程に委ねた．憲法は，自治州制移行後のスペインの行政地図をあらかじめ用意しなかったのである．

もちろん，中塚（2008）の論にもあるように，地域の主体性を重んじることが，確固とした歴史的な裏づけを有する領域画定につながるとはかぎらない．実際，カタルーニャやガリシアのように，自らの地理的範囲に関する共通の認識が確立していた地域がある一方，憲法が自治州設置の道を開いたことを受けて，仲間を決めるために慌ただしく動いた地域もあった．結果的には，1983年までにスペイン全国をカバーする合計17の自治州が成立したが，うち7つは1県のみの自治州である．単独県自治州には，バレアレス自治州のような島嶼部も含まれるが，カンタブリアやラ・リオハが独立した自治州になる積極的根拠は明らかでな

7．地域主義と民族集団

い．また，マドリードも，自然地理的にはカスティーリャ・ラ・マンチャとの共通点が多い．

結局のところ，国の判断と地域からの発議のいずれが歴史的な地域形成や現代の経済地域の実態に照らして「自然」な領域設定を生み出すのかは，簡単にはいえない．確かなのは，19倍近い面積の差を内包する今日のスペインの自治州制が，元をただせば，一部地域のナショナリズムの突上げに動かされて実現したということ，そして，自治州による著しい規模の差も，かなりの程度，地域制度の具体化に関する主導権を半ば地域に委ねた結果だということである．

7.4 地域資源の発見と防衛

7.4.1 地域資源とは

本章の最後に，これまでとは少し視点を変えて，地域資源を通じて地域の動態にアプローチしてみたい．地域資源というときに筆者が念頭においているのは，特定の地理的範囲と結びつけられ，呼称やイメージを与えられることで付加価値を生むような，自然・人文環境にかかわるあらゆる事物である．そこで問題となる地域は，行政地域のような安定した地理的範囲をもつとはかぎらず，定松（2007）が行為遂行のために構築される地域，ないし資源動員のための地域として整理しているものに近い．

もっとも，地域資源について重要なのは，観光客や投資を呼び込むことをねらった，地域イメージの形成だけではない．むしろ，地理学的な視点からは，そうしたイメージが，自然・人文環境にかかわる何らかの物質的基盤と相互交渉的な関係を保っていることを重視すべきであろう．EUの地理的呼称制度や開発による環境改変などのテーマに即して，具体的に考えてみよう．

7.4.2 EUの地理的呼称制度

日本でも，食の地域ブランドに対する関心が近年高まっているが，この分野に関する組織的な取り組みがもっとも活発なのは，やはりEUを中心とするヨーロッパ諸国である．EUの地理的呼称制度では，特定地域で生産された原料を使い，そこに蓄積された製法によって加工した農産物加工品に対して保護原産地呼称（Appellation d'Origine Protégée = AOP）または保護地理的表示（Indication Géographique Protégée = IGP）を認定して，法的な保護を与えている（表7.3）．認定条件が厳しいAOPに対して，IGPは，生産・加工過程の一部が当該地域内で行われていればよいという，条件のより緩やかな呼称である．

2010年現在，EUへのAOP／IGPの登録は合計1212件にのぼるが，域内でも，地域ブランドの展開や育成に向けての取組みには，国よってかなりの差が存在する．地理的呼称をもっとも多く有するのは，294件を登録しているイタリアであり，フランス，スペイン，ポルトガル，ギリシャなど，広義の地中海ヨーロッパ諸国がそれにつづく．対照的に，主要国でもドイツの登録数は97件にとどまり，イギリスにいたっては47件にすぎない．こうした温度差の背景にあるのは，地域資源を集合的に育て守ることに熱心な地中海諸国と，そうした伝統の希薄な北西ヨーロッパ諸国という違いである．また，EUの外に視野を広げると，産地ブランドの保護が自由貿易を妨げ，一種の非関税障壁となることを警戒・批判するアメリカ合衆国のような立場もある．

7.4.3 スペインワインの原産地呼称

農産物加工品のなかでも，地理的呼称制度の整備が最も早くから進んだのがワインである．スペインの場合，2009年現在，全国で70の原産地呼

表7.3 EUへの地理的呼称の登録件数（2010年）

	フランス	ドイツ	イギリス	イタリア	スペイン	ポルトガル
生肉	66	4	14	7	20	31
加工肉	7	16	2	50	16	36
チーズ	71	7	13	56	29	13
食用油脂	9	1	0	48	34	7
青果物	47	12	4	110	56	24
パン・焼菓子など	2	9	1	8	12	1
その他	23	48	13	15	14	10
合計	225	97	47	294	181	122

保護原産地呼称（PDO）および保護地理的表示（PGI）の登録件数の合計を品目種類別に示した．EU委員会資料（Door Database）をもとに作成．

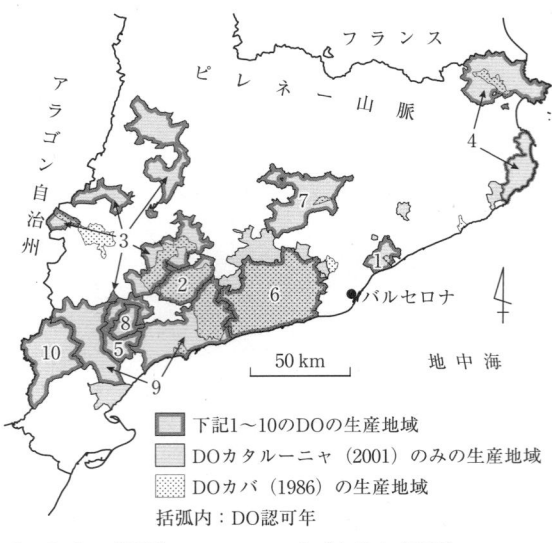

称（Denominación de Origen ＝ DO）が認定されている（地所限定ワインを含む）．なかには第二共和政期の1930年代に成立した古いDOも存在するが，全体の6割に相当する42のDOは，スペインがECに加盟した1986年以降に認定されている．近年におけるDOの急増傾向には，詐称や偽造から産地を保護するための仕組みから，地域に固有の品質を保証し産地を育成するための仕組みへと，DOに期待される役割が変化してきたことが関係している．

DOが産地育成のツールとして位置づけられると，ワイン産地としての地域イメージも，しばしばDOの存在によって創り出されるようになる．その結果，DOはできたが消費者の認知は形成途上の産地，あるいは商品ラベル上でしか識別されない入れ物のような産地も増えている．ここに，先に述べたような，行為遂行のために構築される地域が有する特質の一端をみることができる．

たとえば，現在のカタルーニャ自治州では10のDOが認定されているが，DOカタルーニャやDOカバのように，他のDOの上に被さる非常に広大な生産地域を有する産地も含まれている（図7.4）．そうした大きな傘のようなDOが認定されていることの背景には，広い地域から原料を調達する必要のある大規模生産者にとって，小規模なDOにブドウ栽培地が分割され，原料流通の制約が多い状態は不都合だという事情がある．DOカタルーニャは，まさに，大規模生産者の要請に応えることを主眼として設置されたDOの代表例なのである．また，同様のことは，シャンパーニュ製法を用いたスペイン産発泡性ワイン，カバを伝統的に生産してきた地域を一括りにするDOカバの場合にも，ある程度当てはまる．

とはいえ，ワインの地域ブランドが，程度の差はあれ，土壌や気候などの自然条件，あるいは伝統的な製法といった地域固有の物質的基盤に裏打ちされた存在であることを忘れてはならない．また，DOの存在が，そうした物質的基盤の確立と再生産に貢献するという，逆方向の作用もある．種牛を育てる宮崎県の繁殖農家が口蹄疫問題で大打撃を受けたことは，記憶に新しいだろう．この問題が日本全国に波及したのは，松阪牛や近江牛といった和牛の有名地域ブランドが，自ら繁殖事業を行わず，宮崎県を中心とする少数の地域から子牛を買い付けているからである．そうした一種の虚構を構成する和牛の地域ブランド（高柳，2007）をヨーロッパの地域ブランドのあり方と比較するのも興味深いのではないか．

7.4.4　水資源をめぐる地域間の攻防

他方，山や川といった一見ありふれた資源であっても，開発行為などによってそれが危機に陥ると，地域意識に目覚め，資源を防衛しようとする運動をにわかに惹起することがある．夏の乾燥が著しい地中海に面するスペインでは，そうした資源の最もわかりやすい例が川の水である．

2001年，スペイン全国水利計画（Plan Hidrológico Nacional）が国会承認された．この計画は，ダム・水路の建設に重きをおいた従来の国土開発のあり方を体現する，最後の事例であると評された．水資源を経済発展の鍵とみなす考え

図7.4　カタルーニャ自治州の原産地呼称（DO）
DOカタルーニャの生産地域は，1〜10のDOの生産地域にいずれのDOにも属していなかった若干の地域を加えたもの．
竹中克行・齊藤由香（2010）：スペインワイン産業の地域資源論——地理的呼称制度はワインづくりの場をいかに変えたか，ナカニシヤ出版の図5.1を一部修正．

1 アレリャ（1955）　　　6 パナデス（1960）
2 コンカ・ダ・バルバラ（1989）　7 プラ・ダ・バジャス（1997）
3 クステス・ダル・セグラ（1988）　8 プリウラット（1954）
4 アンプルダ（1975）　　9 タラゴナ（1947）
5 モンサン（2002）　　　10 テラ・アルタ（1985）

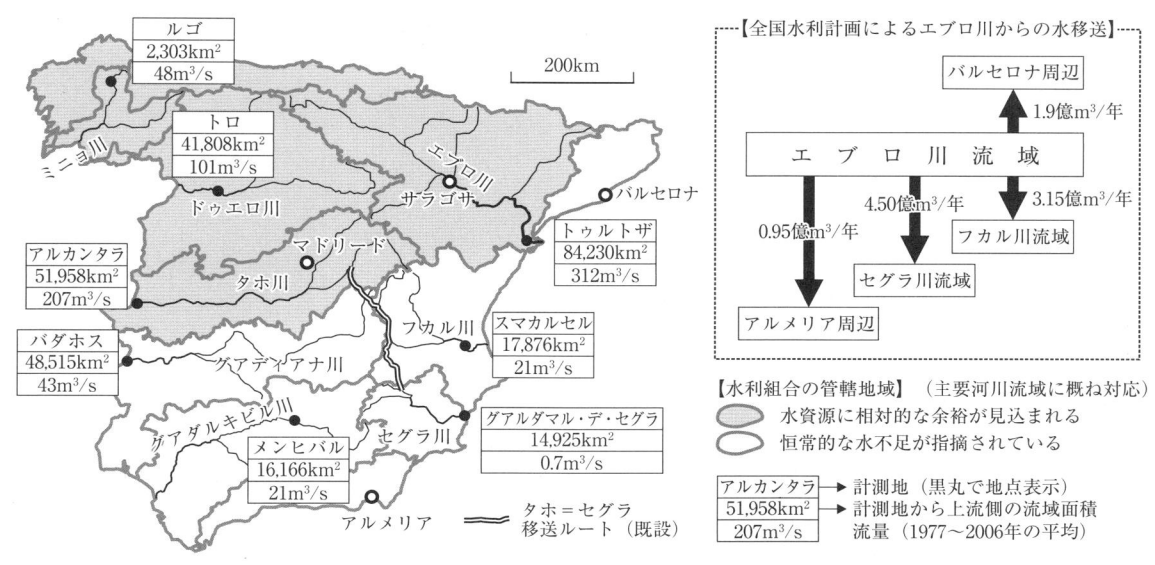

図7.5 スペイン半島部の主要河川流域の基礎データと全国水利計画で予定されたエブロ川からの水資源移転
流量は，30年間のうち，データが得られる年次について平均した値．Plan Hidrológico Nacional（2001）などに基づく．

方は，19世紀末の「再生主義」(Regeneracionismo)を主唱したホアキン・コスタ（Joaquín Costa）の思想から脈々と受け継がれてきたものである．そうした立場が持続可能な開発と消費文化の転換を訴える議論のなかで批判の矢面に立たされたのは，時代の変化がもたらした当然の帰結だった．しかし，より注目したいのは，議論を通じて顕在化した地域間の攻防である．

全国水利計画の目玉は，スペイン最大の水量を有するエブロ川の水を，フカル川・セグラ川流域と半島南東のアルメリア周辺，それに北東部のバルセロナ周辺といった地中海沿岸諸地域に水路（パイプライン）を通じて融通する提案である（図7.5）．水資源に比較的余裕がある半島北西側から恒常的な水不足に悩む南東側への水の移送は，従来より，タホ川とセグラ川を結ぶルートを通じて行われていた．同様の考え方を，より流量が多いエブロ川にも適用しようというわけである．

この計画は，水資源を提供する側に立ち，河川を中心とする生態系へのダメージを危惧するエブロ川流域，とくに中流のアラゴン自治州の激しい反発を呼んだ．宅地やゴルフ場の無秩序な開発を野放しにしておきながら，節水や代替資源確保の努力を十分に行わない地中海沿岸諸地域への厳しい批判がそこにはあった．対する地中海沿岸のバ

レンシア自治州などは，アラゴン自治州が連帯の精神に欠けると非難し，代替肢とされる海水淡水化がCO_2排出に与える影響を強調した．主要河川の流域は複数の自治州にまたがるため，それら河川を管理する水利組合は国の管轄下におかれている．にもかかわらず，各自治州は川の水が自治州の所有物であるかのように振舞い，国政レベルにおける二大政党，社会労働党と国民党の対立をよそに，自治州ごとに諸党派が結束して他の自治州と戦うという構図が出現したのである．国の政権交代があった後の2005年，全国水利計画は大幅修正を受け，エブロ川からの移送は撤回された．

水資源をめぐる地域間の攻防においていまひとつ注目されるのは，たんなる生活・産業用水としての必要性を超えて，地域の生態社会環境のシンボルたる水の価値が強調されたことである．2008年に国際博「水の博覧会」が開催されたサラゴサを州都とするアラゴンでは，乾燥したステップ気候帯を緑の回廊のように貫流するエブロ川の水が，しばしば，人口流出に悩む貧しい地域に残された希少資源のように表象される．河口のエブロ川デルタはカタルーニャ自治州に位置するが，ここでも，水利計画の犠牲となって野鳥の宝庫たるデルタの生態系を失うことへの危機感が，「エブロ川防衛プラットフォーム」という大規模な市民

写真7.3 カタルーニャ南西端の村，オルタ・ダ・サン・ジュアンの民家のバルコニーに掛けられた風力発電計画反対を掲げる垂れ幕（スペイン，2007年）

運動へとつながった．

7.4.5 風力発電計画への抵抗が意味するもの

エブロ川防衛プラットフォームが批判しているのは水利計画だけではない．カタルーニャ南西部の低開発地域をなすエブロ川下流域には，フランコ体制期から大規模ダムや原子力発電所といった，環境インパクトの強い産業インフラが建設されてきた．自治体への補償金・交付金と引き換えに，地域の共有財産たる環境が切り刻まれるのを阻止しようとする運動のなかで，最後に言及しておきたいのが風力発電計画への反対である．

日本では，再生可能エネルギーとしての風力の利点がもっぱら強調されているので，風車が迷惑施設扱いされるという話は意外に感じられるだろう．興味深いことに，世界有数の風力発電国であるスペインにあって，反対運動の中心をなしているのは，脱化石燃料を主張しているはずの環境保護団体である（写真7.3）．

なぜそうした逆説的な事態が生じるのか．反対の理由はさまざまある．風車建設が計画されるエリアが少数の低開発地域に著しく偏っていること，地元の電力需要が小さく風力のメリットを実感しにくいこと，多数の風車が建設されると山の稜線の景観が損なわれることなどがそれである．

しかし，さまざまな議論の根底には，やや別の問題がある．エブロ川左岸に聳えるパンドゥルス・カバイス山脈は，スペイン内戦末期の「エブロ川の戦い」でフランコ軍・共和国軍合わせて10万人もの死者を出す激戦の地となった．一帯には，戦いの記憶を留める塹壕や墓碑などの戦跡が点在し，山脈全体が過去のトラウマを背負いつつ，常に人々の視線が注がれる歴史性に満ちた場所になっている．この場所を，地域の集合的記憶と結ばれた山岳・文化景観として守るべきなのか，あるいは，金銭と引換えに外部の事業者・行政が主導する開発の手に委ねるのが得策なのか．風車建設を許すか否かという議論を突き動かしているのは，地域で生活する人々が毎日のように眺めてきた山に対する思い，つまり山の景観に凝縮された意味や価値をめぐる熾烈な争いなのである．

[竹中克行]

引用文献

アシャー, R.E., モーズレイ, Ch. 編, 土田 滋・福井勝義監修 (2000)：世界民族言語地図．東洋書林．

臼杵 陽 (2009)：イスラエル．岩波新書．

定松 文 (2007)：グローバル化する社会における主体としての「地域」．宮島喬・若松邦弘・小森宏美編：地域のヨーロッパ．人文書院．

関 哲行 (2006)：スペイン巡礼史―「地の果ての聖地」を辿る．講談社現代新書．

高柳長直 (2007)：食品のローカル性と産地振興―虚構としての牛肉の地域ブランド．経済地理学年報, 53, pp.61-77.

中塚次郎 (2008)：国家と地域．関哲行・立石博高・中塚次郎編：世界歴史大系〈スペイン史2 近現代・地域からの視座〉pp.252-281．山川出版社．

村山朝子 (2005)：「ニルス」に学ぶ地理教育―環境社会スウェーデンの原点．ナカニシヤ出版．

ラーゲルレーヴ, セルマ著, 香川鉄蔵・香川節訳 (1998)：ニルスのふしぎな旅（全4巻）．偕成社．

Lagerlöf, Selma (1906-1907)：*Nils Holgerssons underbara resa genom Sverige*.

Becat, Joan (2008)：Catalunya i els models espanyol i francés d'organització territorial：Uns apunts i una reflexió crítica. In Tort, J., Paül, V. and Maluquer, J., eds.：*L'organització del territori, un repte per al segle XXI?* pp.189-236, Fundació Unversitat Catalana d'Estiu.

Nogué, Joan (1998)：Nacionalismo y Territorio. 132p, Editorial Milenio.

> コラム 7.1

地中海世界のリヴァイヴァル

　EUのなかでもギリシャ，イタリア，スペインといった地中海諸国は，古典古代に遡る都市文明の歴史を誇る．ドナウ川以北にはこれといった都市が存在しなかった時代に，古代ローマは地中海沿岸から内陸へと支配を広げ，街道網によって結ばれた立派な計画都市を数多く建設した．

　地中海都市では，おびただしい数の古代・中世の遺構が，たびたび手を加えられながら現在まで受け継がれている．観光名所になっているのは一部にすぎない．人々が日常生活を送る住宅の礎石をなしていたり，子どもたちが遊びに興じる広場の一角に顔をのぞかせる遺構もたくさんある．だから，地中海都市の魅力は，古いものが秩序正しくきれいに保存されていることではなく，賑わいのなかに，さりげなく歴史の息吹を感じさせてくれる場所が溢れているところにある．

　しかし，そうした地中海都市の価値は，最近まで，現地でも十分に認識されていなかった．早くから歴史地区の歩行者専用区域化を進めたドイツなどの都市とは違って，地中海都市の都心部は，自動車の進入に起因する移動ストレスや汚れた排気ガスの熱気に悩まされてきた．過去の乱開発が残した禍根も大きい．フランコ体制（1939〜75年）下のスペインでは，郊外に大規模住宅団地が建設される一方で，中心部は放置され，歴史的建造物の隣に不釣り合いな高層ビルが乱立した．

　近年の地中海都市は画期的なリヴァイヴァルを経験している．具体的にはどのような変化だろうか．

　ひとつは，市民が家庭や職場から外に出て，歓談し，イベントに興じ，飲食をともにする公共空間の価値を回復する動きである．そのためには，過密化して日中でも薄暗い歴史地区の一部をブロックごと取り壊し，新しい広場を開くといった思い切った施策も厭わない．たとえば，歴史地区の一角をショッピングエリアとして再開発したスペイン北東部の商業都市，レウスの事例も，公共空間再生のコンテキストに位置づけられる．ただし，単なるロードサイド型ショッピングモールの移植ではない．1階と吹抜けの地下に中小店舗からなる商業空間，2階から上に集合住宅を配する空間づくりは，商業・住宅が混在する地中海都市の伝統の再現そのものである（写真7.4）．

　もうひとつの変化は，乱開発の時代には顧みられなかった歴史遺産の価値を再発見し，しかるべき修復を施すことで，遺産を都市の古くて新しい顔として生かそうという動きである．都市の顔をつくるといっても，外来者の興味をそそるネタを提供して，観光収入を増やすことのみに力を注ぐのではない．遺産の再発見とその価値の共有は，自らの過去との結びつきを求める人々の集合的営為をなす．だから，都市のなかで日常をすごす市民にとっても，遺産はアイデンティティの核になりうる存在である．古代ローマの属州の都があったタラゴナをみてみよう．そこでは，博物館や広場・公園といった公共スペースのみならず，レストランや商店，そして銀行の支店のような民間企業の事業所でも，遺産の保存・可視化が着々と進んでいる（写真7.5）．

　スナップ写真のなかの静止画であるよりも，演劇の舞台のようにたえず変化することを求める地中海都市．自らのアイデンティティにめざめたそれらの都市が次にどんな姿を現すのかが楽しみである．

[竹中克行]

写真7.4 スペイン北東部の商業都市，レウスの歴史地区内に開かれたショッピングエリア（2009年）

写真7.5 レウスに近い遺産都市，タラゴナの銀行支店内に可視化された古代ローマ競技場跡（2009年）

> コラム7.2

哀愁（？）のポルトガル

　ポルトガルは，イベリア半島の南西端に位置する本土と，大西洋に浮かぶアソーレス（アゾレス）諸島，マディラ諸島から構成される．日本の約4分の1の面積しかもたない小国ながら，本土の南部と北部の間には明瞭な自然・文化的なコントラストがみられる．国土のほぼ中央にあるエストレーラ山脈付近を境にして，降水量が少ない南部では白い漆喰で外壁を塗られた民家や，コルクガシ・トキワガシなどの乾燥に強い常緑広葉樹が点在する「モンタード」に代表される地中海的な風景が広がる（写真7.6）．一方，南部に比べて起伏に富み降水量が多い北部では，山地は豊かな森林に覆われている場合が多く，伝統的な民家は花崗岩・片岩などの石造りで（写真7.7），南部の地中海的なイメージとは対照的な風景がみられる．かつて地理学者オルランド・リベイロは，南部を地中海ポルトガル，北部を大西洋ポルトガルと呼んで国土を大きく2つに区分したが，現在でも国土の南北の違いはポルトガルの地域構造を理解するうえでの基本となっている．

　ポルトガルでは，かつて農業生産性の高い北部に人口が集中する傾向があったが，1960年代以降，内陸部から都市化・工業化の進む沿岸部への人口移動が進んだ結果，現在ではリスボン・ポルトの二大都市圏を中心とする沿岸部への人口集中が顕著となっている．二大都市圏の人口は，国内人口の約40％を占めるにいたっており，今後さらに人口集中が進むことが予想される．また，南部沿岸部のアルガルヴェ地方も，1960年代から外貨獲得を目的に進められた観光振興政策が奏功し，現在ではヨーロッパ有数の大衆的な海岸リゾートとして発展している．一方，都市化，観光地化の波から取り残された内陸部では，過疎化，高齢化が深刻な問題となっており，沿岸部と内陸部との間の経済的，社会的な地域格差が拡大しつつある．

　一方，ポルトガルでは国際的な人口移動が古くから活発で，とくに1960年代から1973年まではフランスをはじめとする西欧先進諸国に多くの移民を送出してきた．近年では移民数は減少しているが，いまだに西欧先進諸国への短期型移民は多い．一方，EC（現EU）へ加盟した1986年以降，構造政策の恩恵を受けて1990年代にかけてポルトガルは著しい経済成長を遂げたが，社会資本の整備が進められるなかで建設労務を担う労働力が不足したため，アフリカの旧植民地諸国から多くの移民が流入した．また，近年では東欧諸国や旧ソ連からの出稼ぎ労働者も増加しているが，景気低迷が続くなかで外国人労働者の失業率が上昇し，治安の悪化などが懸念されている．このように，ポルトガルは移民の送出国と受け入れ国という2つの顔をあわせもっている．

　ちなみに，旅行ツアーの広告では，スペインとポルトガルをセットにしてツアーが組まれることが多いため，「情熱のスペイン」「哀愁のポルトガル」というキャッチフレーズで紹介されることが多い．

　「哀愁」という言葉からは暗いイメージの国が連想されるが，あくまでスペインと比べてみた場合の話であり，やはりラテン的な文化をもつ国なので，日本に比べて国民性ははるかに明るい．暗く物悲しいイメージを想像してポルトガルを訪れると，少々「期待外れ」となるかもしれない．　　［池　俊介］

写真7.6　南部のモンタード景観
コルクガシ・トキワガシなどの常緑広葉樹が点在する農地では，家畜の放牧や小麦・ヒマワリなどの栽培が行われている．（ポルトガル，2010年）

写真7.7　北部の伝統的な民家
石造り二階建てが基本で，2階は居住空間，1階は家畜小屋，農具置場などとして利用される．外階段を上った「ベランダ」に玄関がある．（ポルトガル，2010年）

8 東ヨーロッパの農村の変化と特色

　1990年以降，東ヨーロッパは，いわゆるトランスフォーメーションと呼ばれる政治・経済・社会の大転換を遂げた．現在，東ヨーロッパの多くの国はEU加盟を果たしたが，西ヨーロッパとの経済的格差は依然として大きい．また，東ヨーロッパいずれの国をみても，国内の地域格差が大きな問題になっている．農村は，"loser"いわゆる後進地域・問題地域である．本章では，EU域内の最貧困であるブルガリアの農村をモデルにして，東ヨーロッパの特色について検討してみたい．

8.1 トランスフォーメーションと地域間格差

　東ヨーロッパのうちEU加盟国の変化をみると，つぎの2段階の変化を経験してきたといえよう．第1段階は，計画経済から市場経済への転換期（トランスフォーメーション期）である．この時期には，複数政党制，自由選挙，貿易の自由化，情報公開，民有化（レスティチューション），価格の自由化，通貨・経済・税制度の整備など，市場経済を遂行するための諸政策が断行された．その結果，貿易の再編，インフレーション，所得格差の拡大，失業者の増大，新たな経営体（企業）の出現，セグリゲーションの進行などが顕著になった．

　第2段階は，EUへの加盟期で，加盟前と加盟後に分けることができる．この時期は，EUからの財政的援助に特色づけられ，PHARE（Poland and Hungary：Action for the Restructuring of the Economy），SAPARD（Special Accession Program for Agriculture and Rural Development），ISPA（Instrument for Structural Policies for Pre-Accession），構造政策（構造基金，結束基金）などの財政的支援が積極的に行われた．こうした結果，東ヨーロッパ諸国のEU加盟国は著しい発展を遂げた．技術革新・起業家精神の促進，環境保護，アクセスの改善，後進地域の発展，国境を越えた地域連携等がはかれたのである．しかしその一方で，失業者の増加，地域格差の拡大などの問題も顕在化した．なお，第1段階と第2段階が相互に関連しかつフィードバックの関係にあることはいうまでもない（図8.1）．

　このようなプロセスを経て，EU加盟を果たした東ヨーロッパであるが，西ヨーロッパ諸国との経済的格差はいまだ歴然としている．たとえば，GDPをみると，最も高いルクセンブルクが8万9819USドル（2008年），最も低いブルガリアが3076USドル（同）で，その差は何と45倍にも達する（EUROSTAT GDP per capita in PPS）．とりわけ問題点として指摘しなければならないのは，東ヨーロッパいずれの国においても地域間格差が顕著になっていること，しかもそれが拡大傾向を示していることである．

　一例を示そう．ブルガリアにおける2005年の

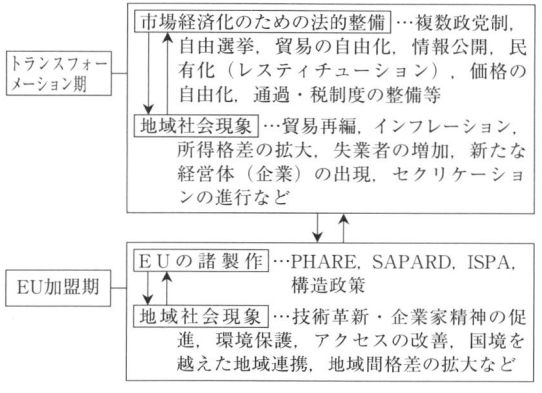

図8.1 東ヨーロッパのトランスフォーメーション

1人あたりGDPを地域（カウンティ）別でみると，最も高い地域が首都ソフィア（Sofia Cap.）で1万811レヴァ，最も低い地域がヤムボル（Yambol）で，3356レヴァであり，その差は3.2倍となっている．2001年には，首都ソフィアが8698レヴァ，ヤムボルが2670レヴァで，その差は2.6倍だったから，この4年間でその差は大きく拡大したことになる（Statistical Yearbook of the Republic of Bulgaria 2006）．経済発展の最も著しい地域が大都市であり，その逆の後進地域の典型が農村であることは，いずれの東ヨーロッパでも共通している．しかも注目すべきは，農村のなかでも格差が拡大していることである．

こうした状況から，EU加盟のなかで後進国に位置づけられる農村を発展させること，すなわち，農村の持続的発展をはかることは，EUにとって緊急かつ最重要課題の一つであるといえよう．最低限の経済的基盤および生活の質の保証が，EUの標榜する「多様性のなかの統一」を実現する前提となるからである．本章では，地域間格差という観点から東ヨーロッパの農村の特色を明らかにするとともに，EUの最貧国ブルガリアにおける農村の変化と特色を具体的に捉えてみたい．そしてこれらをもとに，農村を発展させるための若干の提言をしてみたい．

8.2 東ヨーロッパにおける農村の特色

東ヨーロッパの農村は，人口，集落機能，インフラ，産業，生活など，あらゆる面にわたって大きく変化している．とくに重要な変化として，つぎの4点をあげることができるだろう．

第1は，農村人口の減少である．東ヨーロッパ諸国では，1990年以降，社会主義時代の国営農場と農業生産協同組合が民有化（レスティチューション）され，法人の農業経営体（株式会社，有限会社など）や農業協同組合が形成されるとともに，個人農が生まれた．民有化の断行は，近代的な大規模農業経営体を生み出す一方で，農業経営体の倒産をもたらした．同時に多数の零細農が生み出されることになった．

もともと東ヨーロッパの農村は，モノカルチャー的色彩が濃く，農業に代わる雇用機会がきわめて限定されている．こうした状況から，農業という雇用口を失った人，とりわけ若年層は，新たな雇用を求めて国内外の労働市場へ流出せざるをえない状況に追いやられた．こうして農村では，若年層を中心とした人口流出，その結果として高齢化が顕著になっている．同時に失業者も多数出現している．農村人口の比率が低下しているのは，こうした状況を物語っている（表8.1）．なお，農村人口の比率は，国によって大きく異なっている．農村人口の最も高い国はルーマニアで44.9%（2005年），最も低い国はチェコの26.3%（2003年）である．

第2は，集落機能の格差拡大である．これは，農村における居住，工業・小売・サービス業・公共・福祉などの施設の立地が，選択的に行われていることから生じている．人口ならびに第二，三次産業などの集積は，おもにキー集落と呼ばれる地域の中心となる集落に集中し，それ以外の小集落では少ない．しかも小集落では，それまで存在していた機能が消滅するといった事態もまれではない．また，道路，上水道，下水，電気などの基本的インフラ，幼稚園，学校，医療施設，図書館，博物館などの社会・文化的インフラはしだいに整備されてきたが，これらの整備状況はやはりキー集落でより進んでおり，その他の集落との格差が拡大している（The European Agricultural Fund for Rural Development 2009）．こうして，集落の機能格差は，より明瞭になってきた．一例としてチェコにおける住宅の整備状況をみると，規模が大きい集落ほど，浴室を有する住居の割合，電話を有する住居の割合，およびセントラルヒーティングを有する住居の割合はいずれも高くなっている（Trukova, 1994）．

第3は，生活様式の変化である．これは，住宅の新築や改築，テレビ，ビデオ，洗濯機，自家用車などの耐久消費財の普及，インターネットの急速な普及，食料の消費量の変化に明瞭に現れている．人びとの生活圏は拡大し，情報量は増大し，人びとの食物摂取はバランスよくなった．一般的にいえば，人びとの「生活の質」は，著しく改善

表 8.1　東ヨーロッパの人口

国	人口	1990 年	1995 年	2000 年	2003 年	2005 年
ポーランド	人口数（千人）	38,183	38,603	38,254	-	38,157
	都市人口（%）	61.8	61.8	61.9	-	61.4
	農村人口（%）	38.2	38.2	38.1	-	38.6
チェコ	人口数（千人）	10,363	10,331	10,273	10,232	-
	都市人口（%）	-	-	-	73.7	-
	農村人口（%）	-	-	-	26.3	-
スロヴァキア	人口数（千人）	5,298	5,364	5,401	5,387	-
	都市人口（%）	-	-	-	55.7	-
	農村人口（%）	-	-	-	44.3	-
ハンガリー	人口数（千人）	10,373	10,321	10,200	-	10,076
	都市人口（%）	62.2	62.9	65.3	-	66.1
	農村人口（%）	37.8	37.1	34.7	-	33.9
ルーマニア	人口数（千人）	23,207	22,681	22,435	-	21,624
	都市人口（%）	54.3	54.9	54.6	-	55.1
	農村人口（%）	45.7	45.1	45.4	-	44.9
ブルガリア	人口数（千人）	8,667	8,385	8,150	-	7,719
	都市人口（%）	67.1	67.8	68.4	-	70.2
	農村人口（%）	32.9	32.2	31.6	-	29.8

WiiW Handbook of Statistics 2006 をもとに作成.

されたといえよう．ただし，「生活の質」の享受は，ある一定以上の所得があってはじめて可能となる．耐久消費財の普及や豊富な食材の恩恵に浴さない人も，少なからずいることを忘れてはならないだろう．

第 4 は，農村コミュニティ（共同体的性格）の崩壊とそれにともなう社会問題である．所得格差の拡大，失業者の増加，就業構造や生活様式の多様化が進むなかで，農村を特色づけてきた従来の農村コミュニティは，急速に崩壊しつつある．小村では，今日，公道が多くの垣根によってさえぎられている．仲間と顔を合わせるのがいやで各自が自分の農場を通って行き来するからである（小林，1998）．

こうしたなかで，アルコール依存症，家庭内暴力，家族の崩壊といった問題，盗難などの治安の悪化も目立つようになった．たとえば，ポーランド北西部の農村，ヴェンゴジーノ（Węgorzyno）では，それまでの共同体的性格は薄れ，人々の間にねたみやそねみが生まれ，人々の間に攻撃的言動が目立つようになっている．アルコールの消費量の増加，家庭内暴力や家族の崩壊，盗みなどの治安の悪化が目立ってきている．ヴェンゴジーノの多くの世帯では，カラーテレビ，冷蔵庫，ビデオ，CD などの商品を手に入れることができるようになり，物質的には豊かになった．しかしこうした状況が，社会問題をより先鋭化させている．

8.3　ブルガリアにおける農村の変化と特色

8.3.1　ブルガリアの農村

ブルガリアの面積は 1.1 万 km^2，人口は 764 万人（2007 年）で，人口密度は，69.5 人 /km^2 である．このうち農村はどの程度を占めているだろうか．農村の定義には，OECD によるものとブルガリア行政当局によるもの 2 つがあるが（図 8.2），表 8.2 は，2 つの範疇に分けて面積，人口，人口の年齢別構成を示したものである[*1)]．農村卓越地域の面積は，全体の 76.5%，農村地域が 81.3%，人口数をみると，それぞれ 58.0%，41.6% である．また，年齢別人口の割合をみると，農村卓越地域では，就労以前の人口割合が 15.8%，就労年齢のそれが 60.4%，就労後のそれが 23.3%，農村地域では，それぞれ 16.0%，56.8%，27.2% となっている．農村の特色として，面積では全体の 4 分の 3 以上を占めるが，人口数においてはこれよりはるかに低いこと，就労以前と以後の年齢層の割合が高いことがあげられる．

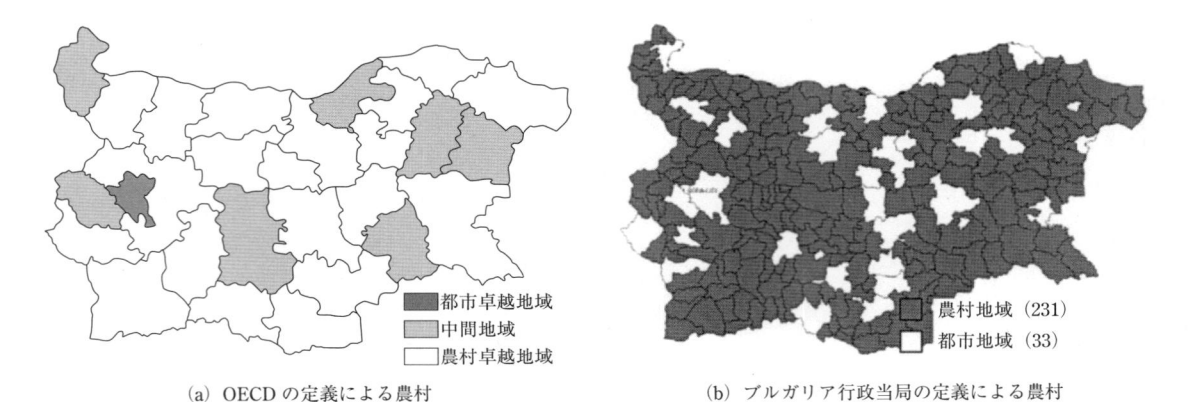

(a) OECD の定義による農村　　　　　　　(b) ブルガリア行政当局の定義による農村

図 8.2　OECD とブルガリア政府が定める農村

The European Agricultural Fund for Rural Development (2007): National Strategy Plan for Rural development (2007-2013) により作成.

表 8.2　ブルガリアの地域と人口 (2004)

地域区分	面積 (1000 km²)	人口 (千人)	就業前人口 (%)	就業人口 (%)	就業後人口 (%)
農村卓越地域	84.9 76.5	4503 58.0	– 15.8	– 60.4	– 23.8
中間地域	24.8 22.3	2037 26.3	– 14.8	– 61.6	– 23.6
都市卓越地域	1.3 1.2	1221 15.7	– 13.3	– 66.1	– 20.7
農村地域	90.2 81.3	3232 41.6	– 16.0	– 56.8	– 27.2
都市地域	20.7 18.7	4529 58.4	– 14.5	– 65.0	– 20.5

Republic of Bulgaria Rural Development Programme (2007-2013) をもとに作成.
下段は割合 (単位：%).

8.3.2　ブルガリアにおける農村の経済と「生活の質」

ブルガリアでは，1991 年から農業の民有化が始まり，2000 年までにほぼ完了した．民有化により，農業経営体の経営規模はきわめて零細になり，経営規模 5 ha 未満の農業経営体数は全体の 95.2%，また，労働力数は 91.7% に達している (表 8.3)．こうした零細農のほとんどは自給農あるいは半自給農であり，失業者あるいは失業者に近い労働者も多い．その一方で，5000 余りと少ないが，50 ha 以上の経営規模の大きな農業経営体が出現している．これらの農業経営体数は，全耕地面積の 4 分の 3 を占めており，生産量だけでなく，農業近代化のインセンティヴを発揮しているという点できわめて重要な役割を果たしている．なお，ブルガリアでは，付加価値，就業数とも第 1 次産業に依存する比率が高く，それぞれ 8.0%，24.5% (2005 年) となっている．

表 8.4 は，GDP 成長率，外国直接投資の地域別割合，就業者数および失業率 (2004 年) をみ

前頁[*1)]　OECD の定義は，NUTS-3 レベル (行政地域コミュニティ) を単位とした区分で，28 のコミュニティのうち農村が卓越するコミュニティ (農村卓越地域) 20，都市が卓越するコミュニティ (都市卓越地域) 1，農村，都市どちらにも卓越しないコミュニティ (中間地域) 7 となっている．また，ブルガリア行政当局による定義は，LAU-1 レベル (地方自治体コミューン) を単位とした区分で，264 のコミューンのうち農村に属するコミューン (農村地域) 231，都市に属するコミューン (都市地域) 33 となっている．なお，農村に属するコミューンとは，人口 3 万人以上の集落をもたないコミューンである．

表8.3 ブルガリアの規模別農業経営体数・農地面積・農業労働力 (2003)

農業経営体の規模	農業経営体数 (%)	農地面積 (ha)(%)	農業労働力数 (%)
利用農地面積なし	10,740 (1.6)	0 (0.0)	21,248 (1.6)
～1 ha	501,744 (75.4)	1,925,917 (6.6)	944,934 (70.1)
1～5 ha 未満	131,821 (19.8)	2,419,178 (8.3)	290,743 (21.6)
5～50 ha	16,174 (2.4)	1,910,750 (6.6)	41,920 (3.1)
50 ha～	5,096 (0.8)	22,788,952 (78.5)	49,263 (3.7)
合計	665,548 (100.0)	29,044,796 (100.0)	1,348,108 (100.0)

Agricultural Survey in 2003 をもとに作成.

表8.4 ブルガリアにおける地域別経済状況 (2004)

地域区分	GDP成長率 (%)	海外直接投資の地域別割合 (%)	就業者数 (千人)(%)	失業率 (%)
農村卓越地域	4.5	30.0	1,624 (55.6)	-
中間地域	5.9	15.0	764 (26.2)	-
都市卓越地域	6.0	55.1	554 (18.3)	-
農村地域	-	-	-	19.2
都市地域	-	-	-	8.5

Republic of Bulgaria Rural Development Programme (2007-2013) をもとに作成.

表8.5 ブルガリアにおける公共サービスを受けられない行政体数・集落数・人口数 (2004)

公共サービス	公共サービスを受けられない行政体数[1] (%)	公共サービスを受けられない集落数 (%)	公共サービスを受けられない人口数 (人)
水供給	34 (12.8)	342 (8.2)	19,000
電気	6 (2.3)	16 (0.4)	300
医療	39 (14.8)	496 (12.0)	72,500
行政体の中心地までの公共交通	93 (35.2)	760 (18.3)	82,700
食料品店	46 (17.4)	447 (10.8)	38,200

[1] 基本的なサービスを受けられない集落が1つ以上存在する行政体をいう
Republic of Bulgaria Rural Development Programme (2007-2013) をもとに作成.

たものである．農村卓越地域のGDP成長率は4.5%で他の2つの地域より低く，海外直接投資の割合は30.0%で都市卓越地域よりかなり低い．さらに，農村地域の失業率は19.2%で，都市地域の8.5%よりはるかに高くなっている．一方，就業率は55.6%と3つの地域のなかで最も高いが，これは，第一次産業やそれらの加工業（農産物加工および林産物加工）を中心とした工業が盛んなためである．加工業を中心とした工業は，おもに中小規模の経営体によって営まれている．

ブルガリアには，カルパチア山脈や黒海沿岸などルーラル・ツーリズムに適したところが少なくない．しかし，観光資源や宿泊施設の整備は不十分であり，観光地までのアクセスも悪く，今のところ，ルーラル・ツーリズムは，地域的に限定されたものとなっている．

一方，ブルガリアにおける農村の「生活の質」はどうだろうか．人々の「生活の質」は，急速に向上してきたが，まだ道のりは遠い．表8.5は，基本的な公共サービスへのアクセスを受けられない集落数ならびに人口数を示したものである．いまだ水供給，電気，医療，行政体の中心地までの日常の公共交通および食料品店のサービスを得られない集落および人々が存在している．また，上下水道の施設の故障，停電，医療サービスの利用ができないといった問題も頻繁に起きている．

表8.6は，集落に居住する住民の健康診断（自己診断）の割合を小さな町の住民，ソフィア住民

と対比して示したものである．総じて，集落に居住する住民の方がソフィア住民より健康でないと自己診断している人の割合が高くなっている．また，集落に居住する住民と小さな町の住民とが同じような病気の診断をしていることもわかる．今後，農村や小さな町ではとくに高齢化が急速に進展することが予想されることから，医療サービス，高齢者のための介護サービスが緊急の課題となっているといえよう．

文化施設（チタリシュテ，博物館，図書館，スポーツ施設）の整備状況（文化施設数および行政体あたりの文化施設数）をみたのが表8.7である．これらの文化施設は量的に十分といえないが，同時に問題としてあげなければならないのが，施設の老朽化および施設へのアクセスが困難なことである．また，これらの文化施設の整備状況には，都市域に立地する農村とそれ以外の農村で大きな差異がある．なお，チタリシュテ（Chitaliste）は，農村の住民に教育・文化サービスを提供している施設であり，行政体（コミューン）の中心地あるいは比較的大きな集落に立地している．

道路のネットワークとメンテナンスも，やはり緊急を要する課題である．コミューンの中心地と主要道路（国道）を結ぶ道路が悪く，中心都市へのアクセスが十分でない，集落間・集落内を結ぶ道路も劣悪である．こうした状況から，農村住民の3分の2が集落と集落を結ぶ道路ならびに集落内の道路に，また，農村住民の2分の1が農地へいたる道路に不満を抱いている．その一方で，インターネットは急速に普及してきた．農村における90%の学校が，コンピューターとそれに関連するソフトを導入している．ただし，集落による格差は大きく，小集落への普及率は極度に低く全体の4%にとどまっていることをあげておかなければならない．

農村のなかでも問題がより深刻なのは，小集落，とりわけ人口500人未満の集落である．コミューンの中心地には，役所（支所），学校，保健センター，銀行（支店）などの施設が立地しており，道路，水供給，下水，ゴミ収集などインフラの整備状況も比較的よい．しかし，集落機能は人口規模が小さくなるほど劣り，とりわけ人口500人未満の集落では，生活に支障をきたすほど集落機能が不足している．人口500人未満の集落（集落数3850）は，ブルガリア全体の集落の68.0%，人口数で14.4%に達している．

最後に，農村の経済的発展を阻害している要因

表8.6 ブルガリア住民の病気の診断（自己診断，単位は%）

病気	集落	小さな町	ソフィア
糖尿病	4.2	7.5	4.7
肺疾患	10.2	10.8	6.7
腕・手の痛み	30.1	22.9	12.8
脚・足の痛み	38.1	35.0	28.7
椎間板ヘルニア	10.0	10.8	6.0
難聴	9.3	9.2	3.3
視力障害	23.5	25.4	10.0
高血圧	31.8	33.8	26.7
脳卒中（発作）	2.4	5.4	0.7
心筋梗塞	1.7	1.3	3.3
他の心臓障害	10.7	11.3	9.3
他の慢性病	17.6	18.3	19.3

Bulgaria National Human Development Report 2003 をもとに作成．

表8.7 ブルガリアにおける文化施設数（2006）

行政体[1]	チタリシュテ	博物館	図書館	スポーツ施設
都市域に立地する農村行政体	1,380 (26.0)[2]	206 (3.9)	965 (18.2)	1,602 (30.2)
その他の農村行政体	677 (3.8)	88 (0.5)	474 (2.7)	851 (4.8)
合計	2,057 (8.9)	294 (1.3)	1,439 (6.2)	2,453 (10.6)

[1] 都市域に立地する農村行政体数は53，その他の農村行政体数178．
[2] 括弧内の数値は，農村行政体あたりの施設数．
Republic of Bulgaria Rural Development Programme（2007-2013）をもとに作成．

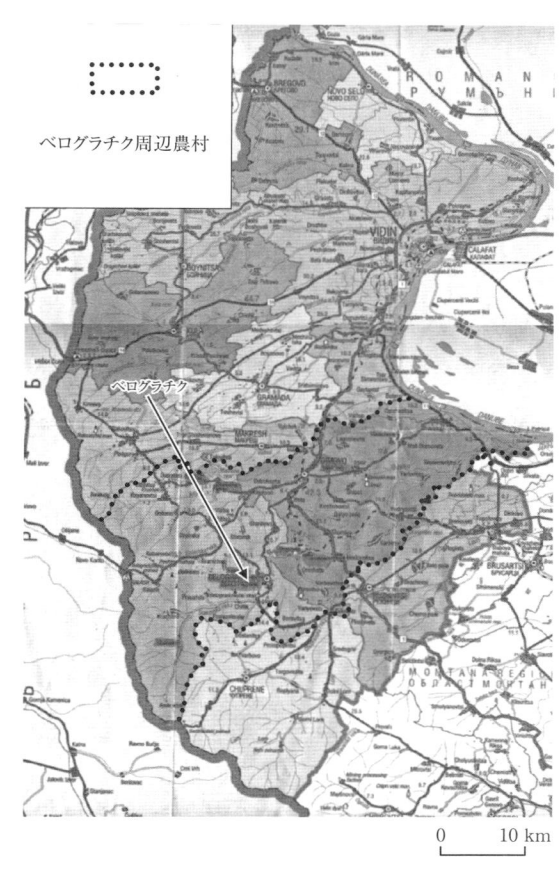

図 8.3 ヴィディンカウンティとベログラチク，その周辺

写真 8.1 ベログラチクとその周辺（ブルガリア，2009 年）

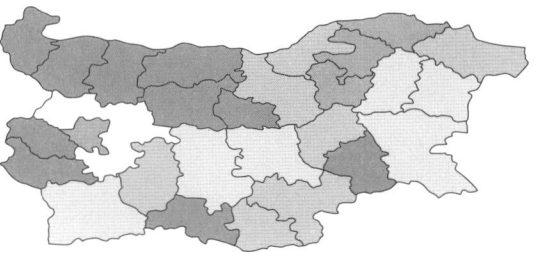

図 8.4 ブルガリアの人口の増減
2002〜2006 年．□ 増加，▨ 0〜−2.4%，▨ −2.4〜3.5%，▨ −3.5〜−4.6%，■ −4.6% 以下．

についてみておこう．おもな要因として，「中間業者と大きな加工業者が農業生産物の購入価格を下げたこと」「伝統的な外国市場（CIS, 近東など）を失ったこと」「農業振興プログラムが大規模生産者や大規模販売業者のみの利益になっていること」「行政体の政策や市長も農村を支える政策を行う能力がないこと」などがあげられる．すべての項目について，農村がソフィアより高く，農村住民が経済の阻害要因をより強く認識している．この点からも農村における経済の後進性が明らかである．

8.4 ベログラチク周辺農村の変化と特色

8.4.1 ベログラチク周辺農村の地位

ベログラチク（Belogradchik，人口は 7776 人，2005 年）は，ブルガリアの北西端の行政区ヴィディン（Vidin）カウンティ（以下ヴィディン）に位置している．また，ヴィディンは，11 の行政区（マニシパリティ）から構成されている．研究対象地域であるベログラチク周辺農村は，ベオグラチク，ディモヴォ（Dimovo）の 2 つ行政区からなる（図 8.3）．

ヴィディンは総面積 3 千 km^2 で，その内訳は農地 66.9%，森林地 24.8%，都市化地区 3.2%，水面 2.5%，インフラ地 2.1% などとなっている（2005 年）．人口は 11.3 万人で，人口密度は 45.7 人/km^2 である．2002 年の人口が 12.5 万人だったから，この 5 年間に 1.2 万人，19.2% 人口が減少したことになる．民族の構成をみると，ブルガリア人 91.0%，ロマ人 7.6%，トルコ人 0.4% となっている．失業率は 14.2% である．以下統計資料は National Statistic Institute（2007）による．

ここで，ヴィディンの経済特性を検討しておこう．図 8.4 は，ブルガリアの人口増減（2002〜2006 年）をカウンティ別に示したものである（27 のカウンティと首都ソフィア）．人口増加を示すのは首都ソフィアだけで，他のすべてのカウンティで人口が減少している．ヴィディンの人口減少率は 8.3% であり，ブルガリアで最も人口減少率

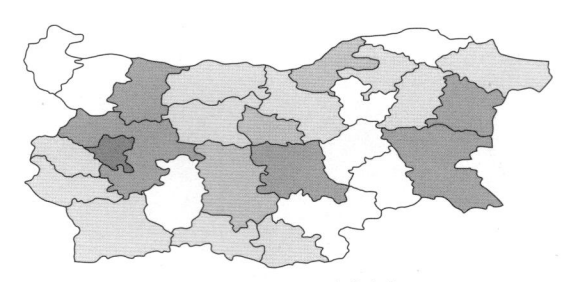

図 8.5 ブルガリアの1人あたりGDP

2005年. 単位はレフ（複数形レヴァ Lv. 1ユーロは約2 Lvに相当）. ■ 5976 Lv以上, ■ 5261〜5976 Lv, ■ 4547〜5261 Lv, ■ 3832〜4547 Lv, □ 3832 Lv未満.

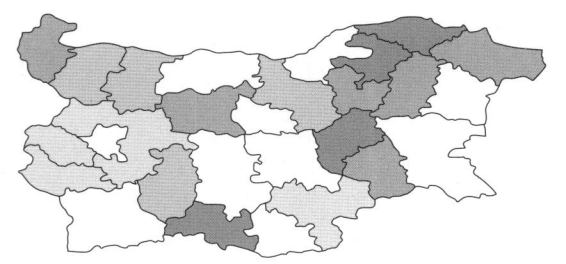

図 8.6 ブルガリアの失業率

2006年. ■ 15%以上, ■ 12〜15%, ■ 10〜12%, ■ 8〜10%, □ 8%未満.

表 8.8 ヴィディンカウンティの人口別集落数（2005）

集落の人口	集落数（%）
0〜50	17 (12.0)
50〜100	12 (8.5)
100〜200	41 (28.9)
200〜500	33 (23.2)
500〜1,000	24 (16.9)
1,000〜2,000	9 (6.3)
2,000〜3,000	2 (1.4)
3,000〜	4 (2.8)
合計	142 (100.0)

Calculated from data Region Vidin をもとに作成.

写真 8.2 ベログラチクの受話器製造工場（ブルガリア，2009年）

が低い範疇に含まれる．また，人口1人あたりの国内総生産（GDP）（2005年）をみると（図8.5），ヴィディンの1人あたりの国内総生産3682レヴァで，やはり最も低い範疇に入っている．さらにヴィディンの失業率は14.2%（2006年）で，2番目に高い範疇に入る（図8.6）．このように，ヴィディン（そこに含まれるベログラチク周辺農村）の後進性は明らかである．その一方で，首都ソフィアの経済的突出が目立っている．

表8.8は，ヴィディンの集落数を人口規模別にみたものである．人口100人以上〜200人未満が最も多く41（28.9%），以下，200人以上〜500人未満が33（23.2%），500人以上〜1000人未満が24（16.9%）と続いており，人口500人未満の集落が全体の52.1%と過半数に達している．人口のまったくいない集落も2つ存在している．また，集落の分布をみると（図8.7），人口3000人以上の集落は，都市ヴィディン周辺に立地しているが，集落はほぼ均等に分布している．

8.4.2 ベログラチク周辺農村の変化

社会主義時代，ベログラチク周辺農村の産業は，おもに農業と工業であった．農業においては，農業生産協同組合による作物栽培と家畜飼育が行われていた．一方，工業においては，国営企業による受話器製造，輸送業，繊維，木材加工がおもなものであった．これらの企業は，ベログラチク，ディモヴォなど大きな都市に立地していた．農業，工業とも大規模経営が特色で，農業生産協同組合では経営規模が500〜1000 ha，工業では，たとえば，受話器生産工場には約2300人，繊維工場には約900人の労働者が雇用されていた．

ベログラチク周辺農村の人びとは，これらの経営体に雇用されていたほか，役所，学校などで働いており，それらの産業が人びとの貴重な収入源となっていた．また，農村の人びとの食料を支えるうえで重要な役割を果たしていたのが，自らの菜園地での農作物栽培（各種の野菜・果樹栽培），家畜飼育（鶏，山羊，羊，牛など）および農産物加工（蒸留酒，チーズなど）であった．

1990年の体制転換後，民有化が断行され，多

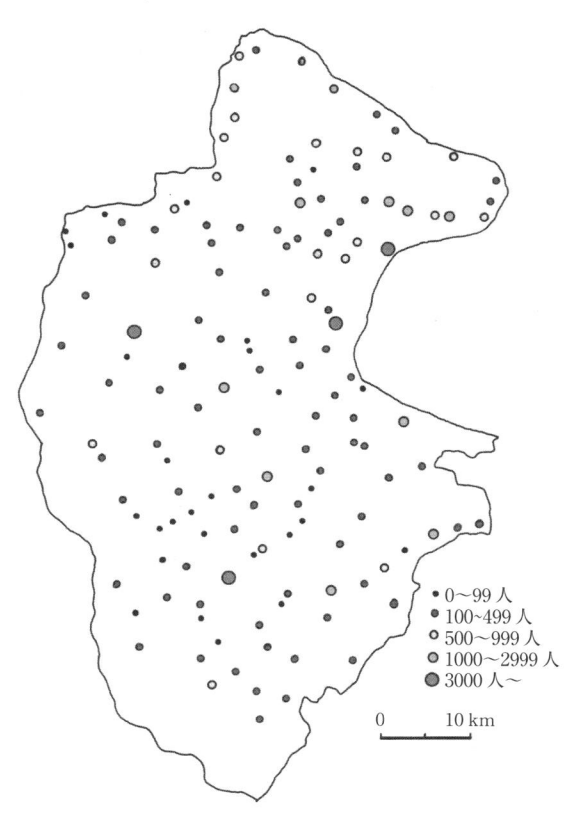

図 8.7 ヴィディンカウンティにおける集落野分布
Drawn from Region Vidin をもとに作成.

凡例:
・ 0〜99人
・ 100〜499人
・ 500〜999人
・ 1000〜2999人
・ 3000人〜

写真 8.3 「ベログラチクの岩」と要塞（ブルガリア，2009年）

くの経営体が廃業に追い込まれ，また，労働力の縮小を余儀なくされた．たとえば，いくつかの農業生産協同組合は解体を余儀なくされ，かつての国営企業の受話器生産工場では，従業員の8割以上が職を失った．こうした状況から，自宅の菜園地を利用した作物栽培や家畜飼育は，以前にも増して重要になっている．

ここで，ディモヴォのオレシェツ（Oreshets）に居住するN世帯の菜園地の利用状況を見てみよう（2009年9月の聞き取り調査による）．

N氏（68歳）の世帯は，その妻との2人暮らしである．N氏夫妻には2人の娘がいるが，2人ともソフィアに居住，そこで職を得ている．N氏は高等学校の教師，その妻は会計士だったが，2人とも定年退職，現在は年金生活をしている．N氏は心臓が悪く，定期的にベログラチクの医者に通院している．通院費と交通費（タクシー代）が年金の3分の1近くにのぼることから，出費を抑えることとが至上命令になっている．N氏夫妻は，自宅の菜園地（約 250 m²）を利用して，トマト，ナス，キュウリ，パプリカなどの野菜，ブドウ，スモモ，モモ，リンゴ，サクランボなどの果樹を栽培しており，ブドウやスモモを原料にしてラキア（火酒，蒸留酒）も醸造している．また，ニワトリ20羽，豚2頭，ロバ1頭を飼育しているほか，牛3頭を近くの牧場主に預託している．N氏によれば，N氏夫妻と娘2人，親戚が食べる野菜と果樹，ラキア，肉，ミルク，チーズは，すべてまかなえるという．

雇用機会が減少するなかで，この地域では若年層を中心にモンタナ，ソフィアなどの大都市，ギリシャ，イタリアなどの西ヨーロッパ諸国へ流出する人がめだっている．こうしたなかで注目されるのが観光開発である．この地域の観光資源は豊富である．2〜3億年前に形成されたといわれる「ベログラチクの岩（Belogradchik Rocks）」，ローマ帝国の要塞として建設された「ベログラチクの要塞（Belogradchik Fortress）」，「マグラ鍾乳洞（Magura Cave）」「ベネチャ鍾乳洞（Venetsa Cave）」「ラビシャ湖（Rabisha Reservoir）」である．とりわけ，「ベオグラチクの岩」は自然の雄大さを，紀元前9〜8世紀にトラキア人の描かれたとされる「マグラ鍾乳洞」のデッサンは歴史への誘いを表象する貴重な観光資源である．社会主義時代には，観光客は学校の遠足や市民の研修旅行に限定されていた．今後，これらの観光資源のさらなる整備をはじめ，観光資源へのアクセスや宿泊施設の整備，広報活動が進めば，観光客は飛躍的に増えるのではなかろうか．

8.4 ベログラチク周辺農村の変化と特色　101

写真8.4 オレシェツの商店街（ブルガリア，2009年）

写真8.5 ラビシャの集落（ブルガリア，2009年）

8.4.3 若干の集落の事例

続いて，オレシェツ，ラビシャ（Rabisha），そしてスタケフチ（Stakevtsi）の3集落を事例に，各集落の実態を検討してみよう．

a. オレシェツ

オレシェツの人口は，909人（2009年）である．2001年の人口が1300人，2005年のそれが964人となっており，2005～09年の人口減少率は5.7%である．オレシェツ駅（ソフィアとヴィディンを結ぶ鉄道路線）周辺に若干の商業・サービス施設があるほか，役場，幼稚園，小学校，新たに設立された高齢者用の介護施設が立地している．

1990年以前には，オレシェツには農業生産協同組合ならびに木材の加工場が存在しており，それらの経営体に雇用される人が多かった．しかし，農業生産協同組合，木材加工場は廃業になり，今日，オレシェツには作物栽培を中心とした3つの大規模な農業経営体（経営規模50～100 ha）が存在しているにすぎない．

このような状況から，オレシェツ住民はベログラチクやディモヴォなど近隣の中心地に職を求めざるをえなくなった．今日，ベログラチクやディモヴォなどに通勤している人は少なくない．また，若年層を中心に，ソフィア，プロヴディフなどの国内の大都市やスペイン，イタリアへ転出した人もいる．

オレシェツの課題として，水供給・排水施設・道路の整備のほか，観光開発があげられる．観光開発では，近年発見された洞窟（鍾乳洞）がヨーロッパ最古の人が居住していたのではないかと注目されており，今後の調査が待たれる．

オレシェツの村長J女史は，オレシェツの現状をつぎのように語ってくれた．「体制転換後，生活が困難になりました．私たちの経済を支えていた農業と工業が衰退してしまったのですから．とにかく新たな産業をおこす必要があります．また，排水施設の整備が緊急の課題です．そのための財政的援助は不可欠ですが，十分な援助はありません．でも，オレシェツには，商業施設や学校などの生活に必要な基本的な集落機能はありますので，まだよいでしょうか．」

b. ラビシャ

ラビシャの人口は，350人（2009年）である．1990年の人口が約800人，2005年の人口が401人だったから，大きく減少している．2005～09年の人口減少率は12.7%に達する．人口の急減により，ラビシャでは空家がめだっている．ラビシャにはロマ人が多く，全人口の4分の1を占めている．

体制転換前，ラビシャ住民の多くは，農業生産協同組合に雇用されていた．体制転換後，新たな法人の農業経営体の設立はうまくいかず，零細な自給農のみからなっている．こうした状況から，農業は大きく後退し，作づけ放棄地や休閑地が広範に分布している．

1990年以降，ラビシャではワイン醸造工場が新たに建設された程度で，雇用機会は少なく，オレシェツと同様，ベログラチクやヴィディンへ通勤する人が多い．ソフィアなどの大都市のほか，外国への人口流出も目立っている．ロマ人を中心に

写真8.6 スタケフチの1人住まいの高齢者（ブルガリア，2009年）

写真8.7 スタケフチのチタリシュテ（ブルガリア，2009年）

失業者も多い．

ラビシャの村長N氏に，ラビシャの課題を尋ねたところ，観光開発とインフラ，とりわけ水供給・排水施設の整備をあげてくれた．N氏は，とくに観光開発に大きな期待を抱いていた．「ラビシャのすぐ近くに，マグラ鍾乳洞とラビシャ湖があります．今のところ，これらの情報が普及していないこともあって，観光客は多くありませんが，増加する可能性はきわめて高いと思います．ペンションなどの宿泊施設の整備と情報の普及がとくに重要です．同時に，この地域一帯の観光化を進める必要がありますので，近隣の行政体と積極的に連携をはかっていこうと思います．」

c．スタケフチ

スタケフチの人口は，200人（2009年）である．2005年の人口は259人だったから，この間の人口減少率は22.8％ときわめて高い．人口の急減は，体制転換前に重要な役割を果たしていた農業生産協同組合が消滅したこと，それに代わる産業の発展がほとんどみられないことから，多くの人が村外に流出したためである．こうした状況から，スタケフチには高齢者の単独世帯が多く，空屋や廃屋も多い．作づけ放棄地も広範にみられる．小学校もすでに廃校になっている．小学校の廃校に関する筆者の質問，「子どもたちは，どこの学校に行っているのですか？」に対するチタリシュテの責任者K女史の返答が，この集落の状況を象徴的に物語っていた．「スタケフチには小学校に行く子どもはいないのですから，小学校は必要ないのです．」

チタリシュテは，スタケフチやその周辺の集落・コミュニティの維持に重要な役割を果たしている．具体的には，図書の貸し出し，コーラスクラブの運営，文化的催し物の開催などの活動を行っている．また，スタケフチは，周囲を森林に囲まれていることから，狩猟のために国内外から狩猟愛好家が訪れている．近年，自らの家屋をペンションに改築する人や別荘として空屋を購入する人（外国人を含むスタケフチ以外の人）もみられるようになった．こうした動きは，この地域の今後の発展策と絡んで注目される．とくに劣悪な道路の改善，下水施設の整備が緊急の課題となっている．

8.5 農村の発展策と課題

1990年以降の体制転換により，東ヨーロッパは，トランスフォーメーション，いわゆる政治・経済・社会のあらゆる面にわたる著しい変化を経験した．その過程で地域間格差の問題が顕在化してきたが，注目されるのは地域間格差がEU，国，地方，都市・農村など，さまざまな空間レベルに現れていることである．本章では，ブルガリアのなかで後進地域に位置づけられるヴィディン（カウンティ）のベログラチク周辺農村を検討したが，農村内の格差，すなわち，集落機能に格差が存在することは歴然としていた．この集落間格差は，とくに人口規模に規定されていた．

ところで，この地域の農村を発展させるにはどのような方策が必要だろうか．筆者は，つぎの3

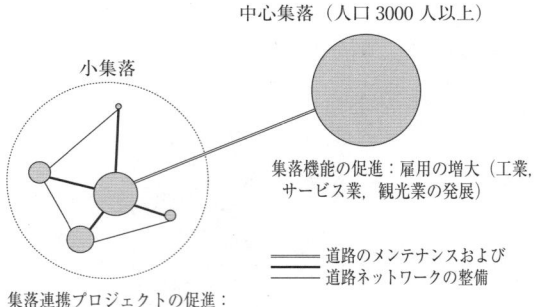

図8.8 ベログラチク周辺農村を発展させる施策

点を提言したい（図8.8）．第1は，中心都市（カウンティおよびコミューンの中心地でヴィディン，ベログラチク，ディモヴォなど）の機能を高めること，具体的には，工業や観光業を発展させて雇用の創出をはかることである．第2は，いくつかの隣接する集落が共同してプロジェクトを立ち上げ，それを実施に移すことである．具体的なプロジェクトとしては，水供給・下水処理施設の整備，観光資源の開発・整備，高齢者ケアの促進などのプロジェクトがあげられよう．第3は，道路のメンテナンスならびに道路ネットワークを整備することである．

なお，農村の発展策に関連して，つぎの点を指摘しておこう．上記の施策を実施するには，当然のことながらEUや国の援助が不可欠だと思われる．筆者は，ベログラチク周辺農村の調査の際に会った数人の村長にSAPARD, ISPAといったEUの農業・農村支援策について尋ねてみた．彼らは，総じてこれらの支援策に関心が薄く，しかもそれらについて十分な情報・知識をもちあわせていなかった．この点こそ，きわめて重要な問題・課題といえるのではなかろうか． ［小林浩二］

引用・参考文献

小林浩二（1998）：21世紀のドイツ．大明堂．
小林浩二（2005）：中央ヨーロッパの再生と展望．古今書院．
小林浩二（2007）： 農村地域の変化．加賀美雅弘・木村汎編：東ヨーロッパ・ロシア，pp. 43-51．朝倉書店．
Kobayashi, K. (2005)：Changes and prospects in a rural area in northwestern Poland：Węgorzyno. In Mather, A. S. ed.：*Land Use and Rural Sustainability, IGU Proceedings of Conference on Land Use and Rural Sustainability*：159-163.
Kobayashi, K. (2010)：Utilization and conservation of forests in Romania：Crisis of Romania's rural areas and their prospects of sustainable development. *Proceedings of the General Meeting of the Association of Japanese Geographers*, 77：180.
National Statistic Institute (2007)：*Regions and Districts in the Republic of Bulgaria 2002-2006*. National Statistic Institute.
Trnkova, V. (1994)：Social policy in the Czech Republic with special reference to the rural situation. *Univ. of Liverpool Centre for Central and East European Studies, Rural Transition Series*, 12.
Turnock. D. (2003)：*The Human Geography of East Central Europe*. Routledge.

コラム 8.1

社会主義時代の遺産

　第二次世界大戦直後から1980年代終わりまでの40年余り．社会主義時代は人類の歴史からみるときわめて短い期間であったが，その間の東ヨーロッパの変貌ぶりは大きいものだった．私にとって，冷戦時代の1980年代初め，旧東ベルリンのテレビ塔に登って，眼下にひろがる旧東西ベルリンをみた光景を忘れることができない．経済の発展段階の違いによる都市景観の違いは当然想像していたが，旧東ベルリンの中心部に大きなアパート群が立地しているのをみて，政治体制の違いが都市構造に大きな影響を及ぼしていることを実感したのだった．

　東ヨーロッパにおける社会主義時代の遺産とは何だろうか．都市中心部の広場，そこから放射状にのびるマギストラーレ（主要道路），パネル式の建物群からなる大規模な住宅団地，コンビナートに特徴づけられる大工場群とそれらの工場で働く労働者のための住宅群（いわゆる社会主義の都市），都市域に密に張り巡らされた路面電車網（写真8.8），大規模な国営農場や農業生産共同組合といったところであろうか．これらが，東ヨーロッパの都市や農村を特色づけていたといってよい．

　東ヨーロッパでは，1990年以降の体制転換以降，市場原理にもとづいて地域の再生・発展が行われてきた．社会主義時代の遺産は取り壊され，あるいは改造（変）・再編された．伝統的な建物が改修され，モダンで品ぞろいの豊富な大型専門店やレストランが出現した．サブ・アーバニゼーション（都市化）やモータリゼーションが急速に進んだ（写真8.9）．モノトーンな都市から多彩で多様な都市になった．社会主義時代の遺産は，ことごとく消滅する運命にあるようにみえる．

　体制転換から20年，社会主義時代の正の遺産を存続・発展することが重要になっているのではないだろうか．社会主義時代の正の遺産とは，たとえば，コンパクトな都市，都市域の路面電車網，経営規模の大きな農業経営体をあげることができよう．これらは，いずれも市場経済化の進展のなかで，急激に変貌を遂げ，弱体化しつつある．社会主義時代の正の遺産を維持・発展させることは，「持続可能な発展」を最優先に掲げるEUの課題でもあろう．　　　　　　　　　　　　　　　　　　　　　　　　　[小林浩二]

写真8.8　ブラチスラヴァの路面電車、ドナウ川にかかる新橋（Novy most），ペトルジャルカ（Petrzalka）の住宅群（スロヴァキア，2001年）

写真8.9　ソフィア市内の渋滞（ブルガリア，2008年）

> コラム 8.2

ロマの人びとをめぐる環境

　ヨーロッパには，推定 900 万～1000 万人ものロマの人びとがいるとされている．その多くはルーマニアやハンガリー，スロヴァキア，セルビアやマケドニアといった東ヨーロッパ諸国に住んでいる．彼らは長くジプシーと呼ばれ，差別や迫害の対象とされてきた．ヨーロッパの民族としてみなされず，土地の所有が認められずに移動生活を余儀なくされたほか，ルーマニアでは 19 世紀半ばまで奴隷として扱われていた．20 世紀にはナチス・ドイツの支配下で劣等人種のレッテルを張られ，撲滅の対象となった．強制収容所では 50 万ともいわれる犠牲者が出ている．

　第二次世界大戦後，東ヨーロッパ諸国が社会主義化したことも，彼らにとっては不運であった．社会主義諸国において彼らは新国家の建設に不要な集団とみなされ，移動生活の禁止や強制的な定住と住民登録がなされた．人権は無視され，彼らは厳しい生活環境を強いられた．

　東ヨーロッパ諸国の民主化以降，国民の間に意思決定の自由と経済活動の自由化が進むにつれ，ロマの人々にも民族としてのまとまり，人権の確保，生活環境の改善と生活水準の向上を求める活動がみられるようになった．しかし，多くのロマ人が低い教育水準にあって熟練技術をもたないことから，資本主義経済が浸透するにつれて彼らは労働市場からはじきだされ，再就職のチャンスもなく収入の機会を失う人々が急増するという厳しい現実も現れた．ロマの人びとにとって東ヨーロッパの政治改革は，自由化による人権確保のための活発な活動を可能にした反面，激しい競争社会のなかで生活の困窮化を一層強めることになったのである．

　その具体的な様子をハンガリーの首都ブダペストにみることができる（写真 8.10）．この町には数万ものロマ人が住んでいると推定されており，都心からすぐのところに彼らの集住地区がある．ここを訪れると，割れた窓ガラス，崩れた建物の壁面，鍵が壊れた玄関ドアなど劣悪な住宅が目に入る．これだけで，彼らの多くが社会の最下層に置かれていることが容易にわかる．

　この地区の改善はブダペスト市にとって重要課題とされ，2000 年前後から自治体主導による都市整備事業が始められ，老朽化した住宅の改修や公共施設（公園やコミュニティセンター）の新設などが進められている．ロマ問題を重視する EU からも補助金が提供されている．その際，ロマの人びとが継続してこの地区に居住することが強く意識されている．それは，彼らのコミュニティを育成することにより，市民としての自覚と市民社会への統合を促すことが目標とされているからである．また，ブダペスト市内におけるロマ人の移動と，彼らの転入を受ける地区に起こりうる新たな問題も無視できない．いずれにせよ，ロマの人びとの移動を招かないような住宅の改修事業が進められている．

　しかし，現在のところ，改修事業が実施される住宅の戸数はきわめて限られている．改修事業実施にあたって受益者負担が求められるが，それすらまかなうことができない貧困層が多く，そのために最も劣悪な住宅が改修できない状況になっている．集合住宅に住む彼ら自身が，相互に連携を取って改修に取り組む組織づくりも容易ではない．ロマの人びとが住む地区における改修事業は，もっとも厳しい状況に置かれている人びとに手がまわらない状況になっている．

［加賀美雅弘］

写真 8.10　改修が進まないブダペストのロマ人地区（ハンガリー，2007 年）

9 EU 市民の暮らし

　EU 諸国も他の先進国と同様に，少子・高齢化への対応を迫られている．少子・高齢化は地域経済の縮小のみならず，将来における年金・医療・福祉などへの各国の財政負担と関わるためである．本章では，高齢化する社会における福祉と少子化する社会における教育について言及し，少子・高齢化時代の EU の生活水準を展望する．少子・高齢化に対する政策にはその地域・国の価値観が少なからず反映されており，少子・高齢化にともなう社会保障制度にかかる圧力をいかに軽減し，EU 市民が等しく「豊かな暮らし」を享受できるような社会を構築しようと模索している．

9.1　ヨーロッパ諸国の基層文化

　2010 年現在，EU 加盟国の主たる宗教はキリスト教である．カトリック，プロテスタント，正教の違いはあるものの，キリスト教文化から派生した生活様式が色濃く残っている．ヨーロッパ諸国では，小さなうらぶれた村にも，コスモポリタンな喧騒に満ちた都会にも，教会を見つけることができる．いくつかの国では，税慣習として「教会税」（「人頭税」と同様に納税能力に関係なく，すべての国民 1 人につき一定額を課す税金）がいまだに残存し，「教会税」を支払わないこと＝コミュニティの一員としての資格の放棄であるとみなされる場合もある．

　ドイツで所得を得た場合，日本と同様に所得税の申告をする必要がある．所得税申告用紙には，住所，氏名にならんで宗教・宗派（Kirchensteuer）を記入する欄がある．多すぎる移民を取り締まるために，とりあえず宗教を聞いているのではない．宗教に基づいて先の「教会税」が徴収されるのである．下記の写真 9.1 は所得税申告書の一部である．この申告書では，中央の教会（Kirchensteuerabzug）の欄に福音派教会を意味する EV が記入されている．

　ヨーロッパの街を注意深く歩いていると，いたることころにキリストや乙女マリアを祝福するレリーフや飾りがあることに気づく．写真 9.2 はハンガリーのブダペスト市内の住宅のファサードにつくられた乙女マリアが幼子イエスを抱いている像である．写真 9.3 はイタリアのナポリ近郊にあるカプリ島の船着き場で撮影されたものであり，キリストとそれを祝福する人びとの像が船着き場の岸壁を穿ってつくった小さな空間に収められている．写真 9.4 はポーランドの一戸建て住宅のガ

写真 9.1　所得税申告書の一部

写真 9.2　ブダペストのマリア像（ハンガリー，2010 年）

写真 9.3 ナポリのカプリ島のキリスト像（イタリア，2005 年）　　写真 9.4 クラクフのキリスト像（ポーランド，2010 年）

表 9.1　2010 年の各国の祝日

	アイルランド カトリック（旧教）	スウェーデン プロテスタント（新教）	セルビア セルビア正教
1月　1日	ニュー・イヤー	ニュー・イヤー	ニュー・イヤー
2日			ニュー・イヤー・ホリディ
6日		公現祭	
7日			正教会クリスマス
2月 15日			国家の日
3月 17日	聖パトリックの日		
4月　2日	聖金曜日	聖金曜日	聖金曜日
3日			復活祭前日
4日	復活祭	復活祭	復活祭
5日	復活祭後日	復活祭後日	復活祭後日
5月　1日		メーデー	メーデー
3日	5月の公休日		メーデー・ホリディ
13日		昇天日	
6月　6日		建国記念日	
7日	6月の公休日		
12日		聖霊降臨祭	
13日		聖霊降臨祭後日	
25日		夏至祭イブ	
26日		夏至祭	
8月　2日	8月の公休日		
10月 25日	10月の公休日		
11月　5日		万聖節	
12月 24日		クリスマス・イブ	
25日	クリスマス	クリスマス	
26日		ボクシングデー	
27日	聖ステファンの日		
31日		12月の公休日	

レージに飾られたキリストの肖像とそれに捧げられた花束である．花束とともに鐘がつけられており，呼び鈴という実用性が加えられている．

上記のように，ヨーロッパ諸国はキリスト教に基づく文化がその根底にあり，市民の生活習慣・様式のあちらこちらにその片鱗を見つけることが

できる．それを最も端的に表すものの一つが祝日であろう．表 9.1 は，アイルランド，スウェーデン，セルビアにおける 2010 年の祝日であり，色つきの部分はキリスト教に基づく祝日を表している．これらの国々は，キリスト教のうち西方教会に属するカトリック（旧教）とプロテスタント（新教），

写真 9.5 クリスマス飾りをつけた自動車（セルビア, 2010 年）

東方教会のセルビア正教という，それぞれ異なる教義をもっている．しかしながら，キリスト教という大枠に属するため，各国の祝日は，たとえば，4 月 4 日の復活祭（通称イースター）など共通するものもある．世界で広く使用されているいわゆる西暦は，ユリウス暦を修正して作られたグレゴリオ暦である．セルビア正教会ではユリウス暦が使用されているため，グレゴリオ暦を使用した他のヨーロッパのクリスマスとは，日にちに若干のズレがある．

写真 9.5 はクリスマス飾りをつけたセルビアの自動車であり，日本の正月に松飾りをつけて走っている自動車のようなものである．キリストの受難を表すヒイラギなどの常緑樹・針葉樹を使用したクリスマス・リースではなく，セルビアではカシワに似た形状のヨーロッパナラの葉を用いたオークリーフが飾られる．ヨーロッパナラは樹齢千年以上のものも珍しくないほど長命な樹木であるほか，落葉しながらも毎年春に芽吹き大きく枝葉を茂らせることから，キリスト復活の象徴として好まれている．

次節からは，キリスト教を基層とするヨーロッパ文化圏における EU 市民の生活について，少子・高齢化，社会福祉，教育制度，生活水準について解説する．

9.2 少子・高齢化する社会

先進諸国では，出生率の低下と同時に，死亡率の低下に加えて平均寿命の伸長がおこり，結果として人口減少が続いている．人口減少は地域の市場規模を減退せしめ，さらには地域経済の縮小を招きかねない．このため，少子・高齢化が著しく進行する国々では，少子化対策を急務と位置づけている．現在の人口規模を維持するには合計特殊出生率（人口統計上の指標で，1 人の女性が一生に産む子供の数を示す）2.0 以上を保持する必要がある．国力あるいは地域経済にとって重要な人口ではあるが，女性の社会進出や多様な生き方を容認する動きなどを反映して，EU 諸国においても合計特殊出生率は低下の一途をたどっている．図 9.1 は EU 加盟国とその周辺諸国における 2003 年から 2008 年における合計特殊出生率の平均値を示している．

最も高い合計特殊出生率を示すのはアルバニア（2.02）であり，フランス（1.98），アイルランド（1.85），ノルウェー（1.78），ルクセンブルク（1.78），モナコ（1.75）がこれに続く．さらに，デンマーク（1.74），フィンランド（1.73），セルビア・モンテネグロ（1.69），スウェーデン（1.67），イギリス（1.66），オランダ（1.66），ベルギー（1.65），マケ

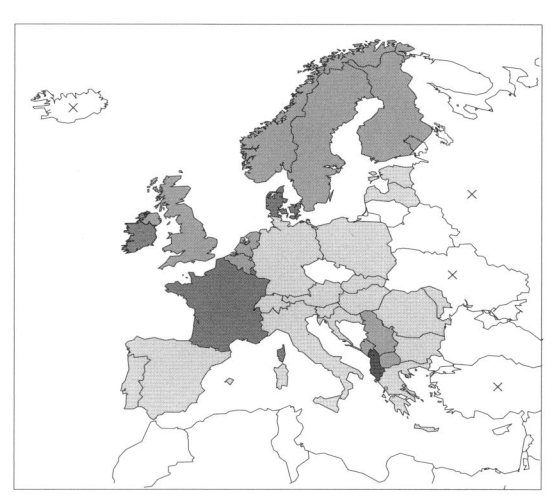

図 9.1 ヨーロッパ各国における合計特殊出生率
2003〜08 年の平均値．■ 2.00 以上，■ 1.75〜2.00，■ 1.50〜1.75，■ 1.25〜1.50，□ 1.25 未満（×はデータなし）．

ドニア (1.58)，リヒテンシュタイン (1.51) と続く．比較的高い合計特殊出生率を示すこれらの国々は，2タイプに大分できよう．第一は北欧諸国に代表されるように，女性の社会進出にともなう社会整備と育児と仕事との両立を促すための子育て支援を政府が積極的に推進している国々である．第二はアルバニアに代表されるように，政治・経済的混乱からの脱出過程にある国々であり，社会的混乱により控えられていた出産が通常あるいは通常より高い値を示す国々である．

EU加盟国のなかでも最も高い出生率を示すフランスは，3人の子どもを9年間養育した男女に年金額を10%加算するなどし，婚姻の法的手続きの有無にかかわらずカップルに長期的な社会的利益を還元することで出生率を回復させた．政府の政策により堅調な回復をみせる出生率は，1994年の1.65から2002年の1.88に，さらに2005年には1.94にまで回復した．

一方，スウェーデンは，子どもが4歳になる間に所得が減っても，年金計算は「① 子どもが生まれる前年の所得，② 年金加入期間の平均所得の75%，③ 現行所得に基礎額（約50万円）を上乗せした金額」の3通りから最も有利なものを充てるなどの対策を施した．その結果，最低出生率を示した1998年と99年の1.50から2002年には1.65，さらに2005年には1.77と順調に回復している．いずれにしても，政治・経済的に安定した社会で，長期的な子育て支援が整備された国々で出生率の回復がみられる．

一方，日本と同様にヨーロッパの国々も医療技術の進歩により，死亡率は低下する傾向にある．図9.2はEU加盟国とその周辺諸国における2003年から2008年における65歳以上の人口の割合を示している．65歳以上の人口が総人口の20%を超える国はモナコ（22.8）のみである．フランスとイタリアの国境付近に位置する都市国家モナコは，世襲制の大公を元首とする立憲君主制国家である．モナコはわずかな平地を山と海に挟まれており，その面積は $1.95 km^2$ にすぎない．ヨーロッパの小さな国がヨーロッパで最も高い65歳以上人口の割合を示す理由は，その経済政策にある．モナコは居住者に対して所得税を課さないばかりか法人税もない，いわゆるタックス・ヘブンであるため国外で収入を得ている富裕者がこの国に居を構えている．その多くは成功した実業家であり，温暖な気候にタックス・ヘブンという魅力が加わって富裕者の心を捉えて離さない．65歳以上の人口が総人口の17.5～20.0%を占める国々は，ドイツ（20.0），イタリア（20.0），ギリシャ（19.1），スウェーデン（18.3），スペイン（17.9），オーストリア（17.7），エストニア（17.6），ブルガリア（17.6），ベルギー（17.5）である．

比較的高い高齢者割合を示すこれらの国々は，2タイプに大別できよう．第一は福祉によって非生産年齢人口を養う社会システムを構築する国家であり，第2は地中海沿岸域の国々である．

まず，第1の福祉国家にもさまざまなタイプがあることが表9.2からわかる．福祉レジームにはスウェーデンをはじめとする社会民主主義型，アメリカ合衆国に代表される自由主義型，ドイツをモデルとする保守主義型の3種類がある．社会民主主義型と自由主義型はおおむね対極に位置し，その中庸をとった型が保守主義型である．以下では，スウェーデンを事例に社会民主主義型と，ドイツを事例に保守主義型の福祉について，その目的や目的を達成するための手法，その手法をとる

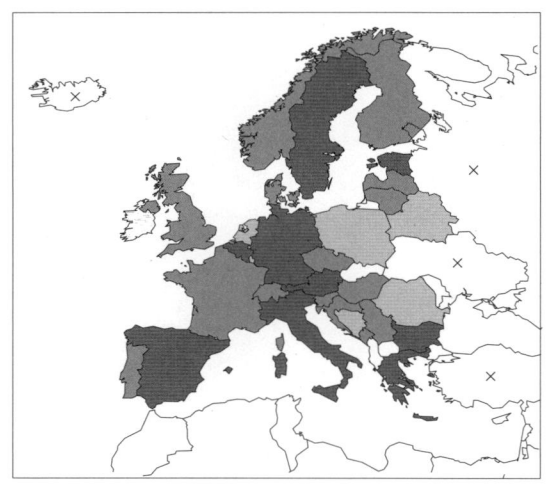

図9.2　ヨーロッパ各国における65歳以上人口の割合
2003～08年の平均値．■ 20%以上，■ 17.5～20%，15～17.5%，12.5～15%，□ 12.5%未満（×はデータなし）．

表 9.2　エスピン・アンデルセンによる福祉レジーム論

福祉レジーム	社会民主主義	自由主義	保守主義
モデル国家	スウェーデン	アメリカ	ドイツ
モデル国家群	スカンディナヴィア諸国	アングロサクソン諸国	大陸ヨーロッパ諸国
脱商品化	高位	低位	中位
階層化	低位	高位	中位
脱家族化	高位	中位	低位
主たる政策目標	所得平等および雇用拡大	租税軽減および雇用拡大	所得平等および租税軽減
犠牲となる政策目標	租税軽減	所得平等	雇用拡大
主たる福祉供給源	福祉国家	市場	家族
典型的な福祉政策	サービス給付	減税	所得移転
所得移転の形態	制度的	残余的	補完的
社会的統合の触媒	労働組合	なし	宗教団体
支配的なイデオロギー	ネオ・コーポラティズム	ネオ・リベラリズム	コーポラテイズム
労働参加率	最高位	高位	低位

エスピン・アンデルセン著，岡沢憲芙・宮本太郎監訳（2001）：福祉資本主義の三つの世界：比較福祉国家の理論と動態．ミネルヴァ書房　による．

際の価値判断にも注意を払いながら述べる．

　スウェーデンでは，モノをもつことで得られる優越感よりもヒトとのつながりで得られる精神的豊かさを希求する傾向の人びとが多い．つまり，物質主義から脱却して精神主義に軸足を移した人びとは，モノよりもヒトに価値を見出し，社会を構成する個々の人びとが個々に（精神的にも）充実した生活を送ることで，社会全体が充実かつ安定することを目的としている．

　一方，ドイツではモノをもつことで得られる優越感を認めながらも，モノからでは得ることのできない達成感・充実感・幸福感があることも認めている．ドイツでも3世代同居はまれになったものの，成長した子供たちと両親，あるいは祖父母と孫の間には強い心理的つながりがある．連邦政府は世代間の連携を強化するモデル計画をすすめている．このように，ドイツでは日本人が思う以上に家族が形骸化しておらず，福祉の受け皿が社会ではなく家族となっている．このことは，性差による労働参加・条件・環境や労働分業が解消されておらず，伝統的価値観に基づく社会・家庭内労働分業が残存していることを物語っている．

　最後に，地中海沿岸地域の高い高齢者割合について述べる．ヨーロッパ各国の経済水準は一様ではなく，むしろ多様性に富んでいる．北欧諸国と同様にヨーロッパの周縁に位置するイタリア，スペインをはじめとする南ヨーロッパの国々では，社会福祉システムが整備途上にあり，先に述べた合計特殊出生率が2.00を下まわる限り，65歳以上人口の割合は上がり続ける（実際には，社会人口増減率を考慮しなければならない）．合計特殊出生率を上げる政策が行われないまま，医療が進歩し，寿命が延びた状態が地中海沿岸域に広がっている．これらの地域の1人あたりGDPはEU域内平均値に近い値を示している．しかし，EU域内平均値を100とした場合，最富裕国の1人あたり購買力基準252.8に対し，最貧国のそれは32.5であるため，平均値が平均値となりえていない．GDPの低さに加えて金融不安により合計特殊出生率の改善にかける財政的余裕がないのがこれらの国々の実情である．

9.3　教育重視の社会

　少子・高齢化が同時進行する社会においては，その地域の社会・経済的レベルを維持する何らかの対応策が必要となってくる．EU諸国は自然環境のみならず人文環境が「持続可能な社会」を創造するために重要な要素となっていると考え，そのためには現実を把握することと人々の教育が不可欠であるという認識が浸透している．こうした共通認識のもとで欧州委員会は欧州雇用戦略を練っており，そのなかで「すくいあげ」と「教育の質の向上」を優先課題として取り上げている．この教育重視の姿勢は生涯教育の拡充政策としてすでにいくつかの国で実施されている．

　図9.3は2004年の各国の教育に対する財政支

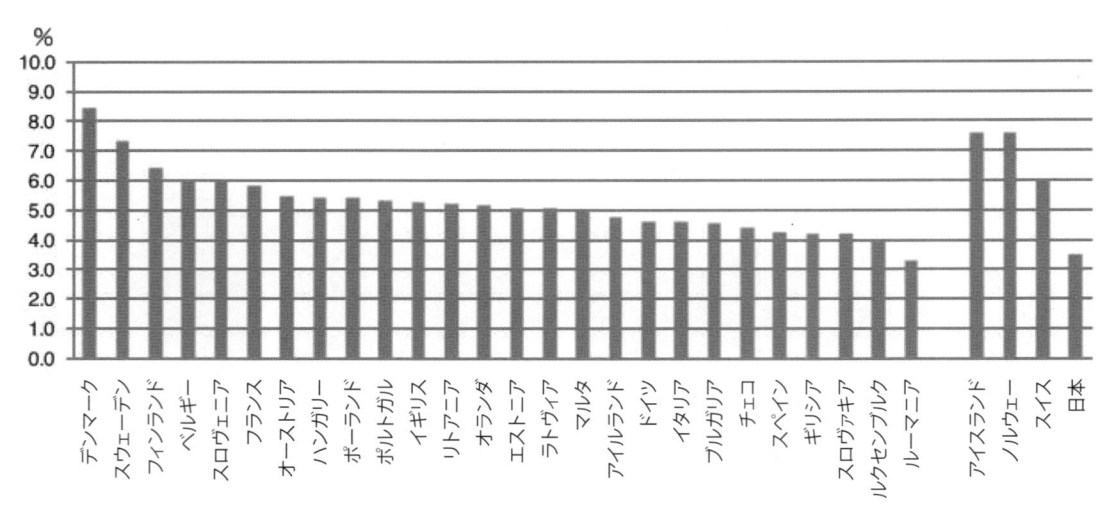

図 9.3　EU 加盟国とその周辺諸国の教育に対する財政支出の対 GDP 比（Eurostat 2004 による.）

表 9.3　2006 年の国際学習到達度調査結果

	読解力	得点	数学的リテラシー	得点	科学的リテラシー	得点
1	韓国	549	台湾	556	フィンランド	563
2	フィンランド	548	フィンランド	547	香港	542
3	香港	547	香港	536	カナダ	534
4	カナダ	547	韓国	527	台湾	532
5	ニュージーランド	531	オランダ	521	エストニア	531
6	アイルランド	530	スイス	517	日本	531
7	オーストラリア	527	カナダ	513	ニュージーランド	530
8	リヒテンシュタイン	525	マカオ	510	オーストラリア	527
9	ポーランド	525	リヒテンシュタイン	508	オランダ	525
10	スウェーデン	523	日本	507	リヒテンシュタイン	522

The OECD Programme for International Student Assessment（PISA）による.

出の対 GDP 比を示している．EU の 27 加盟国の平均は約 5% である．同年の日本のそれが 3.5% であり，日本と比較すると教育への多額の公的支出が行われていることを理解できる．EU 内で教育に対する公財政支出の対 GDP 比が最も高い国は，デンマーク（8.5）であり，スウェーデン（7.4），フィンランド（6.4），ベルギー（6.0），スロヴェニア（6.0）と続く（Eurostat 2004）．これらの国々は，2000～02 年におけるそれを確認すると，デンマーク，スウェーデン，ノルウェー，フィンランド，ベルギー，スロヴェニア，ベラルーシが 6.0% 以上を示していることから，ベラルーシ以外は継続的に教育に対して財政支援を行っていることがわかる．

ところで，その結果が発表されるたびになにかと話題になる国際学習到達度調査，通称 PISA（Programme for International Student Assessment）の 2006 年の結果（表 9.3）から，以下の 2 点を指摘することができる．第 1 点は，EU の国々は，読解力，数学的リテラシー，科学的リテラシーのいずれの分野においても上位 40 位以内，点数にして 440 以上に収まることから，EU 全体としてある一定以上の教育レベルを達成している点である．しかし，学習到達度もまた経済状況と同様に EU 内で大きな格差があることが，第 2 点である．表 9.3 は 2006 年に行われた PISA の結果のうち，読解力，数学的リテラシー，科学的リテラシーのそれぞれ上位 10 か国を示している．PISA の結果を受けて一躍教育大国ともてはやされているフィンランドは，すべての分野で 2 位あるいは 1 位を獲得している．読解力は 11 位で奇しくも表にその国名が現れていないが，オランダは数学

的リテラシーで5位，科学的リテラシーで9位と安定して比較的高い学習到達度を示している．

この両国はまったく異なる教育政策をとりつつも，ともに国際的に高い学習到達度を達成している．フィンランドは「平等な総合教育」を教育政策の核としている．フィンランドの目的とする「平等な総合教育」とは，どんな場所に住んでいようと，また性別や経済的事情，母国語の違いなどに関係なく一様に受ける教育である．原則的に児童・生徒は7歳から16歳までの9年間，自宅近くの基礎教育学校に通う．基礎教育学校は，初等と前期中等教育が連続して行われる，いわば小中一貫校である．それに対してオランダは，「個人の求める教育機会の提供」を目的としている．原則的に児童・生徒は4歳から12歳までの8年間それぞれの希望する基礎学校へ通う．フィンランドでは16歳で義務教育課程を終了したのち，進路別の後期中等教育課程へと移っていくが，オランダでは12歳で進路別の前期中等教育課程へと移っていく．フィンランドが思春期半ばまで同じ路線を進むのに対して，オランダは12歳という早期段階で進路に見合った中等教育課程へといわば振り分けられる．どちらの国も生徒の興味・関心の変化や適正・能力の開花に応じて後期中等教育課程における学校間移動を可能としている．

以上のように，フィンランドとオランダは異なる教育政策を実施しながら，ともに高い教育効果をおさめている．他国の良い点を積極的に取り入れることも成功の近道であるかもしれないが，国民性や文化的背景に合った教育なくして学力の定着をはかるのは困難なように思われる．

9.4 充実した福祉社会

人間が生存していく過程には，想定外の事柄，つまり超高齢化，疾病，失業，障害などリスクがつきものである．そうしたリスクが個人の生活に困難をきたさないよう社会的所得分配を行い，社会的サービスを給付することが社会福祉である．日本国憲法第25条は国民に「健康で文化的な最低限度の生活を営む権利（生存権）」を与えているが，なんらかの理由で個人的リスクが生じたときに，生存権を保障するとともに，個人的リスクが社会的リスクへ発展することを防止する制度として社会福祉が整備されている．「福祉」はwelfare（英語），welzijn（オランダ語），bien-étre（フランス語）と表現される．日本語でも「福」も「祉」も「幸せ」や「豊かさ」を意味することからゲルマン，およびラテン諸語のwell-beingに合致し，字面としてはそのありかたを正確に表現している．「福祉」は，狭義には人びとのしあわせを支援する「社会保障」だが，広義には「公共の福祉」を意味する．公共の福祉とは社会保障に加えて，社会全体で幸せを共有するために必要な支援制度，具体的には公衆衛生と教育を含んでいる．

EU諸国では，地域的安定のために人びとの暮らしの安定が政治的最重要課題と位置づけられている．貧民の救済は16世紀半ばのヨーロッパではじまり，産業革命による都市人口の爆発的増加と貧困層の激増を契機として相互扶助組織が作られるとともに，社会保険制度の考えが生み出された．救貧院や孤児院といった保護施設が古くから整備されていたEUでは，社会保障は人間の基本

表9.4 社会福祉の発展段階

第1段階	弱者救済型 身体障害者や児童など社会的弱者を救済し，社会への適応を促すことを目的とする．
第2段階	リハビリテーション型 社会・経済の変動に適応できず生活に困難をきたす者（高齢者，シングルマザー，失業者など）の社会への適応を促すことを目的とする．
第3段階	ノーマライゼーション型 障害者と健常者がお互い特別に区別されることなく共生することを目的とする．

ニィリエ著・河東田博訳（2004）：ノーマライゼーションの原理—普遍化と社会変革を求めて．現代書館 をもとに作成．

表 9.5　EUとその周辺諸国の税率 (2008年)

国名	消費税率	食品への消費税率	最大個人所得税	法人税率
ハンガリー	**25.0**	25.0	36.0	16.0
デンマーク	**25.0**	25.0	**58.0**	25.0
スウェーデン	**25.0**	12.0	**55.0**	26.3
ノルウェー	**24.0**	12.0	**54.3**	28.0
ギリシャ	**23.0**	8.0	40.0	25.0
ポーランド	**22.0**	7.0	32.0	19.0
フィンランド	**22.0**	17.0	**53.0**	26.0
ベルギー	**21.0**	6.0	**50.0**	**34.0**
アイルランド	**21.0**	0.0	41.0	12.5
ブルガリア	**20.0**	−	10.0	10.0
チェコ	**20.0**	10.0	15.0	21.0
オーストリア	**20.0**	10.0	**50.0**	25.0
イタリア	**20.0**	10.0	45.0	**37.3**
フランス	19.6	5.5	41.0	**33.3**
ルーマニア	19.0	19.0	16.0	16.0
ポルトガル	19.0	5.0	42.0	27.5
スロヴァキア	19.0	19.0	19.0	19.0
オランダ	19.0	6.0	**52.0**	25.5
イギリス	17.5	0.0	**50.0**	21.3
ドイツ	17.0	6.0	45.0	**30.2**
スペイン	16.0	7.0	45.0	**30.0**
ルクセンブルク	15.0	3.0	39.0	29.6
スイス	7.6	2.4	45.5	25.0

Eurostat による.

的権利であるという考えが定着しており，保護を必要とする人々に対するさまざまな福祉制度が整備されている．表 9.4 は社会福祉の概念の発展と基本的考えを示している．先に述べたように，社会福祉は救貧院や孤児院といったかたちで経済的弱者や社会的弱者を保護してきた．社会の成熟とともに福祉の対象は広がりをみせたが，基本的には経済的弱者や社会的弱者を対象とし，彼らを社会に適応させる目的で彼らの自立を支援してきた．社会的弱者のうち自身で判断ができない子供や心身のハンディキャップから社会参加が困難な者に対しては，適応を促すよりも福祉という名のもとで社会的隔離・排除が行われてきた．こうした現状を改善すべくノーマライゼーションという概念がデンマークのミケルセン (Bank-Mikkelsen) によって提唱され，スウェーデンのニィリエ (Bengt Nirje) によって推進された．このノーマライゼーションの動きは北西ヨーロッパで活発であり，老若男女を問わず，障害者，健常者の別なく，すべてのヒトをかけがえのない人間としてごく普通（ノーマル）に地域で暮らし，ともに生きる社会をつくりあげようとしている．

写真 9.6 はオランダで盲導犬とともに地域で暮らす視覚障害者が買い物に出かけたときの様子である．買い物のお供をしているのは盲導犬のゾルバ君である．盲導犬は視覚障害者に横断歩道の段差や歩行の妨げになる物を知らせてくれるものの，信号機の色まではわからないため，周囲の人あるいはドライバーが注意をして視覚障害者と盲導犬を見守っている．オランダでは王立オランダ盲導犬協会 (KNGF) が 1935 年に創立され，4 千頭以上の盲導犬を訓練してきた．2011 年現在，盲導犬協会は 65 名の職員，500 名のボランティア，4 万 5 千名の寄付者，そして数件のスポンサーの努力と善意で成り立っている．アムステルダムに南接するアムステーフェーンの訓練所 1 か所だけで，1 年間に日本で訓練される盲導犬とほぼ同数のそれを送り出しており，視覚障害者が地域

写真 9.6 仕事中の盲導犬（オランダ，2010 年）

で普通に暮らしていくというノーマライゼーションがいかに浸透しているかがわかる．

　北欧諸国はヨーロッパのいわば周辺に位置し，多くの企業の誘致が難しいことから，自国民を最大の資源として捉え，その資源を有効活用すべく教育に投資をし，高い税金を支払ってでも居住し続けるに値する国となるよう充実した福祉制度で頭脳流出の防止を図っている．一国の歳入に占める割合が最も高い税は，一般に法人税であり，ついで所得税である．各国の政策を支える税金が各国の政策立案・実施に大きくかかわっていることは間違いない．2008 年における EU とその周辺諸国の税率を示した表 9.5 により高い個人所得税および消費税を課す産業保護型徴税大国，高い個人所得税に加えて高い法人税を導入している産業立地型徴税国などに分類できる．デンマーク，スウェーデン，ノルウェー，オーストリアを代表とする産業保護型徴税大国は，EU のなかの周辺国あるいは産業の立地しにくい山岳地域に分布するため法人税を低く抑えている一方，ベルギー，イタリア，フランスなどのヨーロッパの中軸国は立地条件の良さから企業を引きつけてやまないため，高い個人所得税に加えて高い法人税を導入している．

　消費税についてはハンガリーとデンマークが最も高い消費税率 25% を誇り，この 2 国は食品に対しても同率で課税している．それに対して，スウェーデンは同じ消費税率 25% を課しながらも，人間が生きていくうえで不可欠な食品については 12% に抑えている．これら 3 国に続き，ノルウェー，ギリシャ，ポーランド，フィンランド，ベルギー，アイルランド，ブルガリア，チェコ，オーストリア，イタリアが 20% 以上の消費税を課している．食品に対してはアイルランドとイギリスが無税とするなど，人びとの暮らしに直結する食への課税への配慮がなされている．このように，EU とその周辺諸国の消費税率は日本とは比較にならない水準にある．さらに，各国の最大個人所得税率をみると，デンマーク，スウェーデン，ノルウェー，フィンランド，ベルギー，オーストリア，オランダ，イギリスが 50% 以上の課税率となっている．以上は，個人が生活するうえでかかわる税金である．他方，法人に課税される税を確認すると，法人所得税ならびに法人登録税（国によって有無が異なり，また名称も異なる）を合わせた法人税が 30% 超の国々は，ベルギー，イタリア，フランス，ドイツ，スペインである．

9.5　EU 拡大と生活水準の展望
　　　──ほんとうの豊かさを求めて

　2010 年 3 月 12 日，オランダの労働党の党首のボス氏（Bos, W., 46 歳）（元経財相兼副首相：2007 年 2 月〜2010 年 2 月）とキリスト教民主党の運輸担当大臣エウリング氏（Eurlings, C., 37 歳）は，個人的な理由から政界を去ると発表した．この日の発表では，「小さな子どもたちの教育に責任があるため」とだけ政界離脱の理由を述べるにとどまった．しかし，近い将来，首相となる可能性が高かった（男性）政治家たちの突然の辞職は，政界のみならず社会の関心を呼び，翌々日，再度，辞職理由の説明を行うにいたった．説明会見で彼らが口にしたことは，両親ともに働かざるをえない日本人からすると突拍子もないふざけた理由に聞こえるかもしれない．彼らは「他の子どもたちは学校への通学の際，母親のみならず父親の送り迎えを受けているが，自分の子どもたちは父親の送り迎えを受けたことがない」，「自分の子どもを他の子どもたちと同じように育てたい」，また「家

族の一員としての責任を果たしたい」と述べ，両政治家とも「家族生活を優先」するために辞職したことを明らかにした．

　オランダに限らずヨーロッパ諸国では，家族を最小の社会単位としながら国あるいは地域全体として豊かで幸せな社会を築いていこうという機運がある．ヨーロッパにおいて家族のあり方は変容しており，また成人した子どもが親と同居する伝統がないことから，個々人の自立が強く求められる社会である．しかしながら，家族が同居という形態をとらないからこそ頻繁に連絡を取り合い，また，地域の人びとが必要性に応じて手助けが必要な人々に温かな手を差し伸べてもいる．ヨーロッパ，とくに北西ヨーロッパ諸国は，家族を基礎単位としながら，家族の負担過重にならない社会システムを構築しようとしている．その根底には「本当の豊かさとは何か」という本質的な問いがあり，「本当の豊かさとは，人間らしく生きること」というコンセンサスが形成されているように感じる．各国の財政事情が異なるため，本当の豊かさを実現する社会システムを構築しているかは別として，人間は社会的動物である以上，ヒトとのコミュニケーションなしには生きていけないこと，社会のなかで生きていくには他者を尊重すること，生きていることに積極的意味を見出して自分らしさを追求することなどが，「人間らしく生きる」というヨーロッパの共通理解であるように思われる．

　効率を追求した20世紀，人間の生死は病院へ，子どもたちの成長は学校（塾）へ，生産・創造は仕事場へと移った．21世紀を迎えたヨーロッパは，行き過ぎたさまざまなアウトソーシングを見直し，従来の家族を基礎単位としながらさまざまな支援を行うことで社会全体の生活水準を引き上げようとしている．統計資料で解説される生活水準は，平均所得をはじめとして，（消費支出額を物価水準で割った）消費水準，エンゲル係数など経済的指標から判断されているが，本当の生活水準は経済的指標に加えて心理的指標を含む．その点にいち早く気づいて対策を施しているのが北西ヨーロッパ諸国であり，社会全体の利益のために高税負担を社会全体が容認している．「本当の豊かさ」を追求するために．　　　　　　［大島規江］

コラム 9.1

飢饉を経験した国アイルランド

　アイルランドは，高水準の経済活動と手厚い福祉制度が整った国として知られる．1人あたり GDI は5万ドル（2008年）を超え，EU加盟国のなかでもトップクラスである．とくに 1990 年代以降，ハイテク産業や外国企業の進出により，アイルランドの経済は飛躍的な成長を遂げた．2007年に始まる世界的な経済不況のなか，多くの問題が表面化してはいるが，国民の生活は依然として高い水準を維持している．

　しかし，アイルランドの歴史を振り返ると，それは決して平坦なものではなかった．アイルランドは大西洋の湿潤な気団の影響を受けて高緯度の割に温暖であり，年間を通して降水がある土地柄である．だが，早くからイングランドの支配下に置かれ，良好な土地を奪われたアイルランドの人びとには，痩せた石ころだらけの土地だけが残された．アイルランドの人びとは，限られた条件の下で零細な農業を営み，貧しい暮らしを強いられてきたのである．

　転機は 17 世紀に訪れた．新大陸原産のジャガイモの栽培が始められたことによって，アイルランドの人々はようやく十分な食料を手に入れることができるようになる．ジャガイモは栽培が比較的簡単なうえ，収穫率も高い．ゆでるだけで食べられ，しかも高い栄養分を貯えている．またたく間にジャガイモはアイルランドの人びとの主食になっていった．さらに食料の確保は人口の増加につながり，1760 年に約 150 万人だった人口は 1840 年には約 900 万人にまで達した．

　ところが，1845 年代にベルギーで大発生したジャガイモの病気がアイルランドにも伝わると，1845 年から7年にわたって大凶作に見舞われることになる．しかも，不作に終わった翌年に種イモまでが食料とされてしまったために，収量は激減していった．住民の間に十分な食料が行き渡らなくなった結果，飢餓や栄養失調に起因する病気で大量の死者が出た．また，多くの人びとがアイルランドでの生活に見切りをつけてアメリカ合衆国に渡った．この時期の死亡者は約 100 万人，新大陸への移住者は約 150 万にものぼったという．貧困のアイルランド人がニューヨークでどん底の暮らしに明け暮れ，カトリックの彼らはプロテスタント社会で厳しい差別の対象となった．このあたりはアズベリー著『ギャング・オブ・ニューヨーク』が詳しい．皮肉なことに，飢えから救ってくれたジャガイモに頼ったばかりに，アイルランドの人びとはジャガイモによって地獄に落とされたのである．

　現在のアイルランドの人口は約 450 万．これは飢饉直前の人口の約半分にすぎない．この数字だけでも，ジャガイモ飢饉がアイルランドの経済や社会にいかに大きな影響を及ぼしたかがわかる．実際，アイルランドの人々の間には，今もこの飢饉の記憶が語り継がれている．限られた食料入手の機会しかなかった時代の悲劇を教訓にして，アイルランドの人びとは貧困からの脱出，イギリスからの独立を果たし，自国経済の発展と社会福祉の充実を実現させてきた．公的機関による教育費の負担や医療・福祉機関の重点的な整備を進め，高等教育の高い就学率や低い乳児死亡率，80 歳を超える平均寿命といった成果を生み出したのも「過去の記憶」が原動力になっているからだろう．

　近年では，アイルランドの悲劇の歴史が多くの観光客の関心を集めている．牧場・放牧地面積が耕地をはるかに上まわっている国土にはのんびりとした牧歌的な景観がひろがり，懐かしい気分に浸れるのがアイルランド観光の魅力である．アメリカに渡った移民の子孫が自分たちのルーツを探しに故郷を訪れる光景も多く見られるようになった．かの悲劇は，今やこの国に多大な観光収入をもたらしているのである．

[加賀美雅弘]

> コラム 9.2

北欧流，夏の過ごし方！

　コラム 5.1（62 頁）で紹介されているように，ヨーロッパには「ヴァカンス」の習慣がある．つまり，年に数回の少なくとも 1 週間程度の休暇を取る慣習である．ヴァカンス取得の状況は国／地域／個人の経済状態によりさまざまであるが，経済的に豊かで，なおかつ福祉制度の充実した北欧諸国において，その取得率は高くなっている．

　『北欧諸国といった場合，「諸国」に相当する国はどの国か？』という疑問は，地域区分という重要な地理的命題とかかわるため，あえて説明を避ける．ここでは，一般的イメージで北欧に区分されるフィンランドを事例に，北欧の夏のすごし方を紹介したい．

　地図が手元にある方は，いわゆる「北欧」の載っているページを開いてみてほしい．フィンランドの南端はおよそ北緯 60°，北端は 70°である．真冬に太陽が昇らない極夜と真夏に太陽が沈まない白夜がみられるのは，北緯 66°以北の北極圏であり，その範囲はフィンランドの北部のみである．しかし，フィンランドの国土は高緯度地方に広がることから，夏場には日没が晩の 11 時近くになる．

　ムーミンの故郷フィンランドは，森と湖の国であり，長い夏季の日照時間を森と湖で楽しむのが北欧流の夏のヴァカンスである．フィンランドの森と湖を訪れるのはフィンランド人ばかりでなく，隣国のスウェーデンからも多くの観光客がヴァカンスにやってくる．北欧諸国では，伝統的な生活文化に根づいた「牧歌的情景（ルーラルティ）」を求めるルーラル・ツーリズムが文化として定着しているのである．

　さて，農村でのヴァカンスはさぞかし優雅なものであろうと日本人は思いがちである．しかし，北欧流は「伝統的な生活文化」を実践して楽しむのである．写真 9.7 は，ヘルシンキ郊外の森のなかのセカンドハウスである．「ねじれ」や「そり」の少ない年輪の密な針葉樹林を利用したログハウスであり，一見するとステキなセカンドハウスである．しかし，写真をよくみてほしい．ログハウスの左手にドラム缶があるのがわかるだろうか．このドラム缶，湯を沸かすのに使われるのである．

　近年では電気・ガス・水道完備の便利なセカンドハウスも増えているようであるが，電気・ガス・水道なしのセカンドハウスであえて不便な，けれども家族の協力なしでは成り立たない生活を実践するのである．電気・水道・ガスなしのセカンドハウスでは，薪拾い，薪割り，水汲み，火おこし，薪くべなど，やるべきこと山積である．優雅どころではない．しかし，こうした不便だけれども「空気のおいしさ」や「水のおいしさ」など自然の恵みを堪能し，家族という社会の最小単位での役割分担から個々の良さを引き出しあい，工夫を凝らす姿勢を身につけている．ヨーロッパの周辺の，いわば辺境に位置にする国ゆえの「夏の過ごし方」なのである．

写真 9.7　ヘルシンキ郊外のセカンドハウス（フィンランド，2004 年）

［大島規江］

参考文献
菊地俊夫（2008）：地理学におけるルーラルツーリズム研究の展開と可能性—フードツーリズムのフレームワークを援用するために．地理空間 1-1, pp.32-52.

10　統合するヨーロッパと国境地域

　EUは，「地域からなるヨーロッパ」という標語に示されるように，各地域を均一化するのではなく，各地域の特性や多様性を尊重したうえで，ヨーロッパ統合を全体として進めていこうとしている．統合の深化と拡大により地域間格差が拡大し，地域間競争が激化しているなかで，EUと地域はそれぞれどのような戦略をもち，環境変化に対応してきたのか．本章では，EUの地域政策と国境地域に焦点をあて，具体的事例としてドイツ・フランス・スイス国境地域を取り上げ，そこでの国境を越える地域連携の動きを考察する．

　2001年1月1日，EUでは，それまでの各国通貨が廃止され共通通貨ユーロ（EURO）の紙幣・硬貨が流通するようになった．2004年5月1日には，ポーランドやチェコなどの東ヨーロッパ諸国およびマルタとキプロスが，さらに2007年1月にはルーマニアとブルガリアがEUに加盟し，EUは27か国体制となった．

　ヨーロッパ統合の深化と拡大は，EUそれ自体の制度にはもちろんのこと，ナショナルレベル，さらにサブナショナルな地域レベルにも甚大な影響を及ぼしている．

　統合の深化と拡大によって，単一通貨ユーロの導入に象徴されるように，ヨーロッパレベルでの統一や平準化が一面では進展している．しかし当然ながら，EUを構成する各国や各地域は，独自の歴史，社会構造，文化，経済状況を有した存在である．EUは，「地域からなるヨーロッパ」という標語に示されるように，各地域を均一化しようとするのではなく，各地域の特性や多様性を尊重したうえで，ヨーロッパ統合を全体として進めていこうというきわめて難しい課題に取り組んできた．

　本章では，統合の深化と拡大がEU域内の地域にどのような変化をもたらしたのか，そしてEUや地域がそこにいかなる問題を見出し，どのような対応をとってきたのか，という問題を取り扱う．その際に，EUが地域レベルでの統合を促進するために実施してきた地域政策の取り組みについて明らかにするとともに，地域が統合の深化という環境変化にどのように対応してきたのかという視点から，国境地域における地域連携の取り組みに着目する．すなわち，統合の深化・拡大という動きのなかで，EUと地域がそれぞれいかなる戦略をもち，環境変化に対応してきたのか，そしてそれぞれの戦略がいかに相互に作用してきたのかを考察したい．

　以下，次節では，EUの地域政策の概要を把握する．ここでは，統合の過程でなぜ地域政策が必要となったのか，という点に着目して分析を進める．つぎに10.2節では，域内の諸地域のなかでもとくに国境地域に焦点を当て，統合の深化・拡大のなかで国境地域がどのように位置づけられ，そこでいかなる動きが生じてきたのかを明らかにする．10.3節以降では，ドイツ・フランス・スイス国境地域を事例として取り上げ，国境地域の動態を越境性という観点から把握するとともに，そこで発展してきた越境的地域連携の動きを，EUの地域政策と関連づけて明らかにする．

10.1　ヨーロッパの地域統合政策

10.1.1　共同体レベルでの地域政策の開始と強化

　本節では，統合下のヨーロッパにおける地域間格差の実態と，その是正のためにEUが取り組んできた地域政策について明らかにする．

　EUによる地域政策が本格的に実施されはじめたのは，1975年のERDF（欧州地域開発基金）の

発足後である．政策の開始の背景には，統合の深化と拡大をめぐる域内の地域間格差の問題と政治的な要因があった．そもそも，ECの設立当初には，域内の地域間格差はまだ表面化しておらず，地域間格差への関心も希薄であった．しかし，1973年のイギリス，アイルランド，デンマークのEC加盟により，域内の地域間格差は顕在化してゆく．さらに，イギリスは，EC加盟によって生じる共通農業政策予算の純負担分を，ERDFからの資金の獲得によって軽減させようとし，地域政策の開始を強く要請した（辻，2003）．こうした状況を背景に，1975年にERDFが設立され，それまで各国レベルで実施されていた地域政策が，共同体レベルでも行われるようになった．EC／EU地域政策では，加盟国間，そして地域間の経済的格差を縮小し，EC／EU全体としての経済的・社会的・領域的な結束を強化することを目的としている．すなわち，域内地域間の経済的不均衡は，ヨーロッパ統合にとって障害となるため，その是正のためにEC／EUによる地域政策が重視されてきたのである．

その後のECおよびEU地域政策の展開も，統合の深化と拡大とに密接に関係している．地域政策は，まず1988年に大規模な改革が実施され，大幅に強化された．その背景には，1987年の単一欧州議定書の発効によって1993年の市場統合が政治日程として浮上してきたことと，スペイン，ポルトガルの加盟（1986年）によって地域間格差が拡大したことがあった．

1988年のEC地域政策改革の主な内容は，次のとおりである．まず財政面では，資金運用方式の問題を改善するために，「構造基金」として「地域開発基金（ERDF）」，「社会基金（ESF）」，「農業指導保証基金（EAGGF）」の3つを総合的に運用するようにし，予算額も増大した．EUの地域政策が「構造政策」と呼ばれるのは，この基金の名称に由来する．制度面では，低開発地域や衰退工業地域など目的対象が明確化され，最も必要とされる地域に支援が集中できるようにした．また，地域指定の対象となる空間スケールを，ECの統計局が策定した地域基準（The nomenclature of territorial units for statistics：NUTS）に基づいて設定した．NUTSは域内の地域を3つのレベルに分類している．ドイツを例にとると，NUTS-1は州（Land）に該当し，NUTS-2は州行政区（Regierungsbezirk）に，NUTS-3は郡（Kreis）に相当する．

加えて，単独のプロジェクト方式ではなく，それらを調整して統合する多年度のプログラム方式が採用された．さらにその政策過程に「パートナーシップ原則」が導入されて，地方自治体の参加が重視されるようになった．

こうした改革を通じて1990年代以降，EU地域政策はさらに展開していった．市場統合（1993年）や通貨統合（2001年）といった統合の深化が，域内の財やサービス，労働力の流動化をより促進し，地域間不均衡を引き起こしたとともに，相対的に発展の遅れた東ヨーロッパ諸国のEU加盟が計画され，地域政策においても東方拡大への対応が求められるようになったのである．

10.1.2 EU東方拡大への対応

本項では，EUの地域政策の内容を概略的に把握する．その際に，2004年および2007年のEU東方拡大にEUが地域政策を通じていかに対応してきたのか，という点に着目してみてゆきたい．

EUの地域政策は多年度予算となっており，2000年から2006年が前期間，2007年から2013年が現行の期間である．つまり，前期・今期ともにEUの東方拡大を経験した時期にあたる．そのため，EU地域政策は，東方拡大に対応したEUの全体戦略と相互に関連して策定されている．

1997年にEU委員会が公表した『アジェンダ2000（Agenda 2000）』は，東方拡大を見据えたEUの全体的な指針や行動計画を示したものであった．これが，前期（2000～06年）EU地域政策の方向性を規定することとなる．さらに，2000年3月に合意されたリスボン戦略において，成長，雇用，イノヴェーションに重点を置いたEUの発展戦略が示されたことで，地域政策もこれらの路線を踏襲してゆく．

前期間（2000～06年）を対象としたEU地域政策は，2004年の新規加盟による混乱を解消し，

表 10.1　EU 地域政策のプログラム内容

(a) 2000～2006 年

名　称		対象または目的
目的別プログラム	Objective 1	低開発地域
	Objective 2	構造的衰退地域
	Objective 3	失業対策
共同体イニシャティヴ	INTERREG Ⅲ	国境地域協力
	Leader +	持続可能な農村開発
	Urban Ⅱ	都市再開発
	Equal	労働市場整備
漁業支援		漁業部門
イノベーティブ・アクション		技術革新・研究開発など
結束基金		1 人あたり GNI が EU 平均の 90% 未満の加盟国，環境・交通インフラ

(b) 2007～2013 年

名　称	対象または目的
収束	低開発地域（1 人あたり GDP が EU 平均の 75% 未満）
地域の競争力と雇用	「収束」対象以外の全地域
欧州領域的協力	国境隣接地域（相互の距離が 150km 以内の沿岸国境地域も含む）

資料：European Communities（2007）より筆者作成

成功に導くことを主眼としている．その内容は，「目的別プログラム」「共同体イニシャティヴ」「結束基金」「加盟前援助」の大きく 4 タイプに分類することができる（表 10.1）．

「目的別プログラム」は，各国が提出した地域計画に基づいて指定され，「Objective 1」（低開発地域の発展）と「Objective 2」（衰退地域の構造転換），およびこの 2 つとは異なり，地域単位では適用されない「Objective 3」（失業対策）からなる．EU 地域政策予算総額うち，「目的別プログラム」は約 94% を占める．とくに低開発地域の発展を目的とした「Objective 1」の占める割合は 71.6% と最も大きい．

「Objective 1」は，NUTS-2 レベルでの 1 人あたり GDP が EU 平均の 75% 未満である地域が指定される．「Objective 2」は，NUTS-3 レベルで失業率や就業比率などが EU 平均よりも悪化した地域が指定された．このプログラム期間に，「Objective 1」により 57 万人の雇用が新規に創出され，うち 16 万人は 2004 年に新たに加盟した国々で創出された．また，「Objective 2」により，73 万人の新規雇用の創出が報告されている（European Communities, 2008）．

「共同体イニシャティヴ」（Community Initiative）は，EU 委員会の主導によって EU 域内全体にわたるような諸問題の解決をめざすプログラムである．「インターレグ（INTREREG Ⅲ）」（越境的地域連携），「アーバン（Urban Ⅱ）」（都市再開発），「リーダープラス（Leader＋）」（持続可能な発展のための農村社会・経済開発），「イコール（Equal）」（労働市場の整備）の 4 つの事業が設置された．しかしながら，その予算額は地域政策の予算総額の約 5% にすぎない．

「パートナーシップ原則」により，これらのプログラムの政策過程に地域にかかわる主体の参加が保障されている．その際には，地方自治体だけではなく経済団体やコミュニティなど，当該地域に関係する多様な主体の意見も重視することが求められている．

「結束基金」（Cohesion Fund）は，1 人あたりの GNI が EU 平均の 90% 未満の加盟国が援助対象とされ，当初はアイルランド，ギリシャ，ポルトガル，スペインの 4 カ国に適用された．その後，アイルランドは対象国から外れ，2004 年に新規加盟した国々が追加された．結束基金の使途は，環境および交通インフラの 2 分野の事業に限定される．

さらに，これらの地域政策とは別枠で，EU 東方拡大への対応策として，加盟申請国に対する「加盟前援助」プログラムも引き続き実施された．「Phare」（EU 基準の適用のための制度改革，インフラ整備など），「SAPARD」（農業・農村開発支援），「ISPA」（環境保護，ヨーロッパ交通ネットワーク支援）の 4 つのサブ・プログラムが設置された．

今期（2007～13 年）の EU 地域政策は，2007 年のルーマニアとブルガリアの加盟によるさらなる域内格差の拡大を考慮するとともに，リスボン戦略に沿って，成長，雇用，イノヴェーションに

重点を置いている．今期になってはじめて，域内の全地域にEU地域政策が適用されることになり，さらに，そのなかでもとくに経済的に貧しい国や地域に対して集中的な投資が行われることになった．すなわち，東方拡大とリスボン戦略という2000年以降のEUの全体的な方向性に沿って，地域政策がシフトしたのである．その結果，今期は政策の内容が大きく変化した．

今期は，「収束」，「地域の競争力と雇用」，「欧州領域的協力」の3つの目的別プログラムに整理された．「収束」プログラムは，1人あたりGDPがEU平均の75％に満たない地域が対象となる．「地域の競争力と雇用」プログラムは，「収束」プログラムが適用されない地域すべてが対象である．「欧州領域的協力」プログラムは，国境を越えた地域協力を促進するプログラムであり，国境をはさんだ隣接する地域間の協力や，バルト海沿岸地域などのより広域な地域間の協力を対象としている．さらに，リスボン戦略をより反映し，技術革新・知識基盤型経済および環境・リスク予防の分野での越境的な地域連携も含まれる．

これら3つのプログラムのうち，予算配分額が最も多いのは「収束」の2828億ユーロであり，全体の81.5％を占める．次に多いのは「地域の競争力と雇用」で549億ユーロ（全体の16％），「欧州領域的協力」は87億ユーロ（全体の2.5％）である．このことから，1人あたりGDPの値がEU平均の75％未満というより貧しい地域に集中的に支援が行われていることが読み取れる．

ここで，2000～06年と，2007～13年の政策の枠組を比較しておきたい．まず，政策の目的では今期は3つのみとなり，より簡潔になった．また，財源の種類も整理され，プログラムの合理化が進み，より支援を必要としている貧しい地域に集中的に投資が行われるようになった．同時に，今期からEUの地域統合政策史上はじめて，域内の全地域が地域政策の対象地域となった．つまり，EU域内ですべての地域がEU地域政策の影響を受けることになったのである．このことは，財政的支援による直接的な経済的影響にとどまらず，EU政策過程に関する影響，たとえばパートナーシップ原則の遵守などによる，より民主的で分権的な政策過程の確立が，EU域内の地域レベルで一層進展することを意味する．とくに，かつて社会主義時代に中央集権型行政システムであった東ヨーロッパ諸国の地方自治体にとっては，その地方自治のあり方に大きな影響を及ぼすものであると考えられる．さらに，最もめだった変化は，国境地域の重視である．それまでは国境地域を対象としたプログラム（INTERREG）は，「共同体イニシャティヴ」の1事業にすぎなかった．しかし，2007年以降はEU地域政策の3本柱のうちの一つに位置づけられ，その重要性が増したのである．

10.1.3 統合の深化・拡大と地域間格差

これまでみてきたように，EUでは統合の深化と拡大が進展するなかで，共通地域政策もより内容の充実がはかられ，現在は域内の全地域にEU地域政策が適用されるようになった．このことを反映して，地域政策関連予算も増加の一途をたどり，とりわけ，1988年改革以降は大幅に増加した．

1989年には100億ユーロ弱であった地域政策予算は，今期最終年にあたる2013年には約540億ユーロが計上され，過去20数年間のうちに5倍強の増加となった（European Communities, 2008）．現在は，EUの総予算の約3分の1を地域政策関連が占めていることとなる．この点からも，域内の地域間格差是正が，EUにおいて重要な政策課題となっていることがうかがえる．しかしながら一方で，EUのGDPに占める地域政策予算の割合は，1990年代末以降約0.4％程度で推移しており，頭打ちの状況である．地域政策予算における分野別の支出割合をみると，1989～93年ではインフラ整備，雇用支援（人的資源），中小企業支援に重点が置かれていたが，現期間（2007～13年）ではこれらの分野に加えて，とくに研究・イノヴェーション，環境といった分野への予算配分の増加が顕著にみられる．これは，「成長，雇用，イノヴェーション」を中心課題としたリスボン戦略に沿って，EUの地域政策も展開していることを示している．

以上のように，統合の深化と拡大にともない，EU地域政策のプログラムと予算の充実化がはか

られてきたが，一方で，現在も域内の地域間格差は依然として存在している．ここでは，1人あたり GDP（2007年）と失業率（2008年）の2つの指標を用いて，域内地域間格差の一端を把握しておきたい．1人あたり GDP では，域内の最も豊かな地域と貧しい地域との差はきわめて大きく，EU 平均を100とした場合，最高値はロンドン（Inner London）の334，第2位がルクセンブルクの275，最低値はブルガリア北西部（Severozapaden）の26である．新規加盟した東欧諸国の多くの地域が EU の平均以下となっており，とくにブルガリアやルーマニアは EU 平均の50%にも満たない地域がほとんどである．さらに，ドイツやイタリア，スペインに顕著にみられるように，旧加盟国側でも国内の地域間格差も依然として解消されていない．失業率の面でも同様に，東ヨーロッパ諸国だけではなく，東部ドイツ地域，イタリア南部，スペイン南部といった地域も高い．

以上から，ヨーロッパでは統合の深化と拡大の過程のなかで，地域間格差を是正し域内の結束を高めるために EU 地域政策が発展してきたが，依然として格差が存在しており，東方拡大によってさらに新たな段階に直面しているということが指摘できよう．

10.2 EU 統合と国境地域

今期の EU 地域政策の主要な柱として重視されるようになった「欧州領域的協力」プログラムは，元来，国境地域における連携の強化を目的としてきたプログラムが発展したものである．国境地域は，統合が進む EU において，その地理的条件から，特別な支援が必要な地域として扱われてきた．

本節では，まず，EU において国境地域がどのように位置づけられ，地域政策を通じていかなる対策がとられてきたのかを明らかにする．次に，国境地域における越境的な地域連携の発展に着目し，その全体的な動きを把握する．

10.2.1 EU 地域政策における国境地域

今期 EU 地域政策での主要対象地域となった国境地域は，EU 地域政策開始当初から重要視されてきた地域ではない．その歴史は比較的新しく，国境地域であることがプログラムの適用条件となったのは，1990年からである．

1990年から2006年までの期間は，国境を越えた地域協力を目的としたプログラムは「インターレグ（INTERREG）」と総称され，共同体イニシャティヴ枠の1つとされた．しかし，現行（2007～13年）では，共同体イニシャティヴ枠がなくなり，「収束」，「地域の競争力と雇用」とならんで，「欧州領域的協力」として目的別プログラムの1つとなった．欧州領域的協力プログラムの構成は以下のとおりである．

第1に，52の「越境的連携」（cross-border programme）があり，重点分野は起業家支援や中小企業支援，観光，文化，環境保全，都市・農村関係，交通，コミュニケーション，インフラ整備，職業支援など幅広い分野を網羅している．第2は，「トランスナショナルな連携」（transnational cooperation programme）であり，越境的連携よりもより広域のスケールを単位とし，13の連携が実施されている．重点分野は技術革新，環境・リスク予防，アクセシビリティ，持続可能な都市開発の4つである．第3は，「地域間連携」（interregional cooperation programme）で，それらはさらに以下の4つのプログラムに分けられている．INTERREG IV C では技術革新・知識基盤型経済，環境・リスク予防，URBACT II では都市開発，ESPON では地域政策に関する情報のデータベース化，INTERACT II では欧州領域的協力のためのガバナンスの向上が，それぞれ対象とされている．とくに，INTERREG IV C の対象分野に，リスボン戦略がより鮮明に反映されていることが指摘できる．

今期は，欧州領域的協力プログラム全体で87億ユーロが配分され，前期のインターレグ・プログラムと比較すると約1.6倍に増加しており，国境を越える地域協力の重要性が増加していることがわかる．そのなかでも，越境的連携に約56億ユーロが配分され，欧州領域的協力プログラム総予算の約6割を占める．このことから，今期に欧州領域的協力が収束，地域の競争力と雇用にならんで重要な柱の一つとなり，とりわけ国境で隣接

した地域，すなわち国境地域がEU地域政策において重要な位置づけを有するようになったことがうかがえる．

国境地域にこうした対策がとられた背景には，同地域がヨーロッパの地域構造において相対的に発展が遅れている地域として位置づけられていることがある．2009年にEU委員会の地域政策総局が発表した報告書によると，NUTS-3レベルを単位とした場合，EU内に国境地域は547地域あり，EU総人口の約39.5%を占める．しかし，国境地域の1人あたりのGDPはEU平均値の88.3%と低い水準にある．また，病院や大学へのアクセシビリティという面でも，国境地域はEU平均の水準よりも低いことが指摘されている（European commission, 2009）．

すなわち，EUは，相対的に発展が遅れた地域である国境地域の発展を促進するために，1990年代以降，国境地域対策を展開してきた．そして，今期にいたり，国境地域はEU地域政策のなかでもきわめて重要な位置を占め，そこでの連携の促進が求められているのである．

10.2.2 国境地域における連携の取り組み

前項でみたように，EUでは1990年以降，国境地域における連携を促進するための地域政策が展開されてきたが，国境地域においてはすでに独自に連携の動きが形成されてきた．それらの連携の枠組みは，ユーロリージョン（Euroregion）と呼ばれるものが多い（飯嶋，1999）．

ヨーロッパにおいて広範に活発化しているユーロリージョンとEUとをつなぐものとして重要な役割を果たしているものには，越境的な地域連携の連合組織「ヨーロッパ国境地域協会」（Association of European Border Regions；AEBR）がある．そこで本項では，AEBRの歴史を紐解くことを通して，EUと越境的地域連携の関係を明らかにし，越境的な地域連携がヨーロッパにおいて普及してきた過程を把握したい．

AEBRには2005年現在，約90組織が加盟している．AEBRは，ヨーロッパの国境地域が直面する諸問題を明らかにし，その解決のため経験と情報を交換して連携活動を促進し支援することを目的としている（AGEG, 1996）．AEBRの活動を年代別にみていくと，大きく4つの時期に分けることができる．

第1期は，AEBR設立後の約10年間である．1971年に常設組織としてAEBRが設立され，1960年代からすでに活動していた「Regio Basiliensis」や「EUREGIO」，フランスのノール・パ・ド・カレ州（Nord Pas-de Calais）などの連携組織や自治体が加盟した．設立メンバーは，いずれもECの原加盟国に属していた．

第2期は1970年代末から1980年代初頭にかけての時期であり，AEBRの組織や地位の強化が図られた．AEBRは専門家諮問グループ（expert advisory group）を設置し，さまざまな外部の組織にも積極的に働きかけていった．1982年にはAEBRの加盟地域は24地域となった．この時期のAEBRの最も重要なパートナーは「欧州評議会（Council of Europe）」であった．AEBRは1979年に同評議会の公式なオブザーバーとして参加が認められ，また同評議会において1980年に調印された「地方当局・委員会間の越境的協力に関するヨーロッパ協定（European Outline Convention on Transfrontier Cooperation between Territorial Communities or Authorities）」の草案作成に協力している．しかし，この時期にECが国境地域に注目することはほとんどなかった．すでに述べたように，そもそもECの共通地域政策それ自体が実施されるようになったのは1970年代半ば以降のことであり，国境地域への注目は，それよりもさらにあとのことであった．

第3期は1980年代半ばから1980年代末にかけての，ECが域内国境を自由化し，単一欧州市場実現のための準備段階に入った時期である．この時期になると，国境障壁を撤廃し単一市場を形成するためには，国境地域問題の解決が不可欠であると強く認識されるようになった．ECはAEBRの協力のもとに地域政策の一環として越境的地域開発計画の作成に着手するようになる．1985年にAEBRは，のちにECの「地域委員会（The Committee of the Regions）」となる「欧州地域会議（Assembly of European Regions）」の設立メン

バーとなった．

第4期は1980年代末から現在にいたる時期である．ヨーロッパ統合の深化と，冷戦の終結，東ヨーロッパ諸国の民主化という国際政治の変動のなかで，ECの国境地域政策が新たな展開を遂げていった時期である．すなわち，EC・EUは共通地域政策をさらに推進し，インターレグ・プログラムを通して越境的な地域連携を積極的に支援するようになった．越境的な連携は，この段階になってはじめてEUから資金援助を受けることができるようになったのである．AEBRはEUのインターレグ・プログラムの策定に協力し，越境的な連携に関する技術的・専門的協力を強めている．

以上のAEBRの活動の歴史は，EUが地域政策を通じて越境的地域連携を支援する以前から，国境地域の地方自治体は自発的に連携してきたことを示している．それらの国境地域はネットワーク化し，1970年代から草案作成の協力などを通じて，欧州評議会をはじめとした国際的な組織との関係を強化し，それらの組織の取り組みに自らの意見を反映させてきた．1990年代に入りEUの国境地域対策インターレグ・プログラムが実施されるようになった背景には，前項で明らかにしたEU側の意図に加えて，国境地域の地方自治体のこうした戦略と行動があった．国境地域の地方自治体は，AEBRの活動を通じてEUと直接的な関係をいっそう強化させ，意見を表明する機会を確保し，EUの政策に反映させてきた．こうした歴史的な経緯が，今期EU地域政策で国境地域対策が重要な政策分野に格上げされた要因の一つであるといえる．

10.2.3 国境地域における連携活発化の要因

EUは，域内の地域間格差を是正するため，後進地域である国境地域の発展を促すことを目的として，地域政策を通じて1990年代以降，越境的な地域連携を支援してきた．しかし，前項で明らかになったように，EUの財政的支援を得る以前から，ヨーロッパの国境地域では自発的に越境的な連携が活発化していた．その要因は何なのか．それらの地域はなぜ，国境を越えて連携してきたのか．この問題にも，統合の深化という環境変化が大きな影響を及ぼしている．ここでは，連携活発化の要因として，地域間競争の激化，越境的な国境地域対策の需要，地方分権化，そして地域意識の再生を挙げ，順に検討する．

EU統合の深化は，国家の相対的な地位の低下と，国家間障壁の低減という問題にかかわっている．地域にとってみれば，従来までの国家による後ろ盾が減少するなかで，ヨーロッパレベルでの競争に投げ込まれることを意味する．各国の首都や経済の中心地でさえ，その地位の激変が問題視されている．ましてや国家の「周辺」として位置づけられてきた国境地域は，その影響を最も受けやすいといえる．国境地域では，ヨーロッパレベルにおける地域間競争に打ち勝つために，同じような危機意識や目的意識をもった他の地域とともに国境を越えて連携していこうとする動きがめだっているのである．

各国境地域がもつ課題には，インフラストラクチャーの整備など共通するものが多い．越境的連携による一体的な施策は，従来の各国ごとに行われる国境地域対策よりも効率的である．そのため，国境を越える交通網や上下水道の整備，共同での河川管理や廃棄物処理などが求められ，国境をまたぐ両側の地域における協力が促進された．

さらに，こうした連携を可能としたのは，各国での地方分権化の進展である．EU加盟国では，1980年代以降における国家の役割の後退のなかで，国によって温度差はあるものの，地方分権化が進み，地方自治体の権限や行政能力が強化されてきた．そうした状況下で，地方自治体は，自らの地域の活性化のために隣接する地域と国境を越えて連携を行うことが，制度的にも能力的にも可能となった．

また，地域意識の再生も連携活発化の重要な要因である．越境的な地域連携には，地方行政の仕組みの違いなどさまざまな困難がある．そうした困難を克服し，連携を進めてゆくには，地域としての連帯感が不可欠である．地域住民の連帯感を醸成する言語，文化，歴史などの共通性は，連携活動の大きなインセンティブになる．ヨーロッパには，歴史や文化などの側面からみて，一つのま

とまりのある地域として存在していたにもかかわらず，国民国家の成立によって分断された地域や，国境線の変更により分断された地域も少なくない．ヨーロッパ統合の深化によって，従来の国民国家概念の相対化とともに，国民国家形成以前に存在していた地域意識が再生しはじめてきた．本研究の実証分析において取り上げるオーバーライン地域（Oberrhein）の連携も，そうした特徴をもつ．こうした地域では，国民国家の相対化という文脈のなかで，越境的地域連携を新たな発展戦略として認識し始めるようになったのである．

10.3 フランス・ドイツ・スイス国境地域の動態

本節以降では，ドイツ・フランス・スイス3カ間の国境地域であるオーバーライン地域を事例として，ヨーロッパ統合下で国境地域がどのように変容し，またEUが地域政策を通じて国境地域にいかに影響を及ぼしているのかを明らかにする．その際，大きく2つの点に留意する．第1は，国境地域における越境性の特徴と，国境を越える地域連携の形成過程である．第2は，EU地域政策と地域連携の相互関係である．

以下では，まず10.3節でオーバーライン地域の地域構造（10.3.1項）とその越境性の諸相（10.3.2項）を把握する．それを踏まえて，10.4節では，オーバーライン地域における越境的地域連携の発展過程を検討し，全体的な地域連携システムの構造（10.4.1項）を把握する．さらに，10.4.2項では，越境的地域連携に対してEUがその地域政策を通じていかに対応したのか，そのことが地域連携の形成と構造にどのように作用しているかを，解明する．

10.3.1 オーバーライン地域の経済構造

ライン川上流部のオーバーライン地域には，「ユーロリージョン・オーバーライン（Euroregion Oberrhein）」（総面積約2万1500 km²，人口約590万人，2006年）と呼ばれる越境的地域連携の枠組みが存在する．

オーバーライン地域は，ドイツのバーデン・ヴュルテンベルク州の南バーデン地方およびプファルツ州南部，フランスのアルザス州，スイスのバーゼル都市州およびバーゼル地方州を中心とした北西スイス地方からなる（図10.1）．域内の主要都市は南バーデンのフライブルク（Freiburg），アルザスのストラスブール（Strasbourg），コルマール（Colmer），ミュールーズ（Mulhouse），北西スイスのバーゼル（Basel）である．同地域にはライン川地溝帯を取り囲むようにして東部にシュヴァルツヴァルト（黒い森），西部にヴォージュ山地があり，ジュラ山地の北端がオーバーライン地域の南部境界である．

まず，オーバーライン地域全体の経済構造を分析する．その際，同地域を構成する3か国の各国境地域の差異に着目したい．オーバーライン地域全体の失業率は5.8%（2006年）で，EU平均（7.9%）よりもよい水準にある．しかし，域内には相当な地域的差異がみられる．北西スイスの失業率は3.0%で最も低い水準を示すのに対し，アルザスの失業率の高さ（7.1%）は北西スイスの2

図10.1 ユーロリージョン・オーバーライン地域の概要図
Oberrheinkonferenz（2008）：*Oberrhein Zahlen und Fakten*, 27Sをもとに作成．

倍以上に相当する（Oberrheinkonferenz, 2008）．1人あたりの域内総生産額（2005年）に関しても，最も額の大きい北西スイス（3万6605ユーロ）はEU平均（2万3400ユーロ）を大きく上まわることはもちろん，3か国の国内平均も上まわっているが，最も少ない南プファルツ（2万3061ユーロ）は，北西スイスの約63%にすぎない．失業率および1人あたり域内総生産額から，ユーロリージョン・オーバーライン地域では，北西スイスが最も良好な経済的パフォーマンスを示しており，それに南バーデンが続き，アルザスと南プファルツが先の2地域と比較して劣った状況にあるということができる．

同地域の産業構造をみると，産業別の就業者割合（2005年）はオーバーライン地域全体で第1次産業2.6%，第2次産業29.4%，第3次産業68.0%であり，域内の各地域はほぼ同じ傾向である．しかし，より詳細にみれば主要産業という点で地域的差異が存在する．アルザスではミュールーズに立地するプジョー・シトロエン社の自動車工場に代表されるように自動車産業が，北西スイスではバーゼルのノバルティスを代表する国際的製薬企業にみられるように製薬産業，化学産業，金融産業が，南バーデンではシュヴァルツヴァルトの観光産業や卸売・小売業が主要部門である．

以上のようにオーバーライン地域を構成する3か国の各地域はそれぞれ異なる経済構造を有している．しかし，そうした違いにもかかわらず，それら3地域間にはさまざまな面で国境を越えたつながりや共通性がみられる．そこで，次にオーバーライン地域における越境性の諸相を明らかにする．

10.3.2　越境性の諸相

ここでは，経済面と文化面から，オーバーライン地域における越境性を把握する．

同地域は，中世にはライン川の水運によって結ばれた，一つの経済圏であった（ジュイヤール，1977）．現在でもグレンツゲンガー（Grenzgänger, 独語）やフロンタリエ（frontaliere, 仏語）と呼ばれる，国境を越えて通勤する労働者（以下，越境通勤者とする）が多くみられる．このことは，同地域における地域労働市場としての一体性と，その越境性の存在を意味している．2006年のデータによると，ユーロリージョン・オーバーライン地域では全就業者数の約35%にあたる8万7900人が毎日国境を越えて通勤している（Oberrheinkonferenz, 2008）．3地域のうち，アルザスが最も多くの越境的通勤者を出し，北西スイスと南バーデンへの越境的通勤流動は合計で5万6000人以上である．その一方で，北西スイスおよび南バーデンからアルザスへ向かう越境的通勤の流れは，わずか400人にすぎない．南バーデンからは，北西スイスへ2万7500人が国境を越えて通勤している．北西スイスには，アルザスおよび南バーデンから5万8500人の越境的通勤者が流入している．このことはユーロリージョン・オーバーライン地域では，同地域の越境的通勤者の約6割強が北西スイスの地域労働市場に吸収されており，北西スイスが地域産業の一大拠点になっていることを意味する．

北西スイスのなかでも，同地域において越境的通勤者を最も多く吸引しているのは，バーゼル市である．バーゼルに向かう越境的通勤者は，アルザスのサン・ルイ市（St.-Louis）や南バーデンのレーラッハ市（Lörrach）など，バーゼル市に近接した隣国の市町村に多く居住している．彼らは，化学・製薬産業，卸売・小売業，事業所サービス業などに多く従事している．

こうした越境的通勤流動は，オーバーライン地域における越境的な地域労働市場の存在を意味し，経済面における同地域の越境性を最も顕著に示している．同時に他面では，越境的通勤流動の発生は，北西スイスにおける高い賃金水準や労働力需要に示されるように，3地域間の経済格差を背景にしている．すなわち，越境的通勤流動はオーバーライン地域の経済における越境性を示すと同時に，域内の経済格差の存在をも明示している現象であると捉えることができる．

つぎに，オーバーライン地域における越境性を示すものとして，文化面に注目したい．それは，アルザス語に代表されるアルザス文化の存在であり，アルザス文化を基盤にしたアルザス地域主義

の展開である．アルザスでは歴史的には，書き言葉としてのドイツ語と話し言葉としてのアルザス語が用いられ，南バーデンや北西スイスと同じドイツ語文化圏に属している．政治的には，アルザスは19世紀後半以来，戦争のたびに国境線が変更され，フランスとドイツの間で帰属が数回にわたって変化してきた．その間には，アルザスをとりまく政治環境のたび重なる変化を背景に，自治主義や分離主義を唱えるアルザス地域主義が強まり，一部の急進派によるナチスへの対独協力をも生み出した．そのため，第二次世界大戦後の一時期は，対独協力という「負の遺産」から，自治主義や分離主義を唱えることがタブー化され，アルザス地域主義は沈黙化せざるをえなくなった（坂井，1995b）．一方，戦後フランス政府は国民統合の名のもとで，地域言語に対して厳しい姿勢をとった．アルザス語は公教育の場での使用が禁止された．

しかしながら，1960年代後半から1970年代前半にかけて，アルザス語やアルザス文化の擁護や発展を目的とした，文化団体によるドイツ語講座の開催などを通じて，アルザスの地域主義が再び表面化してきた．1980年代の社会党政権による地方分権化政策は，そうした動きをさらに促進させた．アルザス地域主義運動における最も重要な課題はアルザス語の保持であった．1982年には，アルザス地域語としてのドイツ語教育が認められ，アルザス地域主義運動の一層の進展を促した．

このような経緯で再び浮上してきたアルザス地域主義は，戦前の自治主義や分離主義と比較すると，フランス国家の枠内で地域言語・文化の擁護を求める，より穏健化したものとなっている．

ここで注目すべきは，1970年代以降，アルザス地域主義は，地域としての独自性をフランス国内だけではなくヨーロッパという空間に位置づけるという戦略をとるようになったことである．隣接する南バーデンと北西スイスとの文化的・言語的共通性を背景に，国境を越えた地域連携化という方向性が見出されているのである．オーバーライン地域は，ヨーロッパの経済的中心地域，いわゆる「ブルーバナナ」の一部をなす．この地政学的な利点をさらに活用するため，この地域は帰属国家の一地域としてではなく，むしろEUひいてはヨーロッパ全体の枠組みのなかに直接自らを位置づけようとしている．つまり，「フランスのアルザス」ではなく，「EUのアルザス，ヨーロッパのアルザス」，そして「EUのオーバーライン，ヨーロッパのオーバーライン」としての意識を強めているのである．

このようなオーバーライン地域の経済構造と越境性を踏まえたうえで，次節では同地域に越境的な地域連携がいかに形成されてきたのか，制度や機能を明らかにし，連携の構造を把握する．

10.4 越境的地域連携の形成と構造

10.4.1 越境的地域連携協会の設立

オーバーライン地域では，1960年代から越境的地域連携が進展し，その制度化が進められてきた．そうした取り組みの特徴は，行政によって上から一方的に進められてきたのでなく，民間と行政の協力によって発展してきた，という点にある．

地域連携の制度化に向けた最初の取り組みは，北西スイス側の動きから始まった．1963年に，北西スイス側の越境的連携協会（Regio Basiliensis）がバーゼルに設立された．同協会の設立にあたってイニシャティヴをとったのは，バーゼルにある経済団体などの民間部門であった．バーゼル都市州とその周辺部が，隣接するアルザスおよびバーデンと連携して，同国境地域を経済的・政治的・文化的に発展させるという試みは，行政や地元の高等教育機関から大きな賛同を得て，それらの主体が協力することによって同協会が設立された．

その後，アルザス側と南バーデン側でも同様な越境的連携協会が設立される．アルザスの「Regio du Haut Rhin」，南バーデンの「Freiburger Regio Gesellschaft」である．これらの3協会には，それぞれ管轄地域内の地方自治体とともに，大学や商工会議所，民間企業，さらに一般市民が会員として登録している．

越境的地域連携の試みがバーゼルから提起され，アルザスと南バーデンに受け入れられ，連携

協会の制度化が進められていった背景には，バーゼル都市圏の拡大とそれへの対応にかかわる課題があった．3か国の国境線がまじわる位置にあるバーゼルの都市圏は，第二次世界大戦後ますます拡大していった．その結果，バーゼル市の近郊地域は国境を越えて，アルザスのサン・ルイ市，南バーデンのヴァイル・アム・ライン市やレーラッハ市へと広がっていった．そうした状況のなか，無秩序にスプロール化していくバーゼル都市圏を整備するために，バーゼル都市州はもちろんのこと，バーゼル地方州や，アルザスと南バーデンの近隣自治体，さらに域内の民間部門とが連携して対応することが求められるようになった（Regio Basiliensis, 1973）．アルザスや南バーデンにとっても，バーゼルとの連携は，自地域の整備と発展に必要不可欠であったのである．

10.4.2　ナショナル・リージョナル・ローカルレベルにおける連携の制度化

1970年代半ば以降になると，国や州といったより上位の政府間における越境的な地域連携が，徐々に制度化されていくようになる．

まず1975年に，ドイツ・フランス・スイス政府によって，オーバーライン地域の越境的地域連携に法的根拠を与える「ボン協定」が締結された．

同地域における地域連携を総合的に調整する役割を担っているのは，リージョナルレベルにおける連携組織である「ドイツ・フランス・スイス・オーバーライン会議」（以下，オーバーライン会議．1976年設立，Deutsch-französisch-schweizerische Oberrheinkonferenz）である．同会議の管轄地域が，ユーロリージョン・オーバーライン地域である．同会議は，州や県（アルザス），州（スイス），州行政区や自治体連合（バーデン）といったリージョナルレベルの地方自治体を中心に構成されている．環境・交通・空間整備・経済・農業・教育と職業訓練・保健衛生・災害・青少年問題・スポーツ・気候変動に関する作業グループや専門委員会も設置され，これらが越境的地域連携の総合的な調整と総合的な計画策定を実質的に担っている．

オーバーライン会議には，ローカルレベルの地方自治体は参加することができない．そのため，1970年代後半以降，リージョナルレベルでの連携活発化の一方で，ローカルレベルの主体との連携の場が十分に整備されていないという状況がしばらく続いた．

こうしたなかで1990年代前半に，オーバーライン地域の越境的地域連携は転換期を迎える．その転機は，1990年に開始されたEUのインターレグ・プログラムであった．このプログラムでは，パートナーシップ原則により，ローカルレベルの行政と民間の役割が重視されることになっていた．インターレグ・プログラムによってEUからの財政的な支援を受けて地域連携がこれまで以上に発展していくことになるとともに，これまでに活躍の場が十分に保障されていなかったローカルな主体が事業の政策過程により強く参加するようになった．

こうした変化を背景に，ローカルな地方自治体や大学，商工会議所などの民間部門は，越境的連携協会のイニシャティヴのもとで，ローカルレベルでの連携組織であるレギオ・トリレーナ（Regio TriRhena）を1994年に設立した．レギオ・トリレーナの管轄範囲は，オーバーライン会議の管轄地域，つまりユーロリージョン・オーバーライン地域よりも狭い範域である．主要都市はバーゼル，ミュールーズ，コルマール，フライブルクであり，ストラスブールやカールスルーエは含まれない．

レギオ・トリレーナにおいてもオーバーライン会議と同様に，経済，教育・研究開発，観光，交通，空間整備，環境，余暇・スポーツ，文化，メディア，社会生活といったさまざまな分野で作業グループが設置され，調査研究や計画案策定などを通じて越境的連携事業が促進されてきた．

オーバーライン地域では，このようにナショナル・リージョナル・ローカルの各レベルで複数の連携組織が形成されており，それらが相互に機能を分担する連携関係にある．ナショナルレベルで締結された「ボン協定」により連携活動の法的根拠が与えられ，リージョナルレベルの行政間の連携組織オーバーライン会議においてユーロリージョン・オーバーライン地域の総合的な連携計画が

策定される．この総合計画に沿って，ローカルレベルの公的部門と民間部門の主体からなるレギオ・トリレーナは，管轄地域を対象としてより詳細な事業計画を策定し，EUのインターレグ・プログラムを通じて連携事業を実施している．オーバーライン会議とレギオ・トリレーナの連携活動に対し，3地域連携協会は各地域代表団の事務局としての役割を担っている．

同地域における連携のこうした構造は，連携に参加する主体の多元性・多様性を反映している．そして，このことはEU地域政策と密接に関係している．そこで次に，EUのインターレグ・プログラムをより詳細に捉え，EUの対応と，それが越境的地域連携に与えた影響を考察する．

10.5.3 インターレグ・プログラム： INTERREG Oberrhein Mitte-Süd プログラム

本項では，EUの国境地域対策インターレグ・プログラムの政策過程や制度，手続きを把握することによって，EUが地域政策を通じて越境的地域連携にいかに対応し，連携の形成と構造にいかなる影響を及ぼしているのかを考察する．

EUは，オーバーライン地域の越境的地域連携に対し，1990年以降，インターレグ・プログラムを通じてその発展を支援してきた．オーバーライン地域には，「INTERREG PAMINA」および「INTERREG Oberrhein Mitte-Süd」の2つのインターレグ・プログラムが適用されている（2007年のからは両者が統合されてINTERREG Oberrhein となった）．このうち，PAMINAプログラムは，ユーロリージョン・オーバーライン地域の北部地域であり，ドイツ・フランス間国境地域を対象としている．一方，Oberrhein Mitte-Südプログラムは，南部のドイツ・フランス・スイス間国境地域を対象にしている．ここでは，2006年までのOberrhein Mitte-Südプログラムを事例にして，その内容を分析する．

インターレグ・プログラムは，申請者がEU市民であれば，EU非加盟国との越境的連携に対しても適用される．そのため，EUに加盟していない北西スイスと，アルザス・南バーデンとの連携に対しても，EUによる財政的支援がなされてきた．インターレグが適用された事業には，最大50%までの費用がEUの構造基金によって支払われる．

Oberrhein Mitte-Südでは，Ⅰ期（1991～93年）940万ユーロ，Ⅱ期（1994～99年）2600万ユーロ，Ⅲ期（2000～06年）約3200万ユーロが，EUから補助金として支出されている．事業の内容は多岐にわたっており，Ⅲ期において事業数が最も多い分野は，経済・交通・観光分野（22事業），ついで空間整備・環境・農村開発分野（16事業），職業訓練・労働市場分野（15事業）である（表10.2）．Ⅰ～Ⅲ期間での変化として注目すべき点は，リスボン戦略の「成長，雇用，イノベーション」の重視を反映して，オーバーライン地域の越境的地域連携においても，職業訓練・労働市場分野や研究・テレコミュニケーション分野における事業

表10.2 Oberrhein Mitte-Südの事業内訳（INTERREG Ⅰ～Ⅲ期）

	INTERREG Ⅰ (1991～93)		INTERREG Ⅱ (1994～99)		INTERREG Ⅲ (2000～06)	
	事業数	割合（%）	事業数	割合（%）	事業数	割合（%）
越境的協力制度	3	7.9	6	6.1	13	14.1
空間整備・環境・農村開発	6	15.8	17	17.2	16	17.4
経済・交通・観光	21	55.3	38	38.4	22	23.9
職業訓練・労働市場	4	10.5	8	8.1	15	16.3
研究・テレコミュニケーション	3	7.9	6	6.1	10	10.9
健康・社会問題	0	0.0	4	4.0	5	5.4
文化・教育	0	0.0	17	17.2	10	10.9
技術的支援	1	2.6	3	3.0	1	1.1
合計	38	100.0	99	100.0	92	100.0

表中の割合は，事業数全体に占める割合．資料はINTERREG Oberrhein Mitte-Südのホームページをもとに作成．

が増加していることである.

　Oberrhein Mitte-Südプログラムの政策過程には，州，県，市町村の地方自治体のほか，オーバーライン会議も組織として関与し，レギオ・トリレーナの事業として実施される．そのため，インターレグ・プログラムに適用される事業の内容は，オーバーライン総合地域計画との統一性が重視されることとなる．

　これまでの分析から，オーバーライン地域では，EUの国境地域対策インターレグ・プログラムが適用される30年近くも以前から，越境的連携が行われてきたことが明らかになった．ナショナル・リージョナル・ローカルの各レベルで連携組織が設立され，相互に機能を分担しながら連関するという連携構造が形成されてきた．そして，EUはインターレグ・プログラムを通じて越境的地域連携の発展を支援している．そこでのパートナーシップ原則の重視によって，一方では，政策立案過程において上記の連関を促進するとともに，他方では民間部門も含めた地域のさまざまな主体の連携事業への参加を促していることが判明した．

　オーバーライン地域の越境的連携の構造と発展過程は，EU地域政策の特徴であるパートナーシップ原則が，地域的次元において具体化されていることを示すものであるといえる．

　本章で扱った国境地域における越境的な地域連携の進展は，ヨーロッパ統合が影響を及ぼした地域の変容の一端を示すものである．それまで国境によって分断されてきた地域が，ヨーロッパ統合の深化のなかで，自分たちの地域発展のために国境を越えて連携し，共通するさまざまな問題に対処し，国境地域に新たな連携空間を創造・形成してきている．そして，こうした地域からの動きに対し，EUは域内の地域間格差の是正，結束の強化という目的から地域政策を通じてその発展を支援してきた．

　こうした越境的地域連携という新たな動きは，新しい地域形成の可能性を秘めているものがあり，従来の国家や地域といった概念の再考を促している．すなわち，EU統合の過程における越境的地域連携の発展は，これまでの国家の枠組みを前提とした種々の地域形成とは異なる，むしろEUの新たな枠組みを前提とする新たな連携空間ひいては地域が創造されつつあることを示唆しているのではないであろうか．

[飯嶋曜子]

引用文献

飯嶋曜子（1999）：ヨーロッパにおける国境を越えた地方自治体間連携．経済地理学年報，**45**（2）：1-21.

大嶽幸彦訳（1977）：ヨーロッパの南北軸―大空間の地理．地人書房．Juillard, É. (1968): *L'Europe rhénane géographie d'un grand espace*. A.Colin.

坂井一成（1995）：戦後アルザス地域主義の展開と特質―政治意識の変容をめぐって．一橋論叢，**11**（2）：452-467.

辻　悟一（2003）：EUの地域政策．世界思想社．

Arbeitsgemeinschaft Europäischer Grenzregionen (1996): *The Association of European Border Regions: 25 Years of Working Together*. 30S.

European Commission (2009), Territories with specific geographical features. Working Papers, Nr.2/2009

European Communities (2008): EU Cohesion Policy 1988-2008: Investing in Europe's future. *Inforegio Panorama*, N.**26**, 39p. European Communities.

コラム 10.1

国境を越えた買い物ツアー

　EUの深化とともに，国境のもつ意味は大きく変化している．しかし，グランドリージョンでは，EUに先がけて1980年代から国境の敷居を低くすることが試みられてきた．グランドリージョンとは，ドイツのザールラント州とラインラント・プファルツ州，フランスのロレーヌ，ルクセンブルク，ベルギーのワロニー地方からなるヨーロッパの中軸国境地域である．この地域を有する4か国とオランダとで，1985年にシェンゲン合意が結ばれ，国境を越える人々の移動に関する自由化が模索された．その後，1990年6月には最初の「シェンゲン協定」が結ばれ，5か国では，人々の越境移動が完全に自由になっている．その結果，人びとの越境行動は増え，それは人びとの日常的な通勤行動や買い物行動にも及んでいる．

　国境を越えての買い物のための往来に関しては，さまざまな発生要因が考えられる．たとえば，国境を挟んで換金レート，課税システム，経済規模，流通システムなどに差異が存在し，それによって品物の価格や品揃えが国境をはさんで異なっている．さらに，サービスの差異，営業時間（休日・週末の営業状態，平日の営業時間）の差異，さらに買い物自体が楽しみであることも大きな発生要因であろう．グランドリージョンについて，ドイツとフランスの関係でみると，チーズ，海産物，果物，ワインなどの食料品購入のため多くのドイツ人がフランスを訪れる（呉羽，2008）．一方，フランス人はカメラやオーディオ機器を求めてドイツに向かう．品目の価格差は国による税率の差異に基づいている．たとえば，フランスでは消費税率がドイツに比べて高いため，フランス人は消費税率の低いドイツで高価な買い回り品を購入する傾向が強い．また，ガソリンやタバコの価格については，各国の課税システムが異なるために国ごとの価格に差異がみられる．さらに，2002年から通貨がユーロに統一され，価格が単純に比較できるようになり，国境を越えた買い物行動がますます増える傾向にある．

　グランドリージョンの北，ドイツのアーヘン，オランダのマーストリヒト，ベルギーのリエージュにまたがる国境地域は，ユーレギオ・マース・ラインと呼ばれる（伊藤，2003）．この3都市が商業中心地であるが，とくにマーストリヒトにおける商業集積が顕著である．マーストリヒトの中心商業地区は，狭い歩行者専用道路からなる旧市街地にある．ここには，ブランド衣料，貴金属，化粧品などを扱う店舗が集積している．またデパートやショッピングモール，さらには多くの飲食店も存在する（写真10.1）．一般に，ヨーロッパでは日曜日は商業施設の休業日であるが，マーストリヒトでは，各月の第一日曜日の午後に営業されるようになった．マーストリヒトの中心商業地区は，オランダ各地から，さらにはドイツのアーヘン，ケルンなどから多くの買い物客を呼び込んでいる．

写真 10.1　マーストリヒトの中心商業地区

［呉羽正昭］

引用文献
呉羽正昭（2008）：グランドリージョン（Saar-Lor-Lux 国境地域）における人口流動．手塚章・呉羽正昭編：ヨーロッパ統合時代のアルザスとロレーヌ，pp.146-163．二宮書店．
伊藤貴啓（2003）：ドイツ／オランダ／ベルギー国境地帯における越境地域越境地域連携の展開とその構造—Euregio Maas-Rhein を事例として．地理学報告，96：1-22．

コラム 10.2

分断を乗り越えた連携の可能性—人びとをつなぐ橋，ゲルリッツ

　国境は不変ではない．そのため，歴史の流れのなかで国境地域は幾度となく翻弄されてきた．国境線が新たに引き直されることによって，帰属国家が変わり，そこに住む人びとの暮らしも大きく変わらざるを得ない状況になることもある．ドイツとポーランドの国境に接するゲルリッツ（Görlitz）は，そうした歴史をもつ国境都市である．

　ゲルリッツは，ザクセン州の州都ドレスデンから電車で約1時間半のところに位置する．旧市街には，ゴシック，ルネッサンス，バロック，アールヌーボーなど様々な時代の建築物が立ち並び，約4000の歴史的建造物が文化財として指定されている．

　旧市街のはずれには，ナイセ川が流れる．川幅は狭く20 m程であるが，この川がドイツとポーランドの国境線であり，対岸はポーランドのズゴジェレツ（Zgorzelec）である．しかし，ズゴジェレツはかつてゲルリッツの一部であり，ナイセ川を挟んで一つの街として発達してきた．

　ゲルリッツを含むシレジア地方（ドイツ語名シュレジエン，ポーランド語シロンスク）は，石炭などの鉱物資源が豊富なこともあり，その領有をめぐって周辺国が争いを繰り返してきた場所である．ゲルリッツは，ザクセンやハプスブルク，プロイセン，ナチスドイツなどの支配をうけてきた．そうした長い歴史の間，ゲルリッツの都市域はナイセ川を挟んで両側に広がっており，13世紀にはすでに橋が作られ一つの生活圏ができていた．しかし，第二次世界大戦末期，ドイツ軍は町から撤退する際に，ナイセ川にかかっていた橋を爆破した．大戦後，ドイツ・ポーランド間の国境線が引き直され，ゲルリッツではナイセ川以東地区がポーランド領となり，ズゴジェレツという別の自治体になった．一つの街が，国境線によって分断され，異なる国家に属する2つの町になったのである．このような経緯で，ゲルリッツに限らず，シレジア地方ではドイツ系住民の多くがドイツ側に移住せざるをえなくなり，それが現在でもドイツ・ポーランド間の対立問題の火種となっている．

　こうした分断の歴史をもつゲルリッツとズゴジェレツは，1990年代以降再び関係性を強め，国境を越えた連携を進めている．その背景には，東西冷戦の終結と，ヨーロッパ統合の深化と拡大がある．1998年に両市は「欧州都市」宣言をし，国境のない街づくりを進め，ともに発展していく方針が示された．2004年にはポーランドがEUに加盟し，かつて爆破された橋も再建された．現在は，住民の間にも「橋」をかける試みが行われている．語学研修などの教育，スポーツや文化などで連携を活発化している．2010年には，両市はEUの「欧州文化首都」に立候補した．文化首都の選考には漏れたが，文化面での取り組みが進展し，その計画立案や実施では学生をはじめとした住民が参加している．さらに，両都市を含めたより広域の国境地域における連携も進められており，ドイツ・ポーランド・チェコの国境地域では，ユーロリージョン・ナイセ（Euroregion Neisse-Nisa-Nysa）として制度化されている．

　EUは，これらの活動を「一つのヨーロッパ」という理念をローカルスケールで体現する試みとして，構造基金などを通じて財政的に支援している．ゲルリッツとズゴジェレツでは，過去の分断の歴史を乗り越え，再び一つの地域としてまとまり，発展に向けて協力を進めているのである．

［飯嶋曜子］

写真10.2　国境線であるナイセ川の風景
　　　　　（ドイツ・ポーランド国境，2003年）
右手がズゴジェレツ，左手がゲルリッツ．両市をつなぐ橋の建設が進められているのがみえる．

11 世界のなかの EU

　これまでの各章で，EU の地域的な特徴について個別のテーマに基づいた考察を行ってきた．多くの国からなる EU は，いうまでもなく EU 以外の地域と密接にかかわっている．現代世界は人やモノ，資本や情報がめまぐるしく移動し，いわゆるグローバル化の影響によって人々の価値観や生活様式も大きく変化している．EU もこの世界共通の渦のなかにあり，その影響は英語の普及や食生活の変化などにも見出せる．その反面，EU 域内では近年，地域の個性や歴史的背景への関心が高まっており，ローカル化といえる傾向も現れている．さらには，EU 域内において共通性を見出そうとする動きもある．このないくつもの流れが同時進行している点にも EU の特色を見出すことができよう．

11.1　世界と結びつく EU

　EU が世界各地と密接な関係にあることはいうまでもない．それは，EU を構成する国々がこれまで世界各地と深く結びついてきたこととかかわっている．近代以降，ヨーロッパ諸国が世界各地に乗り出し，海外植民地を建設し，生産物や奴隷などの交易を行い，また自ら移民としてアメリカ大陸やオーストラリアをはじめ，世界各地に移住した歴史は，現在のヨーロッパと世界各地の関係を強く規定している．しかも，ヨーロッパ以外の地域に植民地をひろげていたのはスペイン，ポルトガル，オランダ，イギリス，フランス，ドイツ，イタリア，ベルギーに限られるが，いずれも現在の EU の構成国である．宗主国と旧植民地との関係は必ずしも一様ではないが，たとえばフランス植民地だった北アフリカのマグレブ諸国からフランスへの移民の流れや，オランダのココア生産，ベルギーで発達しているダイヤモンド研磨業やチョコレート産業をみると，現在の EU と世界とのかかわりを検討するうえで，かつての植民地の存在が決して無視できないものであることに気づくだろう．

　EU は，現代世界において巨大な通商ネットワークの中心に位置している．たとえば 2008 年の貿易統計をみると，EU の輸出総額は 570 万 3676 百万ドルであり，これは中国（142 万 8865 百万ドル）やアメリカ合衆国（130 万 0082 百万ドル）をはるかに上まわる規模である．一方，輸入総額は 596 万 6839 百万ドルで，アメリカ合衆国（216 万 5981 百万ドル）や中国（113 万 1916 百万ドル）に比べて格段に多くなっている．

　また，EU 諸国の貿易相手国をみると，同じ EU 諸国に占める割合がきわめて高く，輸出では 67.2％，輸入では 62.5％ が EU 加盟国間で行われており，EU 諸国間での貿易の密度がいかに高いかがわかる．これに対して世界各国でも，それぞれの貿易において EU が占める位置はきわめて高く，アメリカ合衆国では輸出総額の 21.2％，輸入総額の 17.4％，中国では輸出総額の 20.5％，輸入総額の 11.7％，さらに日本では輸出総額の 14.1％，輸入総額の 9.3％ をそれぞれ EU が占めている．

　EU と日本の関係に目を転じると，その緊密な間柄を例証するトピックは事欠かない．両地域間には毎日航空便が飛びかい，人やモノの移動が行われている．世界各地にひろがる在留邦人をみれば，約 15％ が EU 域内に集まり，世界にある日系企業の約 10％ が EU 域内に立地している（表 11.1）．とくにイギリスやドイツ，フランスにはそれぞれ数万もの日本人が暮らし，ドイツには 1400 あまりの企業が進出している．日本人の訪問者も多く，フランスやドイツにはそれぞれ 1 年間に 50 万人以上が訪れている．さらには国家間のみならず，地域レベルでの関係も密接になっている．地方自治体レベルでの姉妹提携件数をみると，ドイツやフランス，イタリア，オーストリア

表 11.1　EU 加盟国と日本の関係

EU 加盟国[1]	在留邦人数[2]（人）2009年	日系企業数[3]（件）2009年	姉妹自治体数（件）2009年	日本人訪問者数（人）2008年
アイルランド	1,576	36	記載なし	14,000
イギリス	59,431	1,272	13	238,910
イタリア	5,174	279	35	283,819
エストニア	58	14	1	6,862
オーストリア	2,284	104	32	208,150
オランダ	6,616	362	11	114,400
ギリシャ	683	20	8	10,926
スウェーデン	3,087	143	5	49,745
スペイン	7,046	351	11	237,495
スロヴァキア	243	44	1	13,743
スロヴェニア	100	4	1	38,795
チェコ	1,530	214	4	123,275
デンマーク	1,343	85	5	29,458
ドイツ	36,960	1,444	52	597,655
ハンガリー	1,218	108	5	75,261
フィンランド	1,310	84	5	80,180
フランス	30,947	420	48	674,000
ブルガリア	161	24	1	9,830
ベルギー	6,519	212	8	100,712
ポーランド	1,299	254	-	42,000
ポルトガル	539	67	7	63,486
マルタ	64	0	0	記載なし
ラトヴィア	20	2	2	6,043
リトアニア	43	7	1	9,349
ルーマニア	293	41	2	13,095
ルクセンブルク	461	18	記載なし	記載なし
EU 合計	169,005	5,609	258	3,041,189
世界総計	1,131,807	56,430	1,586	15,987,250

[1] キプロスを除く．[2] 長期滞在者および永住者の総計．[3] 本邦企業および現地法人日系企業の総計．
外務省「平成22年度海外在留邦人数統計」，(財)自治体国際化協会，日本政府観光局（JNTO）による．

においてきわめて多くの連携を得ているのがわかる．

こうした密接な対外関係を世界的に広げ，維持・発展させるために，EU は積極的に世界各地にその存在をアピールしている．EU 代表部のウェブサイトは世界147の国と地域，都市に向けてそれぞれの言語を用いて開設されており（2010年10月現在），EU の目標や特徴が紹介されている．EU 域内では，毎年各地でさまざまな世界的イベントが開催されており，見本市やエキスポ，映画祭や音楽祭，さらにはスポーツ大会などが盛んで，そのジャンルはきわめて多岐に及んでいる．EU はまさしく世界の経済や文化の中心的な役割を演じている．

11.2　グローバル化のなかの EU

交通や通信の発達とともに，現代世界では共通の生活様式や価値観の浸透が急速に進んでいる．EU 域内においても，世界共通化の流れはますます強まっている．第二次世界大戦前まではヨーロッパの文化や価値観こそが世界を席巻していたが，大戦後はアメリカ合衆国とソヴィエト連邦にその主導を奪われ，さらに冷戦の終了とともにアメリカ主導による世界共通化の流れが顕在化している．情報や技術，商品の流通の激化とともに，産業立地や都市計画，行政制度など国家・地域レベルから衣食住をはじめとする暮らしのレベルにいたるまで，世界は急速に類似性を帯びつつある．

こうした動きは，たとえばアメリカ企業の世界戦略からもみてとることができる．アメリカのフ

写真 11.1　ウィーンに展開するアメリカのコーヒーショップ（オーストリア，2010 年）

写真 11.2　ブダペストの中国人商店街（ハンガリー，2008 年）

ァーストフードは今や世界にそのネットワークを広げ，EU への進出もめざましい．伝統的なカフェ文化で知られるウィーンにも，今やアメリカのコーヒーショップがいくつも開店している（写真 11.1）．カジュアルなアメリカ文化が確実に EU 諸国に浸透している．

アメリカばかりではない．近年は中国人の進出もめだっている．中国人は 19 世紀後半以来，世界各地へと移住，各地にチャイナタウンを建設しながら中国社会や文化の世界的な伝播をもたらした．とくに 1980 年代の改革開放政策の実施以降，中国から世界各地への人やモノの移動は激増しており，中国文化が各地で知られるようになった．EU 域内では，中華料理店や食材店，衣料品店などが各地に立地しており，ますます拡充する勢いである（写真 11.2）．

このような世界のグローバル化の影響は，EU 域内の人びとの暮らしにも変化をもたらしている．ヨーロッパでは国ごとに公用語が定められ，言語によって自身と他者が区別されてきた経緯がある．それゆえに，ヨーロッパにはきわめて多様な言語があり，EU も多くの言語集団をかかえている．しかし近年では，EU 各国において英語学習者の割合が急増している．とくに若い年齢層では母語に加えて英語習得者がきわめて多くなっている（表 11.2）．これは，単に学習する外国語が

表 11.2　EU 諸国における英語・フランス語修得者の比率（%）

EU 諸国	E：英　語 F：フランス語	15〜24 歳	25〜39 歳	40〜54 歳	55 歳以上
イギリス	E	—	—	—	—
	F	77	61	45	31
イタリア	E	75	58	28	15
	F	47	44	41	24
ギリシャ	E	73	50	26	15
	F	9	7	9	5
スペイン	E	60	35	11	3
	F	21	27	17	6
デンマーク	E	97	96	85	54
	F	40	35	26	18
ドイツ	E	82	72	53	34
	F	32	27	20	16
フランス	E	89	76	48	31
	F	—	—	—	—

Pan, C. and Pfeil, B. S.（2000）：*Die Volksgruppen in Europa*：*Ein Handbuch*. *Braumtiller*, p.160 をもとに作成．

変わったという事実だけにとどまらない．これまでヨーロッパでは母語以外の言語としてフランス語やドイツ語の習得が重要視されてきた．近代以降，政治・外交・文化の言語とされたフランス語と，学術，通商の言語とされたドイツ語がヨーロッパの人びとの間では習得すべき外国語とされていた．

しかし，1990年代以降のグローバル化の流れのなかで，外国語の地位は大きく変わった．ドイツをはじめデンマークなど北西ヨーロッパ諸国では，英語習得者の割合が高くなる傾向が著しい．また，かつてドイツ語が比較的通じていたとされる東ヨーロッパの国々でも，大都市を中心にして英語の浸透がめざましい．それぞれの国や地域固有の言語がひきつづき強調される一方で，英語はEUの共通語，国際語としての地位を着実に確保しているかのようである．固有の言語を重視する動きと共通語への関心の高まりが同時進行しているのが，今日のEUの実情だといえよう．

11.3 ローカル化が進むEU

グローバル化が進む一方で，EU域内では国の枠組みを弱め，国を構成する地域や都市を単位にした競争が激しさを増している．これは，地域間での人やモノの移動が自由化し，より多くのカネを得るための情報交換が容易になったことによるが，そうした地域や都市を対象にしたEU補助金の交付がなされることも理由とされる．そのために個々の地域や都市の特徴を強調し，PRする動きが活発になっている．より知名度を高め，それによってさらに多くの人びとの関心が地域や都市に向けられ，投資をはじめ，さまざまなイベントの開催，人口の増加など地域や都市の発展の可能性が高まることが期待されている．

こうした最近のEUの状況は，ローカルな地域・都市の個性を強調することにつながりつつある．以下，ドイツの都市ドレスデンの事例をみてみよう．

ドレスデンはかつてザクセン王国の首都としての華やかな歴史をもち，王宮をはじめツヴィンガー宮殿やオペラ劇場など多くのバロック建築と伝統ある町並みを誇りとしていた．18世紀イギリスの貴族の子弟たちの旅行「グランドツアー」の目的地の一つになるほどの文化都市であった．しかし，第二次世界大戦末期の2月13日から14日にかけて，ドイツ敗戦が目前となり，戦略上ほとんど意味がなかったにもかかわらず英米空軍による無差別爆撃によって歴史的市街地は壊滅．多くの貴重な文化遺産が瓦礫と化した．

大戦後，東ドイツに置かれたこの町には，社会主義国建設のスローガンにのっとり，歴史とは無縁の新しい住宅団地が建てられた．単調なプレハブの団地の間を走る幅の広い道路といった新興住宅地のような姿に都市の景観は変わってしまった．

ドイツ統一以来，ドレスデンでは歴史的景観の再建が急ピッチで進められている．まず，瓦礫のままだった聖母教会の再建から始められた．これにはドレスデン市だけでなくザクセン州やドイツ政府からも資金援助がなされたほか，イギリスでも多額の寄付金が集められた．瓦礫まで利用して2005年に復元された聖母教会は，再びドレスデンのランドマークになっている（写真11.3）．また，王宮などかつての王国の施設も復元が進められているが，これは大手高級ホテルを誘致し，多額の投資を得ることによって実現されている．このほか，かつての市街地の復元作業も着手され，幅広の直線状の道路は戦前の狭い街路に戻され，広々とした団地は密集した市街地に換えられようとしている．

こうした景観の復元・再建事業に加えて，伝統

写真11.3 復元されたドレスデンの聖母教会（ドイツ，2010年）

文化・産業の復興も積極的に行われている．ドレスデン近郊の町マイセンは高級な陶磁器製造で世界的に知られるが，それは宮廷都市ドレスデンという消費地があったからである．そうした歴史を強調した施設や展示が積極的になされている．また，ドレスデンの伝統的なクリスマス・マーケットも都市再建の重要な事業に位置づけられており，市民はもちろん，多くの観光客でにぎわっている．いずれもドレスデン固有の歴史や文化を強調した事業といえよう．

ドレスデンに限らず，特に社会主義体制下に置かれた都市や地域では，歴史や伝統文化を見直し，再建を進めるところが増えている．こうした都市の再建により，地域固有の景観や文化がそこに住む人びととの地域への愛着を強めることが期待されている．実際，地域を単位にした経済・文化活動が活発化するケースがあちこちに現れている．最近では，これに触発されたかのように西ヨーロッパでも，地域固有の文化を軸にした地域振興事業が行われている．

11.4 共通化をたどる EU

こうしたグローバル化やローカル化による地域の変化がみられる一方で，さらに EU に共通する歴史や文化への関心が高まりつつある点もつけ加えておきたい．EU 加盟国では，これまでとかく国家の枠組みを重視し，固有の歴史や文化へのこだわりが強調されてきた．しかし，1990年代以降，EU の利点とも対応するように，EU 域内に共通するものに目が向けられつつある．ここでは「欧州文化首都」と，「躓きの石」を例に述べてみよう．

「欧州文化首都（European Capital of Culture）」は，ヨーロッパに共通する歴史や文化の価値を認め，それを EU 全体で協力して維持・発展させることを目的にしたもので，1985年6月13日にギリシャの文化大臣メリナ・メルクーリが提唱して以来，継続されている（コラム4.2，52頁）．ヨーロッパでは，それぞれの都市は，帰属する国の歴史が繰り広げられ文化が発展する舞台としての役割を果たしてきた．そのため，都市は特定の国家

写真 11.4　古都マリボル（スロヴェニア，1991年）

の所有物としての意味合いを強くもってきた．しかもいくつもの国家や民族の歴史とかかわりのある都市も少なくないため，都市はしばしば政治的な対立の火種ともなってきた．

こうしたヨーロッパの都市をめぐる複雑な事情を踏まえて，都市の歴史や文化を国境を越えて共有し，その価値を高めるよう EU が企画したのが「欧州文化首都」である．具体的には，現在では欧州委員会と欧州議会によって毎年2つの都市が文化首都に選定されている．その際，希少価値の高い固有の文化や産業はもちろんのこと，建築物や伝統芸能など歴史的・文化的財産の保全が重要な課題とされ，それらを EU 域内における国際的な協力体制のもとで実施するような企画の質が選定の重要な条件になっている．

選定された都市では，こうした国際的協力体制のなかで企業や資本家，地方自治体などによる資金援助を得た都市整備事業やイベントの開催などが企画される．事前の PR 活動をはじめ，実際の事業によって「欧州文化首都」はヨーロッパ共通の財産として広く認知され，都市そのものの整備とともに国境を越えて都市への関心や愛着が高まることが期待されている．

この「欧州文化首都」の企画は，少なくとも2019年まで継続されることになっており，すでに2011年のトゥルク（フィンランドの古都）とタリン（エストニアの首都），2012年はギマランイス（ポルトガルの古都）とマリボル（スロヴェニアの古都），2013年はマルセイユ（フランスの港町）とコシツェ（スロヴァキアの古都），そして

写真 11.5　ベルリンの「躓きの石」(ドイツ，2010 年)

2014年はリガ（ラトヴィアの首都）まで決定されている（写真 11.4）．

　EU 共通の歴史・文化認識の動きを知るトピックとして，もう一つあげておきたいのが「躓きの石（ドイツ語で Stolpersteine）」である．「躓きの石」はドイツの芸術家ギュンター・デムニング（Gunter Demnig）が発案したもので，ナチスの犠牲者であるユダヤ人やロマ人，同性愛者たちの非業の死を記憶にとどめるために設置されている．「石」は約 10 cm 四方の正方形状の真ちゅう製のパネルで，そこにナチスによって連行された人の氏名，出生年，移送された収容所名とその年月日，死亡収容所名とその年月日などが記載されている．これが，犠牲者が当時住んでいた建物の玄関先の路上に埋め込まれている（写真 11.5）．

　このプロジェクトは，1992年にドイツのケルンにおいて，収容所に送られたロマ人の犠牲者名を記録した「石」を埋め込むことで開始された．以来，ドイツ国内はもちろんヨーロッパ各地に事業は広がり，2010 年 4 月現在，ドイツをはじめ，オランダ，ベルギー，イタリア，オーストリア，ポーランド，チェコにある 530 もの都市に約 2 万 2 千個もの「石」が設置されている．また，今後はフランスやデンマークでも設置される予定になっている．

　こうしたナチスによる暴力の犠牲者についてのヴィジュアルな記録が設置されることによって，ドイツだけでなく EU 諸国においてナチスの蛮行についての記憶が広く共有されようとしている．ヨーロッパで起こった大戦の記憶が，風化することなく EU 加盟国内で保持され続けることによって，二度とヨーロッパを戦場にしてはならないという共通理解が生まれるであろうし，なによりも現在ある EU の存在意義を再認識することにつながるであろう．

　EU 主導で進められている「欧州文化首都」も，市民レベルで行われている「躓きの石」も，EU において人びとの意識や価値観が共有されるような動きが出てきていることをよく示している．EU であらわれつつある歴史や文化の共有化の動きをみるにつけ，EU による地域統合が，こうした人びとの意識の統合なくして進まないことにあらためて気づかされるのである．　［加賀美雅弘］

引 用 文 献

伊豫谷登士翁（2002）：グローバリゼーションとは何か―液状化する世界を読み解く．平凡社．
植田隆子（2007）：EU スタディーズ（1）―対外関係．勁草書房．
梅森直之（2007）：ベネディクト・アンダーソン　グローバリゼーションを語る．光文社（光文社新書）．
大島美穂（2007）：EU スタディーズ（3）―国家・地域・民族．勁草書房．
大谷裕文（2008）：文化のグローカリゼーションを読み解く．弦書房．
小川英治（2007）：EU スタディーズ（2）―経済統合．勁草書房．
羽場久美子（2004）：拡大ヨーロッパの挑戦―アメリカに並ぶ多元的パワーとなるか．中公新書．
宮島　喬（2004）：ヨーロッパ市民の誕生―開かれたシティズンシップへ．岩波新書．
鷲江善勝（2009）：リスボン条約による欧州統合の新展開．ミネルヴァ書房．

コラム11.1

欧州共通通貨ユーロの光と影

　1999年にまずは決済通貨としてスタートしたユーロは2011年1月までにEU加盟の27か国のうちの17か国までに拡大している．EU加盟国のほか，アンドラなどの小国，モンテネグロおよびコソボ，そして，フランスの海外領土でもユーロは用いられている．2002年1月の流通開始後のわずか5年で，2006年末には，市中でのユーロ紙幣の流通量がドル紙幣の流通量を上回まわり，名実ともに米ドルと双璧をなす通貨となった．

　もっとも，ユーロが離陸するまでには長い道のりがありった．現在につながる取り組みとしては1970年前後にさかのぼる．ニクソン・ショックによるブレトン・ウッズ体制の崩壊をまるで見通していたかのように，ルクセンブルクのウェルナー首相が通貨統合へ向けた取り組みを提案していた．為替レートの安定性がなければヨーロッパにおける共同市場が有効に機能しないと考えたからである．この提案がただちに軌道にのったわけではなかったが，1979年には，欧州に通貨安全地帯を作り上げるべく，欧州通貨制度（EMS）が創設された．そして，そのもとで用いられたのが欧州通貨単位（ECU）であった．ECUとは，各国の為替レートを加重平均して求めるという仮想の通貨単位で，これを基準にして各国の通貨の変動を抑えることによって域内通貨の安定をはかったものである．そして，1980年代末には，ジャック・ドロールを委員長とする欧州委員会の報告書において，経済通貨統合が盛り込まれ，ユーロ誕生への道筋が敷かれることになった．

　ではユーロに期待されたものは，何だったのだろうか．

　まずは，加盟国間の輸出入を為替レートの変動というリスクから守り，より安定した広い市場を作り出すことができる．また，そうすれば，域内での国境を越えた設備投資，域外からの設備投資を活気づけることができる．しかも，同一の貨幣単位で，商品の価格や賃金が表示されるので，価格差・費用格差に着目した企業行動も生じやすくなり，将来的には域内における地域間格差も均衡に向かうであろうということが理論的には考えられる．このような直接投資においてのみならず，金融市場においても，一つの市場であることが，資金の調達規模を拡大し，これまで通貨の信用が決して大きくなかった国においても資金を集めることが可能になったのである．そして，このような国が集めた資金で身につけた購買力は域内の工業国にとっては新たな市場拡大へとつながる．

　もちろん，いいことづくめであるはずはない．問題の第一は，その国の本来的な経済力とは無関係に域外との為替レートが決まってくるという問題がある．価格以外の競争力をもたない国の輸出産業がユーロ高に直面した場合には，域外に対しての競争力を失うことになる．そして，これによって深刻な経済不況に陥った場合，共通通貨を導入していないのであれば，自通貨安によって輸出を盛り返すことができるのであるが，共通通貨という体制のもとでは金融政策も自国の意のとおりにならないのである．第二は，ユーロ圏内の周辺国にとって金を調達しやすくなったのではあるが，その資金を国内でのより生産的な投資に振り向けることができないのであれば，単に対外債務の拡大に過ぎないということである．ユーロに秘められていた危うさは，2010年のギリシャ経済危機で露呈することになった．［小田宏信］

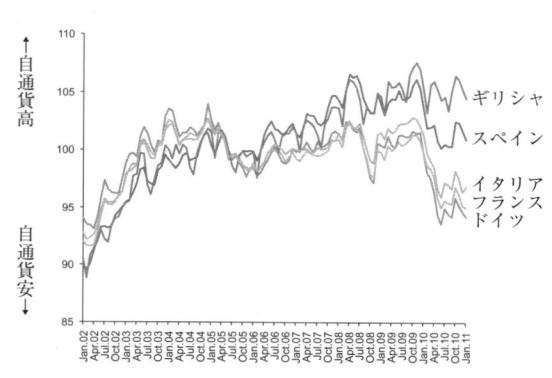

図11　実質実効為替レートの月次推移
2005年の平均値を100とする．実質実効為替レートとは，複数の貿易相手国との為替レートを加重平均し，さらにインフレ水準で調整したもの．BIS（国際決済銀行）の公表データをもとに作成．

さらなる学習のための参考文献

第1章 総　論

加賀美雅弘・川手圭一・久邇良子（2010）：ヨーロッパ学への招待―地理・歴史・政治からみたヨーロッパ．学文社．
ジョーダン＝ビチコフ，T.G.・ジョーダン，B.B. 著，山本正三・石井英也・三木一彦訳（2005）：ヨーロッパ―文化地域の形成と構造．二宮書店．
田辺　裕監修（2000）：ヨーロッパ．朝倉書店．
デイヴィス，N. 著，別宮貞徳訳（2000）：ヨーロッパⅠ～Ⅳ．共同通信社（全4巻）．
トッド，E. 著，石崎晴己訳（1992）：ヨーロッパ大全Ⅰ．藤原書店．
トッド，E. 著，石崎晴己・東松秀雄訳（1993）：ヨーロッパ大全Ⅱ．藤原書店．
ブルンナー，O. 著，石井紫郎ほか訳（1974）：ヨーロッパ―その歴史と精神．岩波書店．
ラカー，W. 著，加藤秀次郎訳（1998・1999・2000）：ヨーロッパ現代史―西欧・東欧・ロシア．芦書房（全3巻）．

第2章 自然環境と伝統農業

アーベル，W. 著，三橋時雄・中村　勝訳（1976）：ドイツ農業発達の三段階．未来社．
市川健夫・山本正三・斎藤　功編（2005）：日本のブナ帯文化（普及版）．朝倉書店．
菊地俊夫編（2002）：食の世界―私たちの食を考える．二宮書店．
鯖田豊之（1966）：肉食の思想―ヨーロッパ精神の再発見．中公新書．
ディオン，R. 著，福田育弘訳（1997）：ワインと風土―歴史地理学的考察．人文書院．
ハーゼル，K. 著，山縣光晶訳（1996）：森が語るドイツの歴史．築地書館．
ピット，J.-R. 著，千石玲子訳（1996）：美食のフランス―歴史と風土．白水社．
南　直人（1998）：ヨーロッパの舌はどう変わったか―一九世紀食卓革命．講談社．
山本正三・内山幸久・犬井　正・田林　明・菊地俊夫・山本　充（2004）：自然環境と文化―世界の地理的展望（改訂版）．原書房．
レーマン，A. 著，識名章喜・大淵知直訳（2005）：森のフォークロア―ドイツ人の自然観と森林文化．法政大学出版局．

第3章 工業地域の形成と発展

杉浦芳夫編（2004）空間の経済地理．朝倉書店．
斎藤　修（1985）：プロト工業化の時代―西欧と日本の比較史．日本評論社．
高橋伸夫・手塚　章・村山祐司・ピット，J.-R.（2003）：EU統合下におけるフランスの地方中心都市―リヨン・リール・トゥールーズ．古今書院．
竹内淳彦編（1997）：企業行動と環境変化．大明堂．
竹内淳彦編（2005）：経済のグローバル化と産業地域．原書房．
手塚　章・呉羽正昭（2008）：ヨーロッパ統合時代のアルザスとロレーヌ．二宮書店．
ヘニング，F.-W. 著，柴田秀樹訳（1999）：現代ドイツ社会経済史―工業化後のドイツ 1914-1992．学文社．
ホブズボーム，E.J. 著，浜林正夫・神武庸四郎・和田一夫訳（1984）：産業と帝国．未来社．
松原　宏編（2003）：先進国経済の地域構造．東京大学出版会．

山本健児（1993）：現代ドイツの地域経済―企業の立地行動との関連．法政大学出版局．

第4章　都市の形成と再生

阿部和俊編（2009）：都市の景観地理―大陸ヨーロッパ編．古今書院．
大場茂明（2003）：近代ドイツの市街地形成―公的介入の生成と展開．ミネルヴァ書房．
岡部明子（2003）：サステイナブルシティ―EUの地域・環境戦略．学芸出版社．
グルーバー，K.著，宮本正行訳（1999）：図説 ドイツの都市造形史．西村書店．
小林浩二・呉羽正昭編（2007）：EU拡大と新しいヨーロッパ．原書房．
田辺　裕監修（2010）：イギリス・アイルランド（普及版）．朝倉書店．
田辺　裕監修（2010）：ドイツ・オーストリア・スイス（普及版）．朝倉書店．
ノックス，P.L.・テイラー，P.J.著，藤田直晴訳編（1997）：世界都市の論理．鹿島出版会．
福川裕一・岡部明子・矢作　弘（2005）：持続可能な都市―欧米の試みから何を学ぶか．岩波書店．
ブラウンフェルス，W.著，日高健一郎訳（1986）：西洋の都市―その歴史と類型．丸善．
プラノール，X. de 著，手塚　章・三木一彦訳（2005）：フランス文化の歴史地理学．二宮書店．

第5章　観光地域と観光客流動

荒井政治（1989）：レジャーの社会経済史―イギリスの経験．東洋経済新報社．
アーリ，J.著，加太宏邦訳（1995）：観光のまなざし―現代社会におけるレジャーと旅行．法政大学出版局．
池内　紀（1989）：西洋温泉事情．鹿島出版会．
池永正人（2002）：チロルのアルム農業と山岳観光の共生．風間書房．
ウイリアムス，A.M.・ショー，G.編，廣岡治哉監訳（1992）：観光と経済開発―西ヨーロッパの経験．成山堂書店．
コルバン，A.著，渡辺響子訳（2000）：レジャーの誕生．藤原書店．
富川久美子（2007）：ドイツの農村政策と農家民宿．農林統計協会．
溝尾良隆編（2009）：観光学の基礎．原書房．
望月真一（1990）：フランスのリゾートづくり―哲学と手法．鹿島出版会．
山村順次（2004）：世界の温泉地―発達と現状（新版）．日本温泉協会．

第6章　移民と社会問題

アーダー，J.・ジョーンズ，C.著，渡邊守章監修（2008）：フランス（普及版）．朝倉書店．
田辺　裕監修（2010）：フランス（普及版）．朝倉書店．
トレンハルト，D.著，宮島　喬ほか訳（1994）：新しい移民大陸ヨーロッパ―比較のなかの西欧諸国・外国人労働者と移民政策．明石書店．
内藤正典（2004）：ヨーロッパとイスラーム―共生は可能か．岩波新書．
内藤正典・阪口正二郎編（2007）：神の法VS.人の法．日本評論社．
パンソン，M.・パンソン＝シャルロ，M.著，野田四郎監訳（2006）：パリの万華鏡―多彩な街の履歴書．原書房．
ベンギギ，Y.（2007）：移民の記憶―マグレブの遺産．パスレル（DVD）．
宮島　喬（2006）：移民社会フランスの危機．岩波書店．
宮島　喬編（2009）：移民の社会的統合と排除―問われるフランス的平等．東京大学出版会．
山下清海編（2008）：エスニックワールド―世界と日本のエスニック社会．明石書店．
現代思想2006年2月臨時増刊：総特集フランス暴動―階級社会の行方．青土社．

第7章 地域主義と民族集団

ヴィンセント，C.・ストラドリング R.A. 著，小林一宏監修（2008）：スペイン・ポルトガル．朝倉書店．
大島美穂編（2007）：国家・地域・民族．勁草書房．
渋谷謙次郎編（2005）：欧州諸国の言語法—欧州統合と多言語主義．三元社．
陣内秀信（2007）：地中海世界の都市と住居．山川出版社．
関　哲行・立石博高・中塚次郎編（2008）：世界歴史体系　スペイン史2—近現代・地域からの視座．山川出版社．
竹内啓一（1998）：地域問題の形成と展開—南イタリア研究．大明堂．
竹中克行（2009）：多言語国家スペインの社会動態を読み解く—人の移動と定着の地理学が照射する格差の多元性．ミネルヴァ書房．
竹中克行・齊藤由香（2010）：スペインワイン産業の地域資源論—地理的呼称制度はワインづくりの場をいかに変えたか．ナカニシヤ出版．
竹中克行・山辺規子・周藤芳幸編（2010）：地中海ヨーロッパ．朝倉書店．
田辺　裕監修（2010）：イベリア（普及版）．朝倉書店．
田辺　裕監修（2010）：イタリア・ギリシア（普及版）．朝倉書店．
ブローデル，F. 著，浜名優美訳（2004）：地中海（普及版）．藤原書店（全2巻）．
宮島　喬・若松邦弘・小森宏美編（2007）：地域のヨーロッパ—多層化・再編・再生．人文書院．

第8章　東ヨーロッパの農村の変化と特色

伊東孝之・井内敏夫・中井和夫編（1998）：ポーランド・ウクライナ・バルト史．山川出版社．
伊東孝之・直野　敦・萩原　直・南塚信吾・柴　宜弘監修（2001）：東欧を知る事典（新訂増補）．平凡社．
加賀美雅弘・木村　汎編（2007）：東ヨーロッパ・ロシア．朝倉書店．
小林浩二（1998）：21世紀のドイツ．大明堂．
小林浩二・佐々木博・森　和紀・加賀美雅弘・山本　充・中川聡史・呉羽正昭編（2000）：東欧改革後の中央ヨーロッパ—旧東ドイツ・ポーランド・チェコ・スロヴァキア・ハンガリーの挑戦．二宮書店．
小林浩二（2005）：中央ヨーロッパの再生と展望—東西ヨーロッパの架け橋はいま．古今書院．
小林浩二・小林月子・大関泰宏編（2005）：激動するスロヴァキアと日本—家族・暮らし・人口．二宮書店．
柴　宜弘編（1998）：バルカン史．山川出版社．
田辺　裕・竹内信夫監訳（2008）：東ヨーロッパ．朝倉書店．
田辺　裕監修（2010）：東ヨーロッパ（普及版）．朝倉書店．
南塚信吾編（1999）：ドナウ・ヨーロッパ史．山川出版社．
山本　茂（1998）：今ひとたびの東欧—東ヨーロッパ地域研究．開成出版．

第9章　EU市民の暮らし

小澤徳太郎（2006）：スウェーデンに学ぶ「持続可能な社会」．朝日新聞社．
北岡孝義（2010）：スウェーデンはなぜ強いのか．PHP新書．
クーベルス，R.・カンデル，J. 編，田中　浩・柴田寿子訳（2009）：EU時代の到来—ヨーロッパ・福祉社会・社会民主主義．未来社．
ケンジ ステファン スズキ（2008）：なぜ，デンマーク人は幸福な国をつくるのに成功したのか　どうして日本では人が大切にされるシステムをつくれないのか．合同出版．
実川真由・実川元子（2007）：受けてみたフィンランドの教育．文藝春秋．
高田ケラー有子（2005）：平らな国デンマーク—「幸福度」世界一の社会から．日本放送出版協会　生活人新書．

武田龍夫（2001）：福祉国家の闘い―スウェーデンからの教訓．中公新書．
田辺　裕監修（2010）：北ヨーロッパ（普及版）．朝倉書店．
田辺　裕監修（2010）：ベネルクス（普及版）．朝倉書店．
堀内都喜子（2008）：フィンランド　豊かさのメソッド．平凡社新書．
湯沢雍彦（2001）：少子化をのりこえたデンマーク．朝日新聞社．

第10章　統合するヨーロッパと国境地域

遠藤　乾編（2008）：ヨーロッパ統合史．名古屋大学出版会．
小川英治（2007）：経済統合．勁草書房．
柏倉康夫・植田隆子・小川英治編（2006）：EU論．放送大学教育振興会．
庄司克宏（2007）：欧州連合―統治の論理とゆくえ．岩波新書．
辰巳浅嗣（2004）：EU―欧州統合の現在．創元社．
田中俊郎・庄司克宏編（2006）：EU統合の軌跡とベクトル―トランスナショナル政治社会秩序形成への模索．慶應義塾大学出版会．
辻　悟一（2003）：EUの地域政策．世界思想社．
平島健司編（2008）：国境を越える政策実験・EU．東京大学出版会．
フランク，R. 著，広田　功訳（2003）：欧州統合史のダイナミズム―フランスとパートナー国．日本経済評論社．

第11章　世界のなかのEU

熊谷　徹（2006）：ドイツ病に学べ．新潮社．
軍司泰史（2003）：シラクのフランス．岩波新書．
羽場久美子（2002）：グローバリゼーションと欧州拡大―ナショナリズム・地域の成長か．御茶ノ水書房．
羽場久美子（2004）：拡大ヨーロッパの挑戦―アメリカに並ぶ多元的パワーとなるか．中公新書．
羽場久美子・小森田秋夫・田中素香編（2006）：ヨーロッパの東方拡大．岩波書店．
浜　矩子（2010）：ユーロが世界経済を消滅させる日―ヨーロッパ発！　第2次グローバル恐慌から資産を守る方法．フォレスト出版．
福島清彦（2002）：ヨーロッパ型資本主義―アメリカ市場原理主義との決別．講談社現代新書．
脇阪紀行（2006）：大欧州の時代―ブリュッセルからの報告．岩波新書．
渡邉哲也（2009）：本当にヤバイ！　欧州経済．彩図社．
渡辺啓貴（2008）：ヨーロッパ国際関係史―繁栄と凋落，そして再生．有斐閣．

付録　統計資料

国・地域名	主要言語	面積 (千 km²)	人口密度 (人/km²)	人口 (千人)	65歳以上 比率 (%)	自然増加 (千人)	出生率 (‰)
EU全域		4,325	114	492,387	17	-1	10
アイルランド	英, アイルランド	70	64	4,515	11	47	17
イギリス	英	243	253	61,565	16	176	12
イタリア	イタリア	301	199	59,870	20	-6	10
エストニア	エストニア	45	30	1,340	17	-1	12
オーストリア	ドイツ	84	100	8,364	17	3	9
オランダ	オランダ	37	444	16,592	15	49	11
キプロス	ギリシャ, トルコ	9	94	871	12	4	5
ギリシャ	ギリシャ	132	85	11,161	19	10	11
スウェーデン	スウェーデン	441	21	9,249	17	18	12
スペイン	スペイン	506	89	44,904	17	126	11
スロヴァキア	スロヴァキア	49	110	5,406	12	4	11
スロヴェニア	スロヴェニア	20	100	2,020	16	4	11
チェコ	チェコ	79	131	10,369	15	15	12
デンマーク	デンマーク	43	127	5,470	16	10	12
ドイツ	ドイツ	357	230	82,167	20	-162	8
ハンガリー	ハンガリー	93	107	9,993	16	-31	10
フィンランド	フィンランド	338	16	5,326	17	10	11
フランス	フランス	552	113	62,343	17	263	13
ブルガリア	ブルガリア	111	68	7,545	17	-33	10
ベルギー	フラマン, ワロン	31	349	10,647	17	20	11
ポーランド	ポーランド	313	122	38,074	13	11	10
ポルトガル	ポルトガル	92	116	10,707	17	0	10
マルタ	マルタ, 英	0	1,293	409	14	1	10
ラトヴィア	ラトヴィア	65	35	2,249	17	-7	11
リトアニア	リトアニア	65	50	3,287	16	-9	10
ルーマニア	ルーマニア	238	89	21,275	15	-31	10
ルクセンブルク	ルクセンブルク	3	188	486	14	2	12
日本	日本	378	342	127,510	23	-72	9
アイスランド	アイスランド	103	3	323	12	3	15
アルバニア	アルバニア	29	110	3155	9	19	11
アンドラ	カタルニア, フランス	1	183	86	13.0 [2]	3 [2]	9.7 [2]
ヴァチカン	イタリア	0	1,782	1	−	−	−
ウクライナ	ウクライナ, ロシア	604	76	45,708	16	-244	11
クロアチア	クロアチア	57	78	4,416	17	-8	10
コソヴォ	セルビア, アルバニア	11	197	2,150	6.7 [2]	27 [5]	15.7 [5]
サンマリノ	イタリア	0	514	31	18.0 [2]	0	11
スイス	ドイツ, フランス, イタリア	41	183	7,568	17	15	10
セルビア	セルビア	77	127	9,850	17	-34	9
トルコ	トルコ	784	95	74,816	7	808	18
ノルウェー	ノルウェー	324	15	4,812	15	19	13
ベラルーシ	ベラルーシ, ロシア	208	46	9,634	15	-26	11
ボスニア・ヘルツェゴヴィナ	ボスニア, セルビア	51	74	3,767	15.0 [2]	0	9
マケドニア	マケドニア	26	79	2,042	11	4	11
モナコ	フランス	0	22,021	33	26.9 [2]	-1.3 [2]	6.9 [2]
モルドヴァ	モルドヴァ, ロシア	34	106	3,604	10	-3	11
モンテネグロ	モンテネグロ	14	45	624	13	3	13
リヒテンシュタイン	ドイツ	0	224	36	15.0 [2]	0	10
ロシア	ロシア	17,098	8	140,874	14	-362	12

データは2011年1月現在．世界国勢図会〈2010/11年版〉，日本国勢図会〈2010/11年版〉（矢野恒太記念会，2010），日本統計年鑑第60回（毎日新聞社，2010），Eurostatより入手できる値をもとに作成．ただし，注1)～8)は下記のとおり．
1) 日本の食料自給率は生産額ベース．カロリーベースでは40%．農林水産省，2010年8月現在．
2) CIA-the World Factbook，2011年予測，2011年1月現在．
3) Statistics Iceland，2011年3月現在．

外国人の数 (千人)	外国人の割合 (％)	GNI 総額 (百万ドル)	1 人あたり GNI (ドル)	輸出総額 (百万ドル)	輸入総額 (百万ドル)	食料自給率 (％)	国・地域名
30,798	6			4,512,993	4,481,612		EU 全域
554	13	230,640	51,981	115,955	62,225	71	アイルランド
4,020	7	2,734,144	44,490	356,515	484,329	92	イギリス
3,433	6	2,267,756	38,047	406,228	413,811	71	イタリア
229	17	21,389	15,945	9,051	10,199	114	エストニア
835	10	407,494	48,876	131,376	136,430	104	オーストリア
688	4	863,634	52,254	432,336	384,905	14	オランダ
125	16	23,040	29,280	1,342	7,882	－	キプロス
906	8	343,039	30,807	25,231	77,831	69	ギリシャ
524	6	489,553	53,184	131,307	12,056	117	スウェーデン
5,262	12	1,561,385	35,098	220,848	290,744	74	スペイン
41	1	92,575	17,114	70,982	74,034	－	スロヴァキア
69	3	53,172	26,386	22,345	23,781	56	スロヴェニア
348	3	200,788	19,457	112,865	104,840	107	チェコ
298	5	347,631	63,690	92,303	82,143	107	デンマーク
7,255	9	3,708,853	45,085	1,127,699	939,044	100	ドイツ
177	2	144,041	14,387	84,586	78,034	123	ハンガリー
132	3	270,810	51,054	62,718	60,486	117	フィンランド
3,674	6	2,785,484	44,972	465,617	542,771	173	フランス
24	0	49,295	6,493	16,503	23,343	162	ブルガリア
971	9	506,219	47,800	370,101	351,857	52	ベルギー
58	0	508,516	13,345	134,670	146,812	103	ポーランド
446	4	233,824	21,900	43,382	69,918	25	ポルトガル
15	4	8,028	19,703	2,182	3,740	0	マルタ
415	18	33,079	14,644	7,006	9,050	130	ラトヴィア
42	1	45,961	13,840	16,493	18,273	153	リトアニア
26	0	222,090	10,397	40,621	54,526	71	ルーマニア
206	43	44,650	93,321	12,731	18,548	89	ルクセンブルク
2,186	17	4,899,740	38,371	526,300	490,600	70 [1]	日本
21 [3]	7	11,354	35,992	4,026	3,598	－	アイスランド
－	－	13,458	4,282	1,088	4,548	－	アルバニア
52 [4]	62	3,712	43,975	63	1,589	－	アンドラ
－	－					－	ヴァチカン
－	－	178,404	3,879	39,779	45,482	－	ウクライナ
－	－	67,229	15,201	10,474	21,203	－	クロアチア
－	－	4,940	2,038	－	－	－	コソヴォ
－	－	1,681	53,910	－	－	－	サンマリノ
1,714 [6]	22 [6]	480,742	63,748	166,602	147,821	－	スイス
－	－	50,652	6,831	11,004	22,946	－	セルビア
－	－	739,676	10,007	102,175	140,720	－	トルコ
552 [7]	11.4 [7]	455,955	95,657	120,710	68,506	－	ノルウェー
－	－	59,511	6,149	21,283	28,563	－	ベラルーシ
－	－	19,914	5,278	3,939	8,794	－	ボスニア・ヘルツェゴヴィナ
－	－	8,837	4,329	2,691	5,032	－	マケドニア
－	－	6,919	211,501	－	－	－	モナコ
－	－	6,772	1,864	1,298	3,278	－	モルドヴァ
－	－	4,820	7,744	403	2,310	－	モンテネグロ
12 [8]	33.6 [8]	4,307	120,884	－	－	－	リヒテンシュタイン
－	－	1,620,887	11,464	301,785	167,468	－	ロシア

4) Arround Inside -statistics-, 2009 年 12 月現在.
5) Statistical Office Kosovo-ESK, 2009 年 12 月現在.
6) Swiss Statistics -Swiss Federal Statistical Office, 2009 年 12 月現在.
7) Statistics Norway -in English, 2010 年 12 月現在.
8) Liechtenstein National Report, 2007 年 12 月現在.

索　引

欧　文

AEBR　124
AOP（Appellation d'Origine Protégée）　87
CEDEMAR　85
COMECON　30
DO（Denominación de Origen）　88
EAFRD　85
EAGF　85
EAGGF　120
EC（欧州共同体）　2
ECSC（欧州石炭鉄金共同体）　1, 30
ECU　140
EEC（欧州経済共同体）　2, 19, 30
EMS　140
Equal　121
ERDF　119, 120
ESF　120
EU 市場統合　38
EU 市民　72, 107
EU 地域政策　37
EU 統合　36
EU 補助金　137
GDP（国民総生産）　93
GNI（国民総所得）　1
IGP（Indication Géographique Protégée）　89
INTERACT Ⅱ　123
INTERREG Ⅳ C　123
INTERREG Oberrhein Mitte-Süd　130
INTERREG PAMINA　130
INTREREG Ⅲ　121
ISPA　93, 121
la Cité scientifique Paris sud　35
Leader +　121
M4 コリドール　34
NUTS　83, 120
Objective 1　121
Objective 2　121
Objective 3　121
PHARE　93
Phare　121
SAPARD　93, 121
URBACT Ⅱ　123
Urban Ⅱ　121
ZAPPAU　51
ZAPPAUP　51

ア　行

アイモイデン　30
アウトフィールド　14
アクスクルシウニスマ　82
アークライトの水力紡績機　26
アジェンダ 2000　120
アーバン　121
アフリカ系移民　70
アラゴン　85, 89
アルザス　126
アルザス語　128
アルプス　9, 23
アルフレッド・マーシャル　26
アルメニア人　8

イコール　121
遺産　91
イスラーム　6, 68, 75
移牧　13
移民　64, 76, 92
移民街　70
イル・ド・フランス　31
インターレグ　121
インドシナ難民　76
インフィールド　14

ヴァカンス　53, 62, 118
ヴィディン　99
ウィーン　58
ウェストライディング　25
ウェールズ　32

衛生　64
エコツアー　58
越境通勤者　127
越境的連携　123
越境的連携協会　128
エブロ川　89
エブロ川の戦い　90

オイルショック　64
黄金の三角地帯　31
欧州委員会　3
欧州会計監査院　3
欧州議会　3, 8
欧州共同体　2
欧州経済共同体　2, 19
欧州雇用戦略　111
欧州司法裁判所　3
欧州人権条約　64
欧州石炭鉄鋼共同体　1, 30
欧州地域会議　124
欧州地域開発基金　119
欧州中央銀行　3
欧州通貨制度　140
欧州通貨単位　140
欧州都市　133
欧州農村開発農業基金　85
欧州農業保証基金　85
欧州評議会　124
欧州文化首都　52, 133, 138
欧州理事会　3
欧州領域的協力　122
オスマン帝国　8
オーバーライン会議　129
オーバーライン地域　126
オープンフィールド　14, 18
オレシェツ　101, 102
温泉地　54

カ　行

海岸リゾート　55
外国人労働者　64
塊村　16
開放耕地制　25
開放長形耕地　15, 16
開放不規則耕地　15
海洋性気候　6, 11, 12
閣僚理事会　3, 8
囲い込み地　15
カシェール　70
カスティーリャ語　77
カタルーニャ　81
カタルーニャ語　78
カタルーニャ地理協会　82
カタルーニャ・ナショナリズム　81
カートライト　26
カトリック　6, 107
カナリーワーフ　39
カバ　88
加盟前援助　121
ガリーグ　12
ガリシア語　78
カレドニア造山運動　10
為替レートの変動　140
観光資源　53
環状都市圏　46
関税同盟　24

飢饉　117
基層文化　107

北大西洋海流　10
キプロス問題　8
休閑放牧地　14
旧教　108
教育　111
強制収容所　106
共通通貨　36
共通農業政策　19, 20
共同体イニシャティヴ　121
共同体主義　69
共同放牧地　14
共和国理念　69
ギリシャ経済危機　140
キリスト教　107
均衡メトロポール計画　31, 32

暮らし　107
グランドツアー　54, 137
グランドリージョン　132
クルド人　8
グレンツゲンガー　127
グローバル化　136

計画経済　93
景観　80, 90
景観規制　51
経済格差　3
経済相互援助会議　30
経済的離陸　24
ケスタ　29
結束基金　93, 121
血統主義　65
ケバブ　75
ゲルリッツ　133
言語　76
原産地呼称　87

郊外　71
工業　24
公共空間　91
合計特殊出生率　109
構造基金　93
構造政策　93
耕地整理事業　15, 16
高齢者割合　110
穀草式農業　14, 19
国際学習到達度調査　112
国際観光　53
国際的製薬企業　127
黒色土　12
コークス製鉄法　26
国籍　65
国土認識　80
国民国家　65
国民総所得　1
コシャー　70
個人の求める教育機会の提供　113
国境　53, 119, 132
国境線　65
コミュノタリスム　69

小麦　16
混合農業　6, 18, 23
コンパクトな都市　105
コンビナート　105

サ　行

栽培限界　16
サード・イタリー　38
サハラ以南のアフリカ　70
山岳リゾート　55
産業革命　64
産業転換政策　35
産業保護型徴税大国　115
産業立地型徴税国　115
サン・パピエ　65
三圃式農業　6, 13～16, 18～21

ジェニー紡績機　26
シェンゲン協定　3, 72, 132
ジオ・ツーリズム　57
自給的畑作農業　19
市場経済　93
市場統合　120
自然環境　9
持続可能な社会　111
持続可能な発展　105
自治州　78, 86
シティ東　39
自動車工場　127
シドマール　31
社会基金　120
社会主義の都市　105
社会民主主義型福祉レジーム　110
ジャガイモ　117
自由主義型福祉レジーム　110
収束　122
集落機能　94
宿泊施設　54
宿泊数　53
出生率　109
出生地主義　65
シューマン・プラン　30
ジュラ　38
巡検旅行　82
巡礼　54, 81
ショアルマ　75
生涯教育　111
少子・高齢化　109
少数民族集団　6
消費税　115
蒸留酒　17, 18
常緑広葉樹林　12
食　87
植民都市　41
所得税　115
ジョルディ・プジョル　82
ジョン・ケイの飛び杼　26
シレジア　37
シロンスク　37, 133

新教　108
水資源　88
衰退産業地域　35
スウォッチ　39
スカーフ事件　67
スキー場　55
スコットランド　32
スタケフチ　103
スペイン語　77
スペイン全国水利計画　88

生活水準　116
生活の質　94
生活様式　94
正教会　6, 107
成長の極　31
世界遺産　61, 63
銑鋼一貫製鉄所　31

ソフィアアンチポリス　37
ソフト・ツーリズム　57

タ　行

大都市圏　45
大陸性気候　11, 12
大量生産型農業　20
多国籍企業　37
タックス・ヘブン　110
多様性　6
多様性のなかの統一　94
タラゴナ　91
ダンケルク　31

地域　77
地域アイデンティティ　79
地域委員会　124
地域開発基金　120
地域からなるヨーロッパ　83
地域間格差　4, 93
地域間連携　123
地域基準　120
地域圏　85
地域主義　79
地域振興補助金　5
地域政策　84
地域統計単位一覧　83
地域統合　3
地域統合政策　119
地域の競争力と雇用　122
地域ブランド　87
チェルノゼム　12
チタリシュテ　98
地中海式農業　6, 13, 14, 18, 23
地中海性気候　6, 11～13
地中海都市　91
地方当局・委員会間の越境的協力に関するヨーロッパ協定　124
チャイナタウン　76, 136

中央ヨーロッパ　41, 44
中心・周辺構造　5
地理的呼称制度　87
チロル　61

通貨統合　120
ツェルマット　55
躓きの石　138
ツンドラ土　12

帝国都市　41
テクノポール　34
鉄のカーテン　59
デフォウ　25
テムズ川　39
テラロッサ　12
テリトリー　79

東欧革命　59
統合　119
トゥールーズ　31, 32, 34
都市　40, 64
都市観光　58
都市間連携　46
都市景観　51
都市建築的文化財保全地区制度　51
都市建築物的景観的文化財保全地区制度　51
都市更新事業　48
都市国家　40
都市再生　48
都市再生政策　48
都市整備事業　138
ドックランズ　39
トランスナショナルな連携　123
トランス・ヒューマンス　13
トランスフォーメーション　93
トルコ　8, 75
ドルジバ・パイプライン　30

ナ　行

ナショナリズム　79
難民　65, 76

ニクソン・ショック　140
西バルカン諸国　2
二圃式農業　13
ニュルンベルク　41
ニルスのふしぎな旅　80

農家での休暇　23
農業　9
農業指導保証基金　120
農産物価格支持システム　20
農場の集団化　6
農村　64, 93, 95
農村コミュニティ　95
ノバルティス　127
ノーマライゼーション　114

ノルトライン・ヴェストファーレン　35

ハ　行

博物館　58
バスク語　78
バーゼル地方州　127
バーゼル都市州　126
バーデン・ヴュルテンベルク　32, 25, 126
パートナーシップ原則　120
バノーニ計画　31
バラック　64
ハラール　69

東ヨーロッパ　59
非宗教性　68
氷河堆積物　10
平等な総合教育　113
ビール　17
ピレネー山脈　82

風景法　51
風力発電　90
フォス　32
福祉社会　113
福祉レジーム　110
プジョー・シトロエン　127
ブダペスト　59
プッチ・イ・カダファルク　82
プファルツ　126
ブライトン　55
プラハ　59
フランドル地方　24, 32
ブルーバナナ　5, 32, 34, 45
ブレトン・ウッズ体制　140
プロテスタント　6, 107
プロト工業化　24
フロンタリエ　127
文化景観保全　51

ペイ・ド・ラ・ロワール　85
ベッセマー転炉　27
ベネチャ鍾乳洞　101
ベネトン　38
ヘルヴェーク　27
ベログラチク　99
ベログラチクの岩　101
ベログラチクの要塞　101
ペンタゴン　33, 35

法人所得税　115
法人登録税　115
ボカージュ　14, 15
北欧　118
保護原産地呼称　88
保護地理的表示　88
保守主義型福祉レジーム　110
保全地区　52
牧歌的情景　118

ホットバナナ　45
ポドソル土　12
ボン協定　129

マ　行

マキ　12
マギストラーレ　105
マグラ鍾乳洞　101
マグレブ　67, 134
マグレブ系移民　70
マーシャル・プラン　30
マス・ツーリズム　55, 57
マーストリヒト　132
マッキア　12
マトラル　12
マル・デ・アラゴン諸郡開発センター　85
マンチェスター・ミラノ　45

水の博覧会　89
ミッドランド　32, 37
ミネット鉱　28, 29
ミュール紡績機　26
ミュンヘン　42, 43, 48
民族　77
民有化　94

ムスリム　68, 75

目的別プログラム　121
モータリゼーション　105
モナコ　110
モレーン　10, 13
モンセラット　81
モンタード　92
モンブラン　82

ヤ　行

有給休暇　62
ユダヤ移民　72
ユダヤ人　69
ユネスコ　63
ユーロ　3, 36, 119, 140
ユーロサンベルト　33
ユーロシティ戦略　36
ユーロ高　140
ユーロリージョン・ナイセ　133

ヨークシャー　25
ヨーロッパ国境地域協会　124
4大メガロポリス　46

ラ　行

ライシテ　68
ライ麦　16
落葉広葉樹林　12
ラビシャ　102

ラビシャ湖　101
ランカシャー　25
ランカシャー綿工業　25, 26
ラングドック・ルション　85
ラントシュタット　32

リージョン　79
リスボン条約　3
リスボン戦略　120
リゾート　56
リゾート開発　56
リーダープラス　121

リング　33

ルーラル・ツーリズム　57, 97, 118
ルーラルティ　118
ルール工業地域　27

レウス　91
レギオ・トリレーナ　129
歴史的建造物および記念物法　51
歴史的建造物保存法　51
レスティチューション　94
レス土壌地　10, 13, 14

ロストウ　24
ロマ　106
ローマ条約　19
ロレーヌ工業地域　28
ロンドン　58

ワ 行

ワイン　17, 18, 87
ワロン地方　31

編集者略歴

加賀美雅弘
（かがみまさひろ）

1957年　大阪府に生まれる
1985年　筑波大学大学院地球科学研究科博士課程単位取得退学
現　在　東京学芸大学教育学部教授
　　　　理学博士

世界地誌シリーズ3

ＥＵ　　　　　　　　　　　　　　　　定価はカバーに表示

2011年 4月25日　初版第1刷
2018年 1月20日　　　第7刷

　　　　　　　　　　　　編集者　加 賀 美 雅 弘
　　　　　　　　　　　　発行者　朝 倉 誠 造
　　　　　　　　　　　　発行所　株式会社 朝 倉 書 店
　　　　　　　　　　　　　　　　東京都新宿区新小川町 6-29
　　　　　　　　　　　　　　　　郵便番号　162-8707
　　　　　　　　　　　　　　　　電　話　03(3260)0141
　　　　　　　　　　　　　　　　ＦＡＸ　03(3260)0180
　　　　　　　　　　　　　　　　http://www.asakura.co.jp

〈検印省略〉

© 2011〈無断複写・転載を禁ず〉　　　　　Printed in Korea

ISBN 978-4-254-16857-0　C 3325

JCOPY　〈(社)出版者著作権管理機構 委託出版物〉

本書の無断複写は著作権法上での例外を除き禁じられています．複写される場合は，そのつど事前に，(社)出版者著作権管理機構(電話 03-3513-6969, FAX 03-3513-6979, e-mail: info@jcopy.or.jp) の許諾を得てください．

首都大 菊地俊夫編 世界地誌シリーズ1 **日本** 16855-6 C3325　B5判 184頁 本体3400円	教員を目指す学生のための日本の地誌学のテキスト。自然・歴史・産業・環境・生活・文化・他地域との関連を例に，各地域の特色を解説する。〔内容〕総論／九州／中国・四国／近畿／中部／関東／東北／北海道／世界の中の日本
学芸大 上野和彦編 世界地誌シリーズ2 **中国** 16856-3 C3325　B5判 180頁 本体3400円	教員を目指す学生のための中国地誌学のテキスト。中国の国と諸地域の地理的特徴を解説する。〔内容〕多様性と課題／自然環境／経済／人口／工業／農業と食糧／珠江デルタ／長江デルタ／西部開発と少数民族／都市圏／農村／世界の中の中国
学芸大 矢ヶ﨑典隆編 世界地誌シリーズ4 **アメリカ** 16858-7 C3325　B5判 176頁 本体3400円	教員を目指す学生のためのアメリカ地誌学のテキスト。生産様式，生活様式，地域が抱える諸問題に着目し，地理的特徴を解説する。〔内容〕総論／自然／交通・経済／工業／農業／多民族社会／生活文化／貧困層／人口構成／世界との関係
学芸大 上野和彦・学芸大 椿真智子・学芸大 中村康子編著 地理学基礎シリーズ1 **地理学概論** 16816-7 C3325　B5判 176頁 本体3300円	中学・高校の社会科教師を目指す学生にとってスタンダードとなる地理学の教科書。現代の社会情勢，人類が直面するグローバルな課題，地域や社会に生起する諸問題を踏まえて，地理学的な視点や方法を理解できるよう，具体的に解説した
首都大 高橋日出男・学芸大 小泉武栄編著 地理学基礎シリーズ2 **自然地理学概論** 16817-4 C3325　B5判 180頁 本体3300円	中学・高校の社会科教師を目指す学生にとってスタンダードとなる自然地理学の教科書。自然地理学が対象とする地表面とその近傍における諸事象をとりあげ，具体的にわかりやすく，自然地理学を基礎から解説している。
学芸大 矢ヶ﨑典隆・学芸大 加賀美雅弘・学芸大 古田悦造編著 地理学基礎シリーズ3 **地誌学概論** 16818-1 C3325　B5判 168頁 本体3300円	中学・高校の社会科教師を目指す学生にとってスタンダードとなる地誌学の教科書。地誌学の基礎を，地域調査に基づく地誌，歴史地誌，グローバル地誌，比較交流地誌，テーマ重視地誌，網羅累積地誌，広域地誌の7つの主題で具体的に解説
愛知県立大 竹中克行・奈良女大 山辺規子・名大 周藤芳幸編 朝倉世界地理講座7 **地中海ヨーロッパ** 16797-9 C3325　B5判 488頁 本体18000円	ヨーロッパの中でも歴史を通して諸文明が出会う場であった地中海沿岸諸国を，その独自性に注目し詳述する。〔内容〕地中海文明の風土／歴史／美術／都市／祭り・行事／海上交通・漁業・島嶼／言語・国際関係／環境・産業・文化／データ
学芸大 加賀美雅弘・拓大 木村　汎編 朝倉世界地理講座10 **東ヨーロッパ・ロシア** 16800-6 C3325　B5判 440頁 本体16000円	〔東ヨーロッパ〕東ヨーロッパの諸特性／改革後の新しい変化／新しいEU加盟諸国と加盟予定国／EU統合と東ヨーロッパ／〔ロシア〕自然地理／人口論／多民族国家／産業／エネルギー資源／環境汚染と保護／宗教／ジェンダー／他
前東大 田辺　裕総監修 前二松学舎大 木村英亮・法大 中俣　均監修 世界地理大百科事典6 **ヨーロッパ** 16666-8 C3325　B5判 688頁 本体28500円	正確を期すると同時に日本語としても読める事典になるように十分配慮し，さらに翻訳にあたっては，原文に対して補注という形で，歴史的な事実やデータなどを補うことによって，「今」を理解する基礎資料とした
M.ヴィンセント・R.A.ストラドリング著 小林一宏監修　瀧本佳容子訳 図説世界文化地理大百科 **スペイン・ポルトガル**（普及版） 16878-5 C3325　B4変判 248頁 本体23000円	スペインおよびポルトガルの歴史を，古代から現代に至るまで，各時代ごとの歴史地図を添えて，詳しく記述。地理，地域ごとの特徴をはじめ，文化・芸術・科学技術から，政治・経済等社会全般にわたり解説。地図38，図版300（カラー260）
J.アーダー・C.ジョーンズ著 渡邊守章監修　瀧浪幸次郎訳 図説世界文化地理大百科 **フランス**（普及版） 16879-2 C3325　B4変判 244頁 本体23000円	ヨーロッパの中心の一つであり続けてきたフランスを，地理的背景，歴史，今日のフランス，地域の姿の四部構成で多面的に解説。平易な記述と豊富な図版で，読んで興味深く，見て楽しい概説書となっている。地図50，図版385（カラー345）
前東大 田辺　裕・前東大 竹内信夫監訳 放送大 柏木隆雄・獨協大 鈴木　隆編訳 ベラン世界地理大系7 **東ヨーロッパ** 16737-5 C3325　B4変判 228頁 本体18000円	〔内容〕東洋と西洋の間／近代のモデル／チェコ：孤独な開拓者／スロヴァキア：連邦から独立へ／ハンガリー：冒険好きの実際家／中欧への復帰：スロヴェニアとクロアチア／バルカン半島の苦境／ユーゴスラヴィアの飛び散った破片／他

上記価格（税別）は 2017年 12月現在